建筑施工现场专业人员技能与实操丛书

资 料 员

马广东 主编

中 国 计 划 出 版 社

图书在版编目（CIP）数据

资料员 / 马广东主编. -- 北京 : 中国计划出版社,
2016.5
（建筑施工现场专业人员技能与实操丛书）
ISBN 978-7-5182-0398-7

Ⅰ. ①资… Ⅱ. ①马… Ⅲ. ①建筑工程－技术档案－
档案管理 Ⅳ. ①G275.3

中国版本图书馆CIP数据核字(2016)第064181号

建筑施工现场专业人员技能与实操丛书
资料员
马广东　主编

中国计划出版社出版
网址：www.jhpress.com
地址：北京市西城区木樨地北里甲11号国宏大厦C座3层
邮政编码：100038　电话：（010）63906433（发行部）
新华书店北京发行所发行
北京天宇星印刷厂印刷

787mm×1092mm　1/16　15.5印张　370千字
2016年5月第1版　2016年5月第1次印刷
印数1—3000册

ISBN 978-7-5182-0398-7
定价：44.00元

《资料员》编委会

主　编：	马广东			
参　编：	牟瑛娜	周　永	沈　璐	周东旭
	杨　杰	隋红军	苏　建	张明慧
	蒋传龙	王　帅	张　进	褚丽丽
	周　默	杨　柳	孙德弟	元心仪
	宋立音	刘美玲	赵子仪	刘凯旋

前　　言

建筑工程资料员的工作是一项集工程建设管理、档案管理知识为一体的复合专业工作，必须具备一定的建筑专业知识、档案专业知识及操作计算机的能力。随着国家建设的不断升温，建筑资料员社会需求量逐年提高，现在资料员已成为工程行业必不可少的专业人才。从现在和将来一段时间来看，资料员的市场需求量将是十分庞大的。为了提高资料员专业技术水平，加强科学施工与工程管理，确保工程质量和安全生产，我们组织编写了这本书。

本书根据《建筑与市政工程施工现场专业人员职业标准》JGJ/T 250—2011、《建筑工程资料管理规程》JGJ/T 185—2009、《建设工程施工现场安全资料管理规程》CECS 266—2009、《混凝土结构工程施工质量验收规范》GB 50204—2015、《砌体结构工程施工质量验收规范》GB 50203—2011、《屋面工程质量验收规范》GB 50207—2012、《地下防水工程质量验收规范》GB 50208—2011 等标准编写，主要包括建筑工程资料管理基础知识、土建工程资料管理、建筑给水排水及采暖工程资料管理、通风与空调工程资料管理、建筑电气工程资料管理、电梯工程资料管理、建设工程竣工备案管理、工程监理资料管理以及工程施工安全资料管理。本书内容丰富、通俗易懂；针对性、实用性强；既可供资料人员及相关工程技术和管理人员参考使用，也可作为建筑施工企业资料员岗位培训教材。

由于作者的学识和经验所限，虽经编者尽心尽力但书中仍难免存在疏漏或未尽之处，敬请有关专家和读者予以批评指正。

编　者

2015 年 8 月

目　　录

1 建筑工程资料管理基础知识

1.1 建筑工程资料员要求

1.1.1 资料员的任职资格

(1) 建筑工程资料员必须具有建筑工程相关专业中等专业以上的文化程度，具有一定的文书处理能力。

(2) 必须具有建筑工程相关专业知识，了解建筑工程施工程序及各种关键数据。

(3) 资料员必须了解建筑工程承包方式、合同签订、施工预算、现场经济活动分析管理的基本知识。

(4) 资料员应了解与建筑工程项目设计、施工验收和安全生产有关的法律法规及规范。

(5) 资料员除应具有一定的计算机应用能力外，还应了解国家和项目所在地各级政府有关档案管理的规定。

1.1.2 资料员的管理职责

1. 通用职责

(1) 工程资料的形成应符合国家相关的法律、法规、施工质量验收标准和规范、工程合同与设计文件等的规定。

(2) 工程各参建单位应将工程资料的形成和积累纳入工程建设管理的各个环节和有关人员的职责范围。

(3) 工程资料应随工程进度同步收集、整理并按规定移交。

(4) 工程资料应实行分级管理，由建设、监理、施工单位主管（技术）负责人组织本单位工程资料的全过程管理工作。建设过程中工程资料的收集、整理工作和审核工作应有专人负责，并按规定取得相应的岗位资格。

(5) 工程各参建单位应确保各自文件的真实、有效、完整和齐全，对工程资料进行涂改、伪造和随意抽撤，或发生损毁、丢失等情况的，应按有关规定予以处罚，情节严重的，应依法追究法律责任。

2. 工程各参建单位职责

(1) 建设单位职责。

1) 应负责基建文件的管理工作，并设专人对基建文件进行收集、整理和归档。

2) 在工程招标和与参建各方签合同或协议时，应对工程资料和工程档案的编制责任、套数、费用、质量和移交期限等提出明确要求。

3) 必须向参与工程建设的勘察、设计、施工、监理等单位提供与建设工程有关的资料。

4）由建设单位采购的建筑材料、构配件和设备，建设单位应保证建筑材料、构配件和设备符合设计文件和合同要求，并保证相关物资文件的完整、真实和有效。

5）应负责监督和检查各参建单位工程资料的形成、积累和立卷工作，也可委托监理单位检查工程资料的形成、积累和立卷工作。

6）对需建设单位签认的工程资料应签署意见。

7）应收集和汇总勘察、设计、监理和施工等单位立卷归档的工程档案。

8）应负责组织竣工图的绘制工作，也可委托施工单位、监理单位或设计单位，并按相关文件规定承担费用。

9）列入城建档案馆接收范围的工程档案，建设单位应在组织工程竣工验收前，提请城建档案馆对工程档案进行预验收，未取得《建设工程竣工档案预验收意见》的，不得组织工程竣工验收。

10）建设单位应在工程竣工验收后3个月内将工程档案移交城建档案馆。

（2）勘察、设计单位职责。

1）应按合同和规范要求提供勘察、设计文件。

2）对需勘察、设计单位签认的工程资料应签署意见。

3）工程竣工验收，应出具工程质量检查报告。

（3）监理单位职责。

1）应负责监理资料的管理工作，并设专人对监理资料进行收集、整理和归档。

2）应按照合同约定，在勘察、设计阶段，对勘察、设计文件的形成、积累、组卷和归档进行监督、检查；在施工阶段，应对施工资料的形成、积累、组卷和归档进行监督、检查，使工程资料的完整性、准确性符合有关要求。

3）列入城建档案馆接收范围的监理资料，监理单位应在工程竣工验收后两个月内移交建设单位。

（4）施工单位职责。

1）应负责施工资料的管理工作，实行技术负责人负责制，逐级建立健全施工资料管理岗位责任制。

2）应负责汇总各分包单位编制的施工资料，分包单位应负责其分包范围内施工资料的收集和整理，并对施工资料的真实性、完整性和有效性负责。

3）应在工程竣工验收前，将工程的施工资料整理、汇总完成。

4）应负责编制两套施工资料，其中一套移交建设单位，一套自行保存。

3. 城建档案馆职责

（1）应负责接收、收集、保管和利用城建档案的日常管理工作。

（2）应负责对城建档案的编制、整理、归档工作进行监督、检查、指导，对国家和各省市重点、大型工程项目的工程档案编制、整理、归档工作，应指派专业人员进行指导。

（3）在工程竣工验收前，应对列入城建档案馆接收范围的工程档案进行预验收，并出具《建设工程竣工档案预验收意见》。

1.1.3 资料员的岗位职责

资料员主要负责工程项目的资料档案管理、计划、统计管理及内业管理工作等内容。具体包括：

1. 负责工程项目资料、图纸等档案收集与管理

(1) 负责工程项目的所有图纸的接收、清点、登记、发放、归档、管理工作。在收到工程图纸并进行登记以后，按规定向有关单位和人员签发，由收件方签字确认。负责收存全部工程项目图纸，且每一项目应收存不少于两套正式图纸，其中至少一套图纸有设计单位图纸专用章。

(2) 收集整理施工过程中所有技术变更、洽商记录、会议纪要等资料并归档。负责对每日收到的管理文件、技术文件进行分类、登录、归档，负责项目文件资料的登记、受控、分办、催办、签收、用印、传递、立卷、归档和销毁等工作；负责做好各类资料积累、整理、处理、保管和归档立卷等工作，注意保密的原则；来往文件资料收发应及时登记台账，视文件资料的内容和性质准确及时递交项目经理批阅，并及时送有关部门办理。

确保设计变更、洽商的完整性，要求各方严格执行接收手续，所接收到的设计变更、洽商，须经各方签字确认，并加盖公章。设计变更（包括图纸会审纪要）原件存档。所收存的技术资料须为原件，无法取得原件的，须详细背书，并加盖公章。做好信息收集、汇编工作，确保管理目标的全面实现。

2. 参加分部分项工程验收工作

(1) 负责备案资料的填写、会签、整理、报送、归档；负责工程备案管理，实现对竣工验收相关指标（包括质量资料审查记录、单位工程综合验收记录）作备案处理。严格遵守资料整编要求，符合分类方案、编码规则，资料份数应满足资料存档的需要。

(2) 监督检查施工单位施工资料的编制、管理，做到完整、及时，与工程进度同步；对施工单位形成的管理资料、技术资料、物资资料及验收资料，按施工顺序进行全程督查，保证施工资料的真实性、完整性、有效性。

(3) 按时向公司档案室移交：在工程竣工后，负责将文件资料、工程资料立卷移交公司。文件材料移交与归档时，应有“归档文件材料交接表”，交接双方必须根据移交目录清点核对，履行签字手续。移交目录一式二份，双方各持一份。

(4) 指导工程技术人员对施工技术资料（包括设备进场开箱资料）的保管；指导工程技术人员对施工组织设计及施工方案、技术交底记录、图纸会审记录、设计变更通知单、工程洽商记录等技术资料分类保管交资料室。指导工程技术人员对工作活动中形成的，经过办理完毕的，具有保存价值的文件材料：一项基建工程进行鉴定验收时归档的科技文件材料；已竣工验收的工程项目的工程资料分级保管交资料室。

3. 负责计划、统计管理工作

(1) 负责对施工部位、产值完成情况的汇总、申报，按月编制施工统计报表；在平时统计资料基础上，编制整个项目当月进度统计报表和其他信息统计资料。编报的统计报表要按现场实际完成情况严格审查核对，不得多报、早报、重报、漏报。

(2) 负责与项目有关的各类合同的档案管理：负责对签订完成的合同进行收编归档，

并开列编制目录。做好借阅登记，不得擅自抽取、复制、涂改，不得遗失，不得在案卷上随意画线、抽拆。

（3）负责向销售策划提供工程主要形象进度信息；向各专业工程师了解工程进度、随时关注工程进展情况，为销售策划提供确实、可靠的工程信息。

4．负责工程项目内业管理工作

（1）协助项目经理做好对外协调、接待工作；协助项目经理对内协调公司、部门间，对外协调施工单位间的工作。做好与有关部门及外来人员的联络接待工作，树立企业形象。

（2）负责工程项目的内业管理工作：汇总各种内业资料，及时准确统计，登记台账，报表按要求上报。通过实时跟踪、反馈监督、信息查询、经验积累等多种方式，保证汇总的内业资料反映施工过程中的各种状态和责任，能够真实地再现施工时的情况，从而找到施工过程中的问题所在。对产生的资料进行及时地收集和整理，确保工程项目的顺利进行。有效地利用内业资料记录、参考、积累，为企业发挥它们的潜在作用。

（3）负责工程项目的后勤保障工作：负责做好文件收发、归档工作。负责部门成员考勤管理和日常行政管理等经费报销工作。负责对竣工工程档案整理、归档、保管，便于有关部门查阅调用。

5．工程资料复印

（1）工程资料一般不得复印，但下列文件除外：非密级文件、投标标书、票据、凭证、少量一次性非常规表格等以及非复印不可，又具有应急性、单件性或少量性的其他资料。

（2）工程资料的复印由资料员统一管理；凡是受控文件不得擅自复印。必须复印应经主管领导批准。

（3）需要复印的文件材料，有关部门应预先考虑其使用前景，适当增加自存数，避免临时突击复印。

（4）如单位另有复印部门，则工程资料复印前必须先填写复印申请单，由部门负责人签证，复印主管部门应同时做好记录。未经签证的文件，复印部门可以拒印。

（5）如需转发复印上一级单位文件，必须按有关规定办理相关手续，否则不得复印。密级文件复印须经本单位主管领导批准。复印的文件如无批准证明，资料员可不予复印。

6．单位印章管理

（1）印章是本单位对内、对外行使权利的凭证。使用本单位印章必须严格执行上级的有关规定和印鉴管理规定。

（2）使用本单位印章必须登记齐全、完整，必须详细登记用印时间、单位、用印人、批准人以及用印内容等事项。

（3）印章都要有专人保管；印章使用必须符合用印范围。除正常的业务报表外，凡需使用党政印章者，必须经党政领导批准，未经党政领导批准的，印鉴管理部有权拒绝用印。

1.1.4 资料员的工作内容

资料员的工作内容按不同阶段划分，分为施工前期阶段、施工阶段、竣工验收阶段。

1．施工前期阶段的工作内容

（1）熟悉建设项目的有关资料和施工图。

（2）协助编制施工技术组织设计（施工技术方案）并填写施工组织设计（方案）报审表给现场监理项目机构要求审批。

（3）填报开工报告、填报工程开工报审表、填写开工通知单。

（4）协助制订各种规章制度。

（5）协助编制各工种的技术交底材料。

2．施工阶段的工作内容

（1）及时搜集整理进场的工程材料、构配件、成品、半成品和设备的质量保证资料（准用证、交易证、生产许可证、出厂质量证明书），填报工程材料/构配件/设备报审表，由监理工程师审批。

（2）与施工进度同步，做好隐蔽工程验收记录及检验批质量验收记录的报审工作。

（3）阶段性的协助整理施工日记。

（4）及时整理施工试验记录和测试记录。

3．竣工验收阶段的工作内容

（1）工程竣工资料的组卷：

1）第一册（A 册）：单位（子单位）工程质量验收资料〔包括施工现场质量管理检查记录，单位（子单位）工程质量竣工验收记录，各分部（子分部）工程质量验收记录，各分项工程质量验收记录，各分项工程检验批质量验收记录，单位（子单位）工程观感质量检查记录〕。

2）第二册（B 册）：单位（子单位）工程质量控制资料核查记录（包括图样会审，设计变更，工程洽商记录，工程定位放线记录，工程材料，构配件，成品，半成品和设备的出厂质量证明书及现场抽检测试报告，施工试验报告及见证检验报告，隐蔽工程验收记录，施工记录）。

3）第三册（C 册）：单位（子单位）工程安全与功能检验资料核查及主要功能抽查资料〔包括屋面淋（防）水试验记录，建（构）筑物沉降观测成果，厨、厕间蓄水试验记录（通用），建筑物垂直度、标高、全高测量记录，外窗气密性、水密性、耐风压检测报告，门窗建筑物理性能检验报告，给水、排水与采暖、给水管道通水试验记录、排水干管通球试验记录，卫生器具满水试验记录，照明全负荷安全试验运作试验记录，线路、插座、开关接地检验记录，避雷接地电阻测试记录〕。

4）第四册（D 册）：单位（子单位）工程施工技术管理资料〔包括工程开工报审表，施工组织设计，技术交底记录表，施工日记，预检工程（技术复核）记录，自检互检记录，工序交底单〕。

（2）归档资料〔提交城建档案馆（室）〕：

1）施工技术准备文件（包括图样会审记录，控制网设置资料，工程定位测量资料，基槽开挖线测量资料）。

2）地基处理记录（包括地基钎探记录和钎探平面布置点，验槽记录和地基处理记录，桩基施工记录，试桩记录）。

3）工程图样变更记录（包括设计会议会审记录，设计变更记录，工程洽谈记录）。

4）施工材料、预制构件质量证明文件及复试试验报告。

5）施工试验记录（包括土壤试验记录，砂浆混凝土抗压强度试验报告，商品混凝土出厂合格证和复试报告，钢筋接头焊接报告）。

6）隐蔽工程检查记录（包括基础与主体结构钢筋工程，钢结构工程，防水工程，高程测量记录）。

7）施工记录（包括工程定位测量记录，沉降观测记录，现场施工预应力记录，工程竣工测量，新型建筑材料，施工新技术）。

8）工程质量事故处理记录。

9）工程质量检验记录〔包括基础、主体验收记录，幕墙工程验收记录，分部（子分部）工程质量验收记录〕及施工试验记录（包括电气接地电阻测试记录，绝缘电阻测试记录，楼宇自控、监视、安装、视听电话等系统调试记录，变配电设备安装、检查、通电、满负荷测试记录、给水排水、消防、采暖、通风、空调燃气等管道强度、气密性、通水、灌水、试压、通球等试验记录，电梯接地电阻、绝缘电阻测试记录及调试记录）。

资料员的工作内容按照所负责的相关工作主要有负责工程项目资料、图样等档案的收集、管理，参加分部分项工程的验收工作，负责计划、统计的管理工作，负责工程项目的内业管理工作，完成工程部经理交办的其他任务。

1.2 工程资料管理

1.2.1 工程资料分类

（1）工程资料可分为工程准备阶段文件、监理资料、施工资料、竣工图和工程竣工文件五类。

（2）工程准备阶段文件可分为决策立项文件、建设用地文件、勘察设计文件、招投标及合同文件、开工文件、商务文件六类。

（3）监理资料可分为监理管理资料、进度控制资料、质量控制资料、造价控制资料、合同管理资料和竣工验收资料六类。

（4）施工资料可分为施工管理资料、施工技术资料、施工进度及造价资料、施工物资资料、施工记录、施工试验记录及检测报告、施工质量验收记录、竣工验收资料八类。

（5）工程竣工文件可分为竣工验收文件、竣工决算文件、竣工交档文件、竣工总结文件四类。

1.2.2 工程资料填写、编制、审核及审批

（1）工程准备阶段文件和工程竣工文件的填写、编制、审核及审批应符合国家现行有关标准的规定。

（2）监理资料的填写、编制、审核及审批应符合现行国家标准《建设工程监理规范》GB/T 50319—2013 的有关规定。

（3）施工资料的填写、编制、审核及审批应符合国家现行有关标准的规定。

（4）竣工图的编制及审核应符合下列规定：

1）新建、改建、扩建的建筑工程均应编制竣工图；竣工图应真实反映竣工工程的实际情况。

2）竣工图的专业类别应与施工图对应。

3）竣工图应依据施工图、图纸会审记录、设计变更通知单、工程洽商记录（包括技术核定单）等绘制。

4）当施工图没有变更时，可直接在施工图上加盖竣工图章形成竣工图。

5）竣工图的绘制应符合国家现行有关标准的规定。

6）竣工图应有竣工图章及相关责任人签字。

1.2.3　工程资料编号

（1）工程准备阶段文件、工程竣工文件宜按表1－1中规定的类别和形成时间顺序编号。

表1－1　工程资料类别、来源及保存

工程资料类别		工程资料名称	工程资料来源	工程资料保存			
				施工单位	监理单位	建设单位	城建档案馆
A类	工程准备阶段文件						
A1类	决策立项文件	项目建议书	建设单位	—	—	●	●
		项目建议书的批复文件	建设行政管理部门	—	—	●	●
		可行性研究报告及附件	建设单位	—	—	●	●
		可行性报告的批复文件	建设行政管理部门	—	—	●	●
		关于立项的会议纪要、领导批示	建设单位	—	—	●	●
		工程立项的专家建议资料	建设单位	—	—	●	●
		项目评估研究资料	建设单位	—	—	●	●
A2类	建设用地文件	选址申请及选址规划意见通知书	建设单位规划部门	—	—	●	●
		建设用地批准文件	土地行政管理部门	—	—	●	●
		拆迁安置意见、协议、方案等	建设单位	—	—	●	●
		建设用地规划许可证及其附件	规划行政管理部门	—	—	●	●
		国有土地使用证	土地行政管理部门	—	—	●	●
		划拨建设用地文件	土地行政管理部门	—	—	●	●

续表 1-1

工程资料类别		工程资料名称	工程资料来源	工程资料保存			
				施工单位	监理单位	建设单位	城建档案馆
A类	工程准备阶段文件						
A3类	勘察设计文件	岩土工程勘察报告	勘察单位	●	●	●	●
		建设用地钉桩通知单（书）	规划行政管理部门	●	●	●	●
		地形测量和拨地测量成果报告	测绘单位	—	—	●	●
		审定设计方案通知书及审查意见	规划行政管理部门	—	—	●	●
		审定设计方案通知书要求征求有关部门的审查意见和要求取得有关协议	有关部门	—	—	●	●
		初步设计图及设计说明	设计单位	—	—	●	—
		消防设计审核意见	公安机关消防机构	○	○	●	●
		施工图设计文件审查通知书及审查报告	施工图审查机构	○	○	●	●
		施工图及设计说明	设计单位	○	○	●	—
A4类	招投标及合同文件	勘察招投标文件	建设单位、勘察单位	—	—	●	—
		勘察合同*	建设单位、勘察单位	—	—	●	●
		设计招投标文件	建设单位、设计单位	—	—	●	—
		设计合同*	建设单位、设计单位	—	—	●	●
		监理招投标文件	建设单位、监理单位	—	●	●	—
		委托监理合同*	建设单位、监理单位	—	●	●	●
		施工招投标文件	建设单位、施工单位	●	○	●	—
		施工合同*	建设单位、施工单位	●	○	●	●

续表 1－1

工程资料类别		工程资料名称	工程资料来源	工程资料保存			
				施工单位	监理单位	建设单位	城建档案馆
A 类	工程准备阶段文件						
A5 类	开工文件	建设项目列入年度计划的申报文件	建设单位	—	—	●	●
		建设项目列入年度计划的批复文件或年度计划项目表	建设行政管理部门	—	—	●	●
		规划审批申报表及报送的文件和图纸	建设单位、设计单位	—	—	●	—
		建设工程规划许可证及其附件	规划部门	—	—	●	●
		建设工程施工许可证及其附件	建设行政管理部门	●	●	●	●
		工程质量安全监督注册登记	质量监督机构	○	○	●	●
		工程开工前的原貌影像资料	建设单位	●	●	●	●
		施工现场移交单	建设单位	○	○	○	—
A6 类	商务文件	工程投资估算资料	建设单位	—	—	●	—
		工程设计概算资料	建设单位	—	—	●	—
		工程施工图预算资料	建设单位	—	—	●	—
A 类其他资料							
B 类	监理资料						
B1 类	监理管理资料	监理规划	监理单位	—	●	●	●
		监理实施细则	监理单位	○	●	●	●
		监理月报	监理单位	—	●	●	—
		监理会议纪要	监理单位	○	●	●	—
		监理工作日志	监理单位	—	●	—	—
		监理工作总结	监理单位	—	●	●	●
		工作联系单	监理单位、施工单位	○	○	—	—
		监理工程师通知	监理单位	○	○	—	—
		监理工程师通知回复单*	施工单位	○	○	—	—
		工程暂停令	监理单位	○	○	○	●
		工程复工报审表*	施工单位	●	●	●	●

续表 1－1

工程资料类别		工程资料名称	工程资料来源	工程资料保存			
				施工单位	监理单位	建设单位	城建档案馆
B 类	监理资料						
B2 类	进度控制资料	工程开工报审表*	施工单位	●	●	●	●
		施工进度计划申报表*	施工单位	○	○	—	—
B3 类	质量控制资料	质量事故报告及处理资料	施工单位	●	●	●	●
		旁站监理记录*	监理单位	○	●	●	—
		见证取样和送检见证人员备案表	监理单位或建设单位	●	●	●	—
		见证记录*	监理单位	●	●	●	—
		工程技术文件报审表*	施工单位	○	○	—	—
B4 类	造价控制资料	工程款支付申请表	施工单位	○	○	●	—
		工程支付证书	监理单位	○	○	●	—
		工程变更费用报审表*	施工单位	○	○	●	—
		费用索赔申请表	施工单位	○	○	●	—
		费用索赔审批表	监理单位	○	○	●	—
B5 类	合同管理资料	委托监理合同*	监理单位	—	●	●	●
		工程延期申请表	施工单位	●	●	●	●
		工程延期审批表	监理单位	●	●	●	●
		分包单位资质报审表*	施工单位	●	●	●	—
B6 类	竣工验收资料	单位（子单位）工程竣工预验收报验表*	施工单位	●	●	●	—
		单位（子单位）工程质量竣工验收记录**	施工单位	●	●	●	●
		单位（子单位）工程质量控制资料核查记录*	施工单位	●	●	●	●
		单位（子单位）工程安全和功能检验资料核查及主要功能抽查记录*	施工单位	●	●	●	●
		单位（子单位）工程观感质量检查记录*	施工单位	●	●	●	●

续表 1－1

工程资料类别		工程资料名称	工程资料来源	工程资料保存			
				施工单位	监理单位	建设单位	城建档案馆
B 类	监理资料						
B6 类	竣工验收资料	工程质量评估报告	监理单位	●	●	●	●
		监理费用决算资料	监理单位	—	○	●	—
		监理资料移交书	监理单位	—	●	●	—
B 类其他资料							
C 类	施工资料						
C1 类	施工管理资料	工程概况表	施工单位	●	●	●	●
		施工现场质量管理检查记录*	施工单位提供	○	○	—	—
		企业资质证书及相关专业人员岗位证书	施工单位	○	○	—	—
		分包单位资质报审表*	施工单位	●	●	●	—
		建设工程质量事故调查、勘查记录	调查单位	●	●	●	●
		建设工程质量事故报告书	调查单位	●	●	●	●
		施工检测计划	施工单位	○	○	—	—
		见证记录*	监理单位	●	●	●	—
		见证试验检测汇总表	施工单位	●	●	—	—
		施工日志	施工单位	●	—	—	—
		监理工程师通知回复单*	施工单位	○	○	—	—
C2 类	施工技术资料	工程技术文件报审表*	施工单位	○	○	—	—
		施工组织设计及施工方案	施工单位	○	○	—	—
		危险性较大分部分项工程施工方案专家论证表	施工单位	○	○	—	—
		技术交底记录	施工单位	○	—	—	—
		图纸会审记录**	施工单位	●	●	●	●
		设计变更通知书**	设计单位	●	●	●	●
		工程洽商记录（技术核定单）**	施工单位	●	●	●	●

续表 1-1

工程资料类别		工程资料名称	工程资料来源	工程资料保存			
				施工单位	监理单位	建设单位	城建档案馆
C 类	施工资料						
C3 类	进度造价资料	工程开工报审表*	施工单位	●	●	●	●
		工程复工报审表*	施工单位	●	●	●	●
		施工进度计划报审表*	施工单位	○	○	—	—
		施工进度计划	施工单位	○	○	—	—
		人、机、料动态表	施工单位	○	○	—	—
		工程延期申请表	施工单位	●	●	●	●
		工程款支付申请表	施工单位	○	○	●	—
		工程变更费用报审表*	施工单位	○	○	●	—
		费用索赔申请表*	施工单位	○	○	●	—
C4 类	施工物资资料	出厂质量证明文件及检测报告					
		砂、石、砖、水泥、钢筋、隔热保温、防腐材料、轻骨料出厂质量证明文件	施工单位	●	●	●	●
		其他物资出厂合格证、质量保证书、检测报告和报关单或商检证等	施工单位	●	○	○	—
		材料、设备的相关检验报告、型式检测报告、3C 强制认证合格书或 3C 标志	采购单位	●	○	○	—
		主要设备、器具的安装使用说明书	采购单位	●	○	○	—
		进口的主要材料设备的商检证明文件	采购单位	●	○	●	●
		涉及消防、安全、卫生、环保、节能的材料、设备的检测报告或法定机构出具的有效证明文件	采购单位	●	●	●	—

续表 1－1

工程资料类别		工程资料名称	工程资料来源	工程资料保存			
				施工单位	监理单位	建设单位	城建档案馆
C类	施工资料						
C4类	施工物资资料	进场检验通用表格					
		材料、构配件进场检验记录*	施工单位	○	○	—	—
		设备开箱检验记录*	施工单位	○	○	—	—
		设备及管道附件试验记录*	施工单位	●	○	●	—
		进场复试报告					
		钢材试验报告	检测单位	●	●	●	●
		水泥试验报告	检测单位	●	●	●	●
		砂试验报告	检测单位	●	●	●	●
		碎（卵）石试验报告	检测单位	●	●	●	●
		外加剂试验报告	检测单位	●	●	○	●
		防水涂料试验报告	检测单位	●	○	●	—
		防水卷材试验报告	检测单位	●	○	●	—
		砖（砌块）试验报告	检测单位	●	●	●	●
		预应力筋复试报告	检测单位	●	●	●	●
		预应力锚具、夹具和连接器复试报告	检测单位	●	●	●	●
		装饰装修用门窗复试报告	检测单位	●	○	●	—
		装饰装修用人造木板复试报告	检测单位	●	○	●	—
		装饰装修用花岗石复试报告	检测单位	●	○	●	—
		装饰装修用安全玻璃复试报告	检测单位	●	○	●	—
		装饰装修用外墙面砖复试报告	检测单位	●	○	●	—
		钢结构用钢材复试报告	检测单位	●	●	●	●
		钢结构用防火涂料复试报告	检测单位	●	●	●	●
		钢结构用焊接材料复试报告	检测单位	●	●	●	●

续表 1－1

工程资料类别		工程资料名称	工程资料来源	工程资料保存			
				施工单位	监理单位	建设单位	城建档案馆
C 类	施工资料						
C4 类	施工物资资料	进场复试报告					
		钢结构用高强度大六角头螺栓连接副复试报告	检测单位	●	●	●	●
		钢结构用扭剪型高强螺栓连接副复试报告	检测单位	●	●	●	●
		幕墙用铝塑板、石材、玻璃、结构胶复试报告	检测单位	●	●	●	●
		散热器、供暖系统保温材料、通风与空调工程绝热材料、风机盘管机组、低压配电系统电缆的见证取样复试报告	检测单位	●	○	●	—
		节能工程材料复试报告	检测单位	●	●	●	—
C5 类	施工记录	通用表格					
		隐蔽工程验收记录*	施工单位	●	●	●	●
		施工检查记录	施工单位	○	—	—	—
		交接检查记录	施工单位	○	—	—	—
		专用表格					
		工程定位材料记录*	施工单位	●	●	●	●
		基槽验线记录	施工单位	●	●	●	●
		楼层平面放线记录	施工单位	○	○	—	—
		楼层标高抄测记录	施工单位	○	○	—	—
		建筑物垂直度、标高观测记录*	施工单位	●	○	●	—
		沉降观测记录	建设单位委托测量单位提供	●	○	●	●
		基坑支护水平位移监测记录	施工单位	○	○	—	—
		桩基、支护测量放线记录	施工单位	○	○	—	—
		地基验槽记录**	施工单位	●	●	●	●
		地基钎探记录	施工单位	○	○	●	●

续表 1-1

工程资料类别		工程资料名称	工程资料来源	工程资料保存			
				施工单位	监理单位	建设单位	城建档案馆
C 类	施工资料						
C5 类	施工记录	专用表格					
		混凝土浇灌申请书	施工单位	○	○	—	—
		预拌混凝土运输单	施工单位	○	—	—	—
		混凝土开盘鉴定	施工单位	○	○	—	—
		混凝土拆模申请单	施工单位	○	○	—	—
		混凝土预拌测温记录	施工单位	○	—	—	—
		混凝土养护测温记录	施工单位	○	—	—	—
		大体积混凝土养护测温记录	施工单位	○	—	—	—
		大型构件吊装记录	施工单位	○	○	●	●
		焊接材料烘焙记录	施工单位	○	—	—	—
		地下工程防水效果检查记录*	施工单位	○	○	●	—
		防水工程试水检查记录*	施工单位	○	○	●	—
		通风（烟）道、垃圾道检查记录*	施工单位	○	○	●	—
		预应力筋张拉记录	施工单位	●	○	●	●
		有黏结预应力结构灌浆记录	施工单位	●	○	●	●
		钢结构施工记录	施工单位	●	○	●	—
		网架（索膜）施工记录	施工单位	●	○	●	●
		木结构施工记录	施工单位	●	○	●	—
		幕墙注胶检查记录	施工单位	●	○	●	—
		自动扶梯、自动人行道的相邻区域检查记录	施工单位	●	○	●	—
		电梯电气装置安装检测记录	施工单位	●	○	●	—
		自动扶梯、自动人行道电气装置检查记录	施工单位	●	○	●	—
		自动扶梯、自动人行道整机安装质量检查记录	施工单位	●	○	●	—

续表 1-1

工程资料类别		工程资料名称	工程资料来源	工程资料保存			
				施工单位	监理单位	建设单位	城建档案馆
C类	施工资料						
C6类	施工实验记录及检测报告	通用表格					
		设备单机试运转记录*	施工单位	●	○	●	●
		系统试运转调试记录*	施工单位	●	○	●	●
		接地电阻测试记录*	施工单位	●	○	●	●
		绝缘电阻测试记录*	施工单位	●	○	●	—
		专用表格					
		建筑与结构工程					
		锚杆试验报告	检测单位	●	○	●	●
		地基承载力检验报告	检测单位	●	○	●	●
		桩基检测报告	检测单位	●	○	●	●
		土工击实试验报告	检测单位	●	○	●	●
		回填土试验报告（应附图）	检测单位	●	○	●	●
		钢筋机械连接试验报告	检测单位	●	○	●	●
		钢筋焊接连接试验报告	检测单位	●	○	●	●
		砂浆配合比申请单、通知单	施工单位	○	○	—	—
		砂浆抗压强度试验报告	检测单位	●	○	●	●
		砌筑砂浆试块强度统计、评定记录	施工单位	●	—	●	●
		混凝土配合比申请单、通知单	施工单位	○	○	—	—
		混凝土抗压强度试验报告	检测单位	●	○	●	●
		混凝土试块强度统计、评定记录	检测单位	●	—	●	●
		混凝土抗渗试验报告	检测单位	●	○	●	●
		砂、石、水泥放射性指标报告	施工单位	●	○	●	●
		混凝土碱总量计算书	施工单位	●	○	●	●
		外墙饰面砖样板黏结强度试验报告	检测单位	●	○	●	●

续表 1－1

工程资料类别		工程资料名称	工程资料来源	工程资料保存			
				施工单位	监理单位	建设单位	城建档案馆
C 类	施工资料						
C6 类	施工实验记录及检测报告	专用表格					
		建筑与结构工程					
		后置埋件抗拔试验报告	检测单位	●	○	●	●
		超声波探伤报告、探伤记录	检测单位	●	○	●	●
		钢构件射线探伤报告	检测单位	●	○	●	●
		磁粉探伤报告	检测单位	●	○	●	●
		高强度螺栓抗滑移系数检测报告	检测单位	●	○	●	●
		钢结构焊接工艺评定	检测单位	○	○	—	—
		网架节点承载力试验报告	检测单位	●	○	●	●
		钢结构防腐、防火涂料厚度检测报告	检测单位	●	○	●	●
		木结构胶缝试验报告	检测单位	●	○	●	—
		木结构构件力学性能试验报告	检测单位	●	○	●	●
		木结构防护剂试验报告	检测单位	●	○	●	●
		幕墙双组分硅酮结构密封胶混匀性及拉断试验报告	检测单位	●	○	●	●
		幕墙的抗风压性能、空气渗透性能、雨水渗透性能及平面内变形性能检测报告	检测单位	●	○	●	●
		外门窗的抗风压性能、空气渗透性能和雨水渗透性能检测报告	检测单位	●	○	●	●
		墙体节能工程保温板材与基层黏结强度现场拉拔试验	检测单位	●	○	●	●
		外墙保温浆料同条件养护试件试验报告	检测单位	●	○	●	●
		结构实体混凝土强度检验记录*	施工单位	●	○	●	●

续表 1-1

工程资料类别		工程资料名称	工程资料来源	工程资料保存			
				施工单位	监理单位	建设单位	城建档案馆
C类	施工资料						
C6类	施工实验记录及检测报告	专用表格					
		建筑与结构工程					
		结构实体钢筋保护层厚度检验记录*	施工单位	●	○	●	●
		围护结构现场实体检验	检测单位	●	○	●	—
		室内环境检测报告	检测单位	●	○	●	—
		节能性能检测报告检测单位	检测单位	●	○	●	●
		给水排水及采暖工程					
		灌（满）水试验记录*	施工单位	○	○	●	—
		强度严密性试验记录*	施工单位	●	○	●	●
		通水试验记录*	施工单位	○	○	●	—
		冲（吹）洗试验记录*	施工单位	●	○	●	—
		通球试验记录	施工单位	○	○	●	—
		补偿器安装记录	施工单位	○	○	—	—
		消火栓试射记录	施工单位	●	○	●	—
		安全附件安装检查记录	施工单位	●	○	—	—
		锅炉烘炉试验记录	施工单位	●	○	—	—
		锅炉煮炉试验记录	施工单位	●	○	—	—
		锅炉试运行记录	施工单位	●	○	●	—
		安全阀定压合格证书	检测单位	●	○	●	—
		自动喷水灭火系统联动试验记录	施工单位	●	○	●	●
		建筑电气工程					
		电气接地装置平面示意图表	施工单位	●	○	●	●
		电气器具通电安全检查记录	施工单位	○	○	●	—
		电气设备空载试运行记录*	施工单位	●	○	●	●
		建筑物照明通电试运行记录	施工单位	●	○	●	●
		大型照明灯具承载试验记录*	施工单位	●	○	●	—
		漏电开关模拟试验记录	施工单位	●	○	●	—

续表 1－1

工程资料类别		工程资料名称	工程资料来源	工程资料保存			
				施工单位	监理单位	建设单位	城建档案馆
C 类	施工资料						
C6 类	施工实验记录及检测报告	建筑电气工程					
		大容量电气线路结点测温记录	施工单位	●	○	●	—
		低压配电电源质量测试记录	施工单位	●	○	●	—
		建筑物照明系统照度测试记录	施工单位	○	○	●	—
		智能建筑工程					
		综合布线测试记录*	施工单位	●	○	●	●
		光纤损耗测试记录*	施工单位	●	○	●	●
		视频系统末端测试记录*	施工单位	●	○	●	●
		子系统检测记录*	施工单位	●	○	●	●
		系统试运行记录*	施工单位	●	○	●	●
		通风与空调工程					
		风管漏光检测记录*	施工单位	○	○	●	—
		风管漏风检测记录*	施工单位	●	○	●	—
		现场组装除尘器、空调机漏风检测记录	施工单位	○	○	—	—
		各房间室内风量测量记录	施工单位	●	○	●	—
		管网风量平衡记录	施工单位	●	○	●	—
		空调系统试运转调试记录	施工单位	●	○	●	●
		空调水系统试运转调试记录	施工单位	●	○	●	●
		制冷系统气密性试验记录	施工单位	●	○	●	●
		净化空调系统检测记录	施工单位	●	○	●	●
		防排烟系统联合试运行记录	施工单位	●	○	●	●
		电梯工程					
		轿厢平层准确度测量记录	施工单位	○	○	●	—
		电梯层门安全装置检测记录	施工单位	●	○	●	—
		电梯电气安全装置检测记录	施工单位	●	○	●	—
		电梯整机功能检测记录	施工单位	●	○	●	—
		电梯主要功能检测记录	施工单位	●	○	●	—

续表 1-1

工程资料类别		工程资料名称	工程资料来源	工程资料保存			
				施工单位	监理单位	建设单位	城建档案馆
C 类	施工资料						
C6 类	施工实验记录及检测报告	电梯工程					
		电梯负荷运行试验记录	施工单位	●	○	●	●
		电梯负荷运行试验曲线图表	施工单位	●	○	●	—
		电梯噪声测试记录	施工单位	○	○	○	—
		自动扶梯、自动人行道安全装置检测记录	施工单位	●	○	●	—
		自动扶梯、自动人行道整机性能、运行试验记录	施工单位	●	○	●	●
C7 类	施工质量验收记录	检验批质量验收记录*	施工单位	○	○	●	—
		分项工程质量验收记录*	施工单位	●	●	●	
		分部（子分部）工程质量验收记录**	施工单位	●	●	●	●
		建筑节能分部工程质量验收记录**	施工单位	●	●	●	●
		自动喷水系统验收缺陷项目划分记录**	施工单位	●	○	○	—
		程控电话交换系统分项工程质量验收记录	施工单位	●	○	●	—
		会议电视系统分项工程质量验收记录	施工单位	●	○	●	—
		卫星数字电视系统分项工程质量验收记录	施工单位	●	○	●	—
		有线电视系统分项工程质量验收记录	施工单位	●	○	●	—
		公共广播与紧急广播系统分项工程质量验收记录	施工单位	●	○	●	—
		计算机网络系统分项工程质量验收记录	施工单位	●	○	●	—
		应用软件系统分项工程质量验收记录	施工单位	●	○	●	—

续表 1－1

工程资料类别		工程资料名称	工程资料来源	工程资料保存			
				施工单位	监理单位	建设单位	城建档案馆
C 类	施工资料						
C7 类	施工质量验收记录	网络安全系统分项工程质量验收记录	施工单位	●	○	●	—
		空调与通风系统分项工程质量验收记录	施工单位	●	○	●	—
		变配电系统分项工程质量验收记录	施工单位	●	○	●	—
		公共照明系统分项工程质量验收记录	施工单位	●	○	●	—
		给水排水系统分项工程质量验收记录	施工单位	●	○	●	—
		热源和换热系统分项工程质量验收记录	施工单位	●	○	●	—
		冷冻和冷却水系统分项工程质量验收记录	施工单位	●	○	●	—
		电梯和自动扶梯系统分项工程质量验收记录	施工单位	●	○	●	—
		数据通信接口分项工程质量验收记录	施工单位	●	○	●	—
		中央管理工作站及操作分站分项工程质量验收记录	施工单位	●	○	●	—
		系统实时性、可维护性、可靠性分项工程质量验收记录	施工单位	●	○	●	—
		现场设备安装及检测分项工程质量验收记录	施工单位	●	○	●	—
		火灾自动报警及消防联动系统分项工程质量验收记录	施工单位	●	○	●	—
		综合防范功能分项工程质量验收记录	施工单位	●	○	●	—

续表 1-1

工程资料类别		工程资料名称	工程资料来源	工程资料保存			
				施工单位	监理单位	建设单位	城建档案馆
C 类	施工资料						
C7 类	施工质量验收记录	视频安防监控系统分项工程质量验收记录	施工单位	●	○	●	—
		入侵报警系统分项工程质量验收记录	施工单位	●	○	●	—
		出入口控制（门禁）系统分项工程质量验收记录	施工单位	●	○	●	—
		巡更管理系统分项工程质量验收记录	施工单位	●	○	●	—
		停车场（库）管理系统分项工程质量验收记录	施工单位	●	○	●	—
		安全防范综合管理系统分项工程质量验收记录	施工单位	●	○	●	—
		综合布线系统安装分项工程质量验收记录	施工单位	●	○	●	—
		综合布线系统性能检测分项工程质量验收记录	施工单位	●	○	●	—
		系统集成网络连接分项工程质量验收记录	施工单位	●	○	●	—
		系统数据集成分项工程质量验收记录	施工单位	●	○	●	—
		系统集成整体协调分项工程质量验收记录	施工单位	●	○	●	—
		系统集成综合管理及冗余功能分项工程质量验收记录	施工单位	●	○	●	—
		系统集成可维护性和安全性分项工程质量验收记录	施工单位	●	○	●	—
		电源系统分项工程质量验收记录	施工单位	●	○	●	—

续表 1－1

<table>
<tr><th colspan="2" rowspan="2">工程资料类别</th><th colspan="2" rowspan="2">工程资料名称</th><th rowspan="2">工程资料来源</th><th colspan="4">工程资料保存</th></tr>
<tr><th>施工单位</th><th>监理单位</th><th>建设单位</th><th>城建档案馆</th></tr>
<tr><td>C 类</td><td colspan="8">施工资料</td></tr>
<tr><td rowspan="9">C8 类</td><td rowspan="9">竣工验收资料</td><td colspan="2">工程竣工报告</td><td>施工单位</td><td>●</td><td>●</td><td>●</td><td>●</td></tr>
<tr><td colspan="2">单位（子单位）工程竣工预验收报验表*</td><td>施工单位</td><td>●</td><td>●</td><td>●</td><td>—</td></tr>
<tr><td colspan="2">单位（子单位）工程质量竣工验收记录**</td><td>施工单位</td><td>●</td><td>●</td><td>●</td><td>●</td></tr>
<tr><td colspan="2">单位（子单位）工程质量控制资料核查记录*</td><td>施工单位</td><td>●</td><td>●</td><td>●</td><td>●</td></tr>
<tr><td colspan="2">单位（子单位）工程安全和功能检验资料核查及主要功能抽查记录*</td><td>施工单位</td><td>●</td><td>●</td><td>●</td><td>●</td></tr>
<tr><td colspan="2">单位（子单位）工程观感质量检查记录**</td><td>施工单位</td><td>●</td><td>●</td><td>●</td><td>●</td></tr>
<tr><td colspan="2">施工决算资料</td><td>施工单位</td><td>○</td><td>○</td><td>●</td><td>—</td></tr>
<tr><td colspan="2">施工资料移交书</td><td>施工单位</td><td>●</td><td>—</td><td>●</td><td>—</td></tr>
<tr><td colspan="2">房屋建筑工程质量保修书</td><td>施工单位</td><td>●</td><td>●</td><td>●</td><td>—</td></tr>
<tr><td colspan="9">C 类其他资料</td></tr>
<tr><td>D 类</td><td colspan="8">竣工图</td></tr>
<tr><td rowspan="6">D 类</td><td rowspan="6">竣工图</td><td rowspan="3">建筑与结构竣工图</td><td>建筑竣工图</td><td>编制单位</td><td>●</td><td>—</td><td>●</td><td>●</td></tr>
<tr><td>结构竣工图</td><td>编制单位</td><td>●</td><td>—</td><td>●</td><td>●</td></tr>
<tr><td>钢结构竣工图</td><td>编制单位</td><td>●</td><td>—</td><td>●</td><td>●</td></tr>
<tr><td rowspan="2">建筑装饰与装修竣工图</td><td>幕墙竣工图</td><td>编制单位</td><td>●</td><td>—</td><td>●</td><td>●</td></tr>
<tr><td>室内装饰竣工图</td><td>编制单位</td><td>●</td><td>—</td><td>●</td><td>—</td></tr>
<tr><td colspan="2">建筑给水、排水与供暖竣工图</td><td>编制单位</td><td>●</td><td>—</td><td>●</td><td>●</td></tr>
</table>

续表 1－1

<table>
<tr><th colspan="2" rowspan="2">工程资料类别</th><th colspan="2" rowspan="2">工程资料名称</th><th rowspan="2">工程资料来源</th><th colspan="4">工程资料保存</th></tr>
<tr><th>施工单位</th><th>监理单位</th><th>建设单位</th><th>城建档案馆</th></tr>
<tr><td>D 类</td><td colspan="8">竣工图</td></tr>
<tr><td rowspan="5">D 类</td><td rowspan="5">竣工图</td><td colspan="2">建筑电气竣工图</td><td>编制单位</td><td>●</td><td>—</td><td>●</td><td>●</td></tr>
<tr><td colspan="2">智能建筑竣工图</td><td>编制单位</td><td>●</td><td>—</td><td>●</td><td>●</td></tr>
<tr><td colspan="2">通风与空调竣工图</td><td>编制单位</td><td>●</td><td>—</td><td>●</td><td>●</td></tr>
<tr><td rowspan="2">室外工程竣工图</td><td>室外给水、排水、供热、供电、照明管线等竣工图</td><td>编制单位</td><td>●</td><td>—</td><td>●</td><td>●</td></tr>
<tr><td>室外道路、园林绿化、花坛、喷泉等竣工图</td><td>编制单位</td><td>●</td><td>—</td><td>●</td><td>●</td></tr>
<tr><td colspan="9">D 类其他资料</td></tr>
<tr><td>E 类</td><td colspan="8">工程竣工文件</td></tr>
<tr><td rowspan="8">E1 类</td><td rowspan="8">竣工验收文件</td><td colspan="2">单位（子单位）工程质量竣工验收记录**</td><td>施工单位</td><td>●</td><td>●</td><td>●</td><td>●</td></tr>
<tr><td colspan="2">勘察单位工程质量检查报告</td><td>勘查单位</td><td>○</td><td>○</td><td>●</td><td>●</td></tr>
<tr><td colspan="2">设计单位工程质量检查报告</td><td>设计单位</td><td>○</td><td>○</td><td>●</td><td>●</td></tr>
<tr><td colspan="2">工程竣工验收报告</td><td>建设单位</td><td>●</td><td>●</td><td>●</td><td>●</td></tr>
<tr><td colspan="2">规划、消防、环保等部门出具的认可文件或准许使用文件</td><td>政府主管部门</td><td>●</td><td>●</td><td>●</td><td>●</td></tr>
<tr><td colspan="2">房屋建筑工程质量保修书</td><td>施工单位</td><td>●</td><td>●</td><td>●</td><td>—</td></tr>
<tr><td colspan="2">住宅质量保证书、住宅使用说明书</td><td>建设单位</td><td>—</td><td>—</td><td>●</td><td>—</td></tr>
<tr><td colspan="2">建设工程竣工验收备案表</td><td>建设单位</td><td>●</td><td>●</td><td>●</td><td>●</td></tr>
<tr><td rowspan="2">E2 类</td><td rowspan="2">竣工决算文件</td><td colspan="2">施工决算资料*</td><td>施工单位</td><td>○</td><td>○</td><td>●</td><td>—</td></tr>
<tr><td colspan="2">监理费用决算资料*</td><td>监理单位</td><td>—</td><td>○</td><td>●</td><td>—</td></tr>
</table>

续表 1－1

工程资料类别		工程资料名称	工程资料来源	工程资料保存			
				施工单位	监理单位	建设单位	城建档案馆
E 类	工程竣工文件						
E3 类	竣工交档文件	工程竣工档案预验收意见	城建档案管理部门	—	—	●	●
		施工资料移交书*	施工单位	●	—	●	—
		监理资料移交书*	监理单位	—	●	●	—
		城市建设档案移交书	建设单位	—	—	●	—
E4 类	竣工总结文件	工程竣工总结	建设单位	—	—	●	●
		竣工新貌影像资料	建设单位	●	—	●	●
E 类其他资料							

注：1. 表中工程资料名称与资料保存单位所对应的栏中“●”表示“归档保存”；“○”表示“过程保存”，是否归档保存可自行确定。
2. 表中注明“*”的表，宜由施工单位和监理或建设单位共同形成；表中注明“**”的表，宜由建设、设计、监理、施工等多方共同形成。
3. 勘察单位保存资料内容应包括工程地质勘察报告、勘察招投标文件、勘察合同、勘察单位工程质量检查报告以及勘察单位签署的有关质量验收记录等。
4. 设计单位保存资料内容应包括审定设计方案通知书及审查意见、审定设计方案通知书要求征求有关部门的审查意见和要求取得的有关协议、初步设计图及设计说明、施工图及设计说明、消防设计审核意见、施工图设计文件审查通知书及审查报告、设计招投标文件、设计合同、图纸会审记录、设计变更通知单、设计单位签署意见的工程洽商记录（包括技术核定单）、设计单位工程质量检查报告以及设计单位签署的有关质量验收记录。

（2）监理资料宜按表 1－1 中规定的类别和形成时间顺序编号。

（3）施工资料编号宜符合下列规定：

1）施工资料编号可由分部、子分部、分类、顺序号四组代号组成，组与组之间应用横线隔开（图 1－1）。

×× － ×× － ×× － ×××
① ② ③ ④

图 1－1 施工资料编号

注：1. ①为分部工程代号，可按表 1－2 规定的代号填写。
2. ②为子分部工程代号，按表 1－2 规定的类别编号填写。
3. ③为资料的类别编号，按表 1－1 规定的类别编号填写。
4. ④为顺序号，可根据相同表格、相同检查项目，按形成时间顺序填写。

表1-2 分部（子分部）工程代号索引表

分部工程代号	分部工程名称	子分部工程代号	子分部工程名称	分项工程名称	备注
01	地基与基础	01	无支护土方	土方开挖、土方回填	
		02	有支护土方	排桩，降水、排水、地下连续墙、锚杆、土钉墙、水泥土桩、沉井与沉箱，钢及混凝土支撑	单独组卷
		03	地基及基础处理	灰土地基、砂和砂石地基、碎砖三合土地基，土工合成材料地基，粉煤灰地基，重锤夯实地基，强夯地基，振冲地基，砂桩地基，预压地基，高压喷射注浆地基，土和灰土挤密桩地基，注浆地基，水泥粉煤灰碎石桩地基，夯实水泥土桩地基	复合地基单独组卷
		04	桩基	锚杆静压桩及静力压桩，预应力离心管桩，钢筋混凝土预制桩，钢桩，混凝土灌注桩（成孔、钢筋笼、清孔、水下混凝土灌注）	单独组卷
		05	地下防水	防水混凝土，水泥砂浆防水层，卷材防水层，涂料防水层，金属板防水层，塑料板防水层，细部构造，喷锚支护，复合式衬砌、地下连续墙，盾构法隧道；渗排水、盲沟排水，隧道、坑道排水；预注浆、后注浆，衬砌裂缝注浆	
		06	混凝土基础	模板、钢筋、混凝土，后浇带混凝土，混凝土结构缝处理	
		07	砌体基础	砖砌体，混凝土砌块砌体，配筋砌体，石砌体	
		08	劲钢（管）混凝土	劲钢（管）焊接，劲钢（管）与钢筋的连接，混凝土	
		09	钢结构	焊接钢结构、栓接钢结构，钢结构制作，钢结构安装，钢结构涂装	单独组卷

续表 1－2

分部工程代号	分部工程名称	子分部工程代号	子分部工程名称	分项工程名称	备注
02	主体结构	01	混凝土结构	模板，钢筋，混凝土，预应力、现浇结构、装配式结构	
		02	劲钢（管）混凝土结构	劲钢（管）焊接，螺栓连接，劲钢（管）与钢筋的连接，劲钢（管）制作、安装，混凝土	
		03	砌体结构	砖砌体，混凝土小型空心砌块砌体，石砌体，填充墙砌体，配筋砖砌体	
		04	钢结构	钢结构焊接，紧固件连接，钢零部件加工，单层钢结构安装，多层及高层钢结构安装，钢结构涂装、钢构件组装，钢构件预拼装，钢网架结构安装，压型金属板	单独组卷
		05	木结构	方木和原木结构、胶合木结构、轻型木结构、木构件防护	单独组卷
		06	网架和索膜结构	网架制作，网架安装，索膜安装，网架防火，防腐涂料	单独组卷
03	建筑装饰装修	01	地面	整体面层：基层，水泥混凝土面层，水泥砂浆面层，水磨石面层，防油渗面层，水泥钢（铁）屑面层，不发火（防爆的）面层；板块面屋：基层，砖面层（陶瓷锦砖、缸砖、陶瓷地砖和水泥花砖面层），大理石面层和花岗石面层，预制板块面层（预制水泥混凝土、水磨石板块面层），料石面层（条石、块石面层），塑料板面层，活动地板面层，地毯面层；木竹面层：基层，实木地板面层（条材、块材面层），实木复合地板面层（条材、块材面层），中密度（强化）复合地板面层（条材面层），竹地板面层	
		02	抹灰	一般抹灰，装饰抹灰，清水砌体勾缝	
		03	门窗	木门窗制作与安装，金属门窗安装，塑料门窗安装，特种门安装，门窗玻璃安装	

续表 1－2

分部工程代号	分部工程名称	子分部工程代号	子分部工程名称	分项工程名称	备注
03	建筑装饰装修	04	吊顶	暗龙骨吊顶，明龙骨吊顶	
		05	轻质隔墙	板材隔墙，骨架隔墙，活动隔墙，玻璃隔墙	
		06	饰面板（砖）	饰面板安装，饰面砖粘贴	
		07	幕墙	玻璃幕墙，金属幕墙，石材幕墙	单独组卷
		08	涂饰	水性涂料涂饰，溶剂型涂料涂饰，美术涂饰	
		09	裱糊与软包	裱糊、软包	
		10	细部	橱柜制作与安装，窗帘盒、窗台板和暖气罩制作与安装，门窗套制作与安装，护栏和扶手制作与安装，花饰制作与安装	
04	建筑屋面	01	卷材防水屋面	保温层，找平层，卷材防水层，细部构造	
		02	涂膜防水屋面	保温层，找平层，涂膜防水层，细部构造	
		03	刚性防水屋面	细石混凝土防水，密封材料嵌缝，细部构造	
		04	瓦屋面	平瓦屋面，油毡瓦屋面，金属板屋面，细部构造	
		05	隔热屋面	架空屋面，蓄水屋面，种植屋面	
05	建筑给水、排水及供暖	01	室内给水系统	给水管道及配件安装，室内消火栓系统安装，给水设备安装，管道防腐，绝热	
		02	室内排水系统	排水管道及配件安装、雨水管道及配件安装	
		03	室内热水供应系统	管道及配件安装，辅助设备安装，防腐，绝热	
		04	卫生器具安装	卫生器具安装，卫生器具给水配件安装，卫生器具排水管道安装	

续表 1－2

分部工程代号	分部工程名称	子分部工程代号	子分部工程名称	分项工程名称	备注
05	建筑给水、排水及供暖	05	室内供暖系统	管道及配件安装，辅助设备及散热器安装，金属辐射板安装，低温热水地板辐射供暖系统安装，系统水压试验及调试，防腐，绝热	
		06	室外给水管网	给水管道安装，消防水泵接合器及室外消火栓安装，管沟及井池	
		07	室外排水管网	排水管道安装，排水管沟与井池	
		08	室外供热管网	管道及配件安装，系统水压试验及调试，防腐，绝热	
		09	建筑中水系统及游泳池系统	建筑中水系统管道及辅助设备安装，游泳池水系统安装	
		10	供热锅炉及辅助设备安装	锅炉安装，辅助设备及管道安装，安全附件安装，烘炉、煮炉和试运行，换热站安装，防腐，绝热	单独组卷
		11	自动喷水灭火系统	消防水泵和稳压泵安装，消防水箱安装和消防水池施工，消防气压给水设备安装，消防水泵接合器安装，管网安装，喷头安装，报警阀组安装，其他组件安装，系统水压试验，气压试验，冲洗，水源测试，消防水泵调试，稳压泵调试，报警阀组调试，排水装置调试，联动试验	单独组卷
		12	气体灭火系统	灭火剂储存装置的安装、选择阀及信号反馈装置安装、阀驱动装置安装、灭火剂输送管道安装、喷嘴安装、预制灭火系统安装、控制组件安装、系统调试	单独组卷
		13	泡沫灭火系统	消防泵的安装、泡沫液储罐的安装、泡沫比例混合器的安装、管道阀门和泡沫消火栓的安装、泡沫产生装置的安装、系统调试	单独组卷
		14	固定水炮灭火系统	管道及配件安装、设备安装、系统水压试验、系统调试	单独组卷

续表 1－2

分部工程代号	分部工程名称	子分部工程代号	子分部工程名称	分项工程名称	备注
06	建筑电气	01	室外电气	架空线路及杆上电气设备安装，变压器、箱式变电所安装，成套配电柜、控制柜（屏、台）和动力、照明配电箱（盘）及控制柜安装，电线、电缆导管和线槽敷设，电线、电缆穿管和线槽敷设，电缆头制作、导线连接和线路电气试验，建筑物外部装饰灯具、航空障碍标志灯和庭院路灯安装，建筑照明通电试运行，接地装置安装	
		02	变配电室	变压器、箱式变电所安装，成套配电柜、控制柜（屏、台）和动力、照明配电箱（盘）安装，裸母线、封闭母线、插接式母线安装，电缆沟内和电缆竖井内电缆敷设，电缆头制作、导线连接和线路电气试验，接地装置安装，避雷引下线和变配电室接地干线敷设	单独组卷
		03	供电干线	裸母线、封闭母线、插接式母线安装，桥架安装和桥架内电缆敷设，电缆沟内和电缆竖井内电缆敷设，电线、电缆导管和线槽敷设，电线、电缆穿管和线槽敷线，电缆头制作、导线连接和线路电气试验	
		04	电气动力	成套配电柜、控制柜（屏、台）和动力、照明配电箱（盘）及安装，低压电动机、电加热器及电动执行机构检查、接线，低压电气动力设备检测，试验和空载试运行，桥架安装和桥架内电缆敷设，电线、电缆导管和线槽敷设，电线、电缆穿管和线槽敷线，电缆头制作、导线连接和线路电气试验，插座、开关、风扇安装	

续表 1－2

分部工程代号	分部工程名称	子分部工程代号	子分部工程名称	分项工程名称	备注
06	建筑电气	05	电气照明安装	成套配电柜、控制柜（屏、台）和动力、照明配电箱（盘）安装，电线、电缆导管和线槽敷设，电线、电缆导管和线槽敷线，槽板配线，钢索配线，电缆头制作、导线连接和线路电气试验，普通灯具安装，专用灯具安装，插座、开关、风扇安装，建筑照明通电试运行	
		06	备用和不间断电源安装	成套配电柜、控制柜（屏、台）和动力、照明配电箱（盘）安装，柴油发电机组安装，不间断电源的其他功能单元安装，裸母线、封闭母线、插接式母线安装，电线、电缆导管和线槽敷设，电线、电缆导管和线槽敷线，电缆头制作、导线连接和线路电气试验，接地装置安装	
		07	防雷及接地安装	接地装置安装，避雷引下线和变配电室接地干线敷设，建筑物等电位连接，接闪器安装	
07	智能建筑	01	通信网络系统	通信系统，卫星及有线电视系统，公共广播系统	单独组卷
		02	办公自动化系统	计算机网络系统，信息平台及办公自动化应用软件，网络安全系统	单独组卷
		03	建筑设备监控系统	空调与通风系统、变配电系统、照明系统，给水排水系统，热源和换热系统，冷冻和冷却系统，电梯和自动扶梯系统，中央管理工作站与操作分站，子系统通信接口	单独组卷
		04	火灾报警及消防联动系统	火灾和可燃气体探测与火灾报警控制系统，消防联动系统	单独组卷
		05	安全防范系统	电视监控系统，入侵报警系统，巡更系统，出入口控制（门禁）系统，停车管理系统	按分项单独组卷

续表 1－2

分部工程代号	分部工程名称	子分部工程代号	子分部工程名称	分项工程名称	备注
07	智能建筑	06	综合布线系统	综合布线系统	单独组卷
		07	智能化集成系统	集成系统网络，实时数据库，智能化集成系统与功能接口，信息安全	
		08	电源与接地	机房，智能建筑电源，防雷及接地	
		09	环境	空间环境，室内空调环境，视觉照明环境，电磁环境	单独组卷
		10	住宅（小区）智能化系统	火灾自动报警及消防联动系统，安全防范系统（含电视监控系统、入侵报警系统、巡更系统、门禁系统、楼宇对讲系统、住户对讲呼救系统、停车管理系统），物业管理系统（多表现场计量及与远程传输系统、建筑设备监控系统、公共广播系统、小区网络及信息服务系统、物业办公自动化系统），智能家庭信息平台	单独组卷
08	通风与空调	01	送排风系统	风管与配件制作，部件制作，风管系统安装，空气处理设备安装，消声设备制作与安装，风管与设备防腐，风机安装，系统调试	
		02	防排烟系统	风管与配件制作，部件制作，风管系统安装，防排烟风口、常闭正压风口与设备安装，风管与设备防腐，风机安装，系统调试	
		03	除尘系统	风管与配件制作，部件制作，风管系统安装，除尘器与排污设备安装，风管与设备防腐，风机安装，系统调试	
		04	空调风系统	风管与配件制作，部件制作，风管系统安装，空气处理设备安装，消声设备制作与安装，风管与设备防腐，风机安装，风管与设备绝热，系统调试	

续表 1－2

分部工程代号	分部工程名称	子分部工程代号	子分部工程名称	分项工程名称	备注
08	通风与空调	05	净化空调系统	风管与配件制作，部件制作，风管系统安装，空气处理设备安装，消声设备制作与安装，风管与设备防腐，风机安装，风管与设备绝热，系统调试	
		06	制冷设备系统	制冷机组安装，制冷剂管道及配件安装，制冷附属设备安装，管道及设备的防腐与绝热，系统调试	
		07	空调水系统	管道冷热（媒）水系统安装，冷却水系统安装，冷凝水系统安装，阀门及部件安装，冷却塔安装，水泵及附属设备安装，管道与设备的防腐与绝热，系统调试	
09	电梯	01	电力驱动的曳引式或强制式电梯安装	设备进场验收，土建交接检验，驱动主机，导轨，门系统，轿厢，对重（平衡重），安全部件，悬挂装置，随行电缆，补偿装置，电气装置，整机安装验收	单独组卷
		02	液压电梯安装	设备进场验收，土建交接检验，液压系统，导轨，门系统，轿厢，平衡重，安全部件，悬挂装置，随行电缆，电气装置，整机安装验收	单独组卷
		03	自动扶梯、自动人行道安装	设备进场验收，土建交接检验，整机安装验收	单独组卷

2）属于单位工程整体管理内容的资料，编号中的分部、子分部工程代号可用“00”代替。

3）同一厂家、同一品种、同一批次的施工物资用在两个分部、子分部工程中时，资料编号中的分部、子分部工程代号可按主要使用部位填写。

（4）竣工图宜按表1－1中规定的类别和形成时间顺序编号。

（5）工程资料的编号应及时填写，专用表格的编号应填写在表格右上角的编号栏中；非专用表格应在资料右上角的适当位置注明资料编号。

1.2.4 工程资料收集、整理与组卷

（1）工程资料的收集、整理与组卷应符合下列规定：

1）工程准备阶段文件和工程竣工文件应由建设单位负责收集、整理与组卷。

2）监理资料应由监理单位负责收集、整理与组卷。

3）施工资料应由施工单位负责收集、整理与组卷。

4）竣工图应由建设单位负责组织，也可委托其他单位。

（2）工程资料的组卷除应执行1的规定外，还应符合下列规定：

1）工程资料组卷应遵循自然形成规律，保持卷内文件、资料内在联系。工程资料可根据数量多少组成一卷或多卷。

2）工程准备阶段文件和工程竣工文件可按建设项目或单位工程进行组卷。

3）监理资料应按单位工程进行组卷。

4）施工资料应按单位工程组卷，并应符合下列规定：

①专业承包工程形成的施工资料应由专业承包单位负责，并应单独组卷。

②电梯应按不同型号每台电梯单独组卷。

③室外工程应按室外建筑环境、室外安装工程单独组卷。

④当施工资料中部分内容不能按一个单位工程分类组卷时，可按建设项目组卷。

⑤施工资料目录应与其对应的施工资料一起组卷。

5）竣工图应按专业分类组卷。

6）工程资料组卷内容宜符合表1－1的规定。

7）工程资料组卷应编制封面、卷内目录及备考表，其格式及填写要求可按现行国家标准《建设工程文件归档规范》GB/T 50328—2014的有关规定执行。

1.2.5 工程资料移交与归档

（1）工程资料移交归档应符合国家现行有关法规和标准的规定；当无规定时，应按合同约定移交归档。

（2）工程资料移交应符合下列规定：

1）施工单位应向建设单位移交施工资料。

2）实行施工总承包的，各专业承包单位应向施工总承包单位移交施工资料。

3）监理单位应向建设单位移交监理资料。

4）工程资料移交时应及时办理相关移交手续，填写工程资料移交书、移交目录。

5）建设单位应按国家有关法规和标准的规定向城建档案管理部门移交工程档案，并办理相关手续。有条件时，向城建档案管理部门移交的工程档案应为原件。

（3）工程资料归档应符合下列规定：

1）工程参建各方宜按表1－1规定的内容将工程资料归档保存。

2）归档保存的工程资料，其保存期限应符合下列规定：

①工程资料归档保存期限应符合国家现行有关标准的规定；当无规定时，不宜少于5年。

②建设单位工程资料归档保存期限应满足工程维护、修缮、改造、加固的需要。

③施工单位工程资料归档保存期限应满足工程质量保修及质量追溯的需要。

2 土建工程资料管理

2.1 土建工程施工测量记录

2.1.1 施工测量放线资料

施工单位应将施工测量方案、红线桩的校核结果、水准点的引测结果填写施工测量放线报验表，附工程定位测量记录报项目监理部。编制时应注意其编制要求。

1. 施工测量放线资料的编制要求

施工测量放线资料的编制要求有下列几点内容：

(1) 对测量放线控制成果及保护措施的检查。专业监理工程师应按下列要求对承包单位报送的测量放线控制成果及保护措施进行检查，符合要求时，专业监理工程师对承包单位报送的施工测量成果报验申请表予以签认：

1) 检查承包单位专职测量人员的岗位证书及测量设备检定证书。

2) 复核控制桩的校核成果、控制桩的保护措施以及高程控制网、平面控制网和临时水准点的测量成果。

(2) 施工测量放线报验。施工测量放线报验分为：

1) 开工前的交桩复测及承包单位建立的控制网、水准系统的测量。

2) 施工过程中的施工测量放线。

(3) 开工前的审查程序。开工前的交桩复测及承包单位建立的控制网、水准点系统测量的审查程序：

1) 根据专业监理工程师指令，承包单位应填写施工测量方案报审表，采用施工组织设计（方案）报审表，将施工测量方案报送项目监理机构审查确认。

2) 承包单位按批准的“施工测量方案”，对建设单位交给施工的红线桩、水准点进行校核复测，并在施工场地设置平面坐标控制网（或控制导线）及高程控制网后，填写施工测量放线报验申请表，并附上相应的放线依据资料及测量放线成果（工程定位测量及复测记录），报项目监理机构审查。

3) 专业监理工程师审核承包单位专职测量人员的岗位证书及测量设备检定证书、测量成果及现场查验桩、线的准确性及桩点、桩位保护措施的有效性，符合规定时，予以签认，并在其工程定位测量及复测记录签字盖章，完成交桩过程。

4) 当承包单位对交桩的桩位，通过复测提出质疑时，应通过建设单位邀请政府规定的规划勘察部门，复核红线桩及水准点测量的成果，最终完成交桩过程，并通过工程洽商的方式予以确认。

(4) 施工过程中的施工测量放线审查程序。

1) 承包单位在测量放线完毕，应进行自检，合格后填写施工测量放线报验申请表，并附上放线的依据材料及放线成果表，报送项目监理机构。

2）专业监理工程师对施工测量放线报验申请表及附件进行审核，并应实地检验放线精度，是否符合规范及标准要求，经审核查验，签认施工测量放线报验申请表，并在其基槽及各层放线测量及复测记录签字盖章。

2．施工测量放线报验申请表

施工测量放线报验申请表范例见表 2－1。

表 2－1　施工测量放线报验申请表

工程名称：×××工程　　　　编号：×××

<table>
<tr><td>
致：×××监理公司（监理单位）
我单位已完成了×××工程施工测量放线工作，现报上该工程报验申请表，请予以审查和验收。
附件：
（1）测量放线的部位及内容：
<table>
<tr><td>序号</td><td>工程部位名称</td><td>测量放线内容</td><td>专职测量员
（岗位证书编号）</td><td>备注</td></tr>
<tr><td>1</td><td>四层
②～⑦/Ⓐ～Ⓓ</td><td>柱轴线控制线、墙柱轴线及边线、门窗洞口位置线等</td><td>×××（********）
×××（********）</td><td rowspan="2">30m 钢尺、DS3 级水准仪</td></tr>
<tr><td>2</td><td>四层
⑥～⑨/Ⓔ～Ⓗ</td><td>柱轴线控直线、柱边线等</td><td>×××（********）
×××（********）</td></tr>
</table>
（2）放线的依据材料×页
（3）放线成果×页

承包单位（章）×××建筑工程公司
项目经理×××
日期×××
</td></tr>
<tr><td>
审查意见：
经检查，符合工程施工图的设计要求，达到了《工程测量规范》GB 50026—2007 的精度要求。

项目监理机构××监理公司××项目监理部
总/专业监理工程师×××
日期×××
</td></tr>
</table>

2.1.2 工程定位测量记录

工程定位测量是施工方，依据测绘部门提供的放线成果、红线桩及场地控制网或建筑物控制网，测定建筑物位置，主控轴线、建筑物 ±0.000 绝对高程等，标明现场标准水准点、坐标点位置。

1. 填表说明

（1）附件收集。可附水准原始记录。

（2）资料流程。由施工单位填写，随相应的测量放线报验表进入资料流程。

（3）相关规定与要求。

1）测绘部门根据建设工程规划许可证（附件）批准的建筑工程位置及标高依据，测定出建筑的红线桩。

2）施工测量单位应依据测绘部门提供的放线成果、红线桩及场地控制网或建筑物控制网，测定建筑物位置、主控轴线及尺寸、建筑物 ±0.000 绝对高程，并填写工程定位测量记录报监理单位审核。

3）工程定位测量完成后，应由建设单位报请政府具有相应资质的测绘部门申请验线，填写建设工程验线申请表报请政府测绘部门验线。

（4）注意事项。

1）“委托单位”填写建设单位或总承包单位。

2）“平面坐标依据”、“高程依据”由测绘院或建设单位提供，应以规划部门钉桩坐标为标准，在填写时应注明点位编号，且与交桩资料中的点位编号一致。

2. 工程定位测量记录

工程定位测量记录见表 2－2。

表 2－2 工程定位测量记录

编号：____________

<table>
<tr><td colspan="2">工程名称</td><td></td><td colspan="2">委托单位</td><td></td></tr>
<tr><td colspan="2">图纸编号</td><td></td><td colspan="2">施测日期</td><td></td></tr>
<tr><td colspan="2">平面坐标依据</td><td></td><td colspan="2">复测日期</td><td></td></tr>
<tr><td colspan="2">高程依据</td><td></td><td colspan="2">使用仪器</td><td></td></tr>
<tr><td colspan="2">允许误差</td><td></td><td colspan="2">仪器校验日期</td><td></td></tr>
<tr><td colspan="6">定位抄测示意图：</td></tr>
<tr><td colspan="6">复测结果：</td></tr>
<tr><td rowspan="3">签字栏</td><td rowspan="2">建设（监理）单位</td><td>施工（测量）单位</td><td></td><td>测量人员岗位证书</td><td></td></tr>
<tr><td>专业技术负责人</td><td>测量负责人</td><td>复测人</td><td>施测人</td></tr>
<tr><td></td><td></td><td></td><td></td><td></td></tr>
</table>

注：本表由建设单位、监理单位、施工单位、城建档案馆各保存一份。

2.1.3 基槽验线记录

基槽验线是施工测量单位应根据主控轴线和基底平面图，检验建筑物基底外轮廓线、集水坑、电梯井坑、垫层标高（高程）、基槽断面尺寸和坡度等。

1. 填表说明

（1）附件收集。“普通测量成果”及基础平面图等。

（2）资料流程。由施工单位填写，随相应部位的测量放线报验表进入资料流程。

（3）相关规定与要求。施工测量单位应根据主控轴线和基槽底平面图，检验建筑物基底外轮廓线、集水坑、电梯井坑、垫层底标高（高程）、基槽断面尺寸和坡度等，填写基槽验线记录（表2－3）并报监理单位审核。

（4）注意事项。重点工程或大型工业厂房应有测量原始记录。

2. 基槽验线记录

基槽验线记录见表2－3。

表2－3 基槽验线记录

编号：

<table>
<tr><td colspan="2">工程名称</td><td></td><td>日期</td><td></td></tr>
<tr><td colspan="5">验线依据及内容：</td></tr>
<tr><td colspan="5">基槽平面、剖面简图：</td></tr>
<tr><td colspan="5">检查意见：</td></tr>
<tr><td rowspan="3">签字栏</td><td rowspan="2">建设（监理）单位</td><td>施工测量单位</td><td colspan="2"></td></tr>
<tr><td>专业技术负责人</td><td>专业质检员</td><td>施测人</td></tr>
<tr><td></td><td></td><td></td><td></td></tr>
</table>

注：本表由建设单位、监理单位、施工单位、城建档案馆各保存一份。

2.1.4 楼层平面放线记录

楼层平面放线内容包括轴线竖向投测控制线、各层墙柱轴线、墙柱边线、门窗洞口位置线和垂直度偏差等。

1. 填表说明

（1）附件收集。可附平面图。

（2）资料流程。由施工单位填写，随相应部位的测量放线报验表进入资料流程。

（3）相关规定与要求。楼层平面放线内容包括轴线竖向投测控制线、各层墙柱轴线、墙柱边线、门窗洞口位置线、垂直度偏差等，施工单位应在完成楼层平面放线后，填写楼层平面放线记录（表2－4），并报监理单位审核。

（4）注意事项。“放线部位”及“放线依据”应准确、详细。

2. 楼层平面放线记录

楼层平面放线记录见表2－4。

表2－4 楼层平面放线记录

编号：____________

<table>
<tr><td>工程名称</td><td colspan="2"></td><td>日期</td><td></td></tr>
<tr><td>放线部位</td><td colspan="2"></td><td>放线内容</td><td></td></tr>
<tr><td colspan="5">放线依据：</td></tr>
<tr><td colspan="5">放线简图：</td></tr>
<tr><td colspan="5">检查意见：</td></tr>
<tr><td rowspan="3">签字栏</td><td rowspan="2">建设（监理）单位</td><td>施工单位</td><td colspan="2"></td></tr>
<tr><td>专业技术负责人</td><td>专业质检员</td><td>施测人</td></tr>
<tr><td></td><td></td><td></td><td></td></tr>
</table>

注：本表由施工单位填写并保存。

3. 楼层平面放线记录示例

楼层平面放线记录示例见表2－5。

表2－5 楼层平面放线记录示例

编号：×××

<table>
<tr><td>工程名称</td><td>××工程</td><td>日期</td><td colspan="2">×××</td></tr>
<tr><td>放线部位</td><td>地下一层1－7/A－J轴顶板</td><td>放线内容</td><td colspan="2">轴线竖向投测控制线，墙柱轴线、边线、门窗洞口位置线，垂直度偏差等</td></tr>
<tr><td colspan="5">放线依据：
1）施工图纸（图号××），设计变更/洽商（编号××）；
2）本工程《施工测量方案》；
3）地下二层已放好的控制桩点。</td></tr>
<tr><td colspan="5">放线简图：
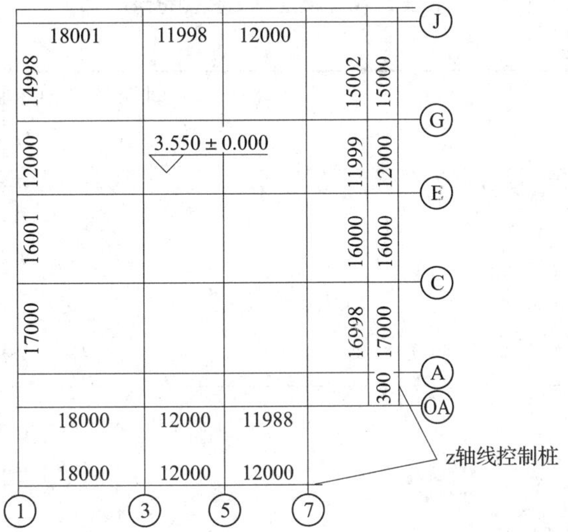
</td></tr>
<tr><td colspan="5">检查意见：
1）1－7/A－J轴为地下一层外廓纵横轴线；
2）括号内数据为复测数据（或结果）；
3）各细部轴线间几何尺寸相对精度最大偏差为+2mm，90°角中误差为10″，精度合格；
4）放线内容均已完成，位置准确，垂直度偏差在允许范围内，符合设计及测量方案要求，可以进行下道工序施工。</td></tr>
<tr><td rowspan="3">签字栏</td><td rowspan="2">建设（监理）单位</td><td>施工单位</td><td colspan="2">××建筑工程公司</td></tr>
<tr><td>专业技术负责人</td><td>专业质检员</td><td>施测人</td></tr>
<tr><td>×××</td><td>×××</td><td>×××</td><td>×××</td></tr>
</table>

注：本表由施工单位填写并保存。

2.1.5 楼层标高抄测记录

楼层标高抄测内容包括楼层 +0.5m（或 +1.0m）水平控制线、皮数杆等。施工单位应在完成楼层标高抄测后，填写楼层标高抄测记录报监理单位审核。

1. 填表说明

（1）附件收集。可附平面图及立面图。

（2）资料流程。由施工单位填写，随相应部位的测量放线报验表进入资料流程。

（3）相关规定与要求。楼层标高抄测内容包括楼层 +0.5m（或 +1.0m）水平控制线、皮树数杆等，应由施工单位在完成楼层标高抄测记录后，填写楼层标高抄测楼层放线记录（表 2－6）报监理单位审核。

（4）注意事项。基础、砖墙必须设置皮数杆，以此控制标高，用水准仪校核（允许误差为 ±3mm）。

2. 楼层标高抄测记录

楼层标高抄测记录见表 2－6。

表 2－6 楼层标高抄测记录

编号：__________

<table>
<tr><td colspan="2">工程名称</td><td></td><td>日期</td><td></td></tr>
<tr><td colspan="2">抄测部位</td><td></td><td>抄测内容</td><td></td></tr>
<tr><td colspan="5">抄测依据：</td></tr>
<tr><td colspan="5">抄测说明：</td></tr>
<tr><td colspan="5">检查意见：</td></tr>
<tr><td rowspan="3">签字栏</td><td rowspan="2">建设（监理）单位</td><td>施工单位</td><td colspan="2"></td></tr>
<tr><td>专业技术负责人</td><td>专业质检员</td><td>施测人</td></tr>
<tr><td></td><td></td><td></td><td></td></tr>
</table>

注：本表由施工单位填写并保存。

2.1.6 建筑物垂直度、标高测量记录

施工单位应在施工期间、结构工程完工、单位工程竣工后分别对建筑物垂直度和全高进行实测并记录，填写建筑物垂直度、标高测量记录报监理单位审核。超过允许偏差且影响结构性能的部位，要附技术处理方案和具体补救措施。

1. 填表说明

(1) 资料流程。由施工单位填写，随相应部位的测量放线报验表进入资料流程。

(2) 相关规定与要求。施工单位应在结构工程完成和工程完工竣工时，对建筑物进行垂直度测量记录和标高全高进行实测并控制记录，填写建筑物垂直度、标高测量记录（表2-7）报监理单位审核。超过允许偏差且影响结构性能的部位，应由施工单位提出技术处理方案，并经建设（监理）单位认可后进行处理。

(3) 注意事项。“专业技术负责人”栏内填写项目总工，“专业质检员”栏内填写现场质量检查员，“施测人”栏内填写具体测量人员。

2. 建筑物垂直度、标高测量记录

建筑物垂直度、标高测量记录见表2-7。

表2-7 建筑物垂直度、标高测量记录

编号：________

<table>
<tr><td colspan="2">工程名称</td><td colspan="4"></td></tr>
<tr><td colspan="2">施工阶段</td><td>结构工程</td><td>观测日期</td><td colspan="2"></td></tr>
<tr><td colspan="6">观测说明（附观测示意图）：</td></tr>
<tr><td colspan="3">垂直度测量（全高）</td><td colspan="3">标高测量（全高）</td></tr>
<tr><td colspan="2">观测部位</td><td>实测偏差（mm）</td><td>观测部位</td><td colspan="2">实测偏差（mm）</td></tr>
<tr><td colspan="2"></td><td></td><td></td><td colspan="2"></td></tr>
<tr><td colspan="2"></td><td></td><td></td><td colspan="2"></td></tr>
<tr><td colspan="2"></td><td></td><td></td><td colspan="2"></td></tr>
<tr><td colspan="2"></td><td></td><td></td><td colspan="2"></td></tr>
<tr><td colspan="2"></td><td></td><td></td><td colspan="2"></td></tr>
<tr><td colspan="6">结论：
工程垂直度、标高测量结果符合设计及规范规定。</td></tr>
<tr><td rowspan="3">签字栏</td><td rowspan="2">建设（监理）单位</td><td>施工单位</td><td colspan="3"></td></tr>
<tr><td>专业技术负责人</td><td>专业质检员</td><td colspan="2">施测人</td></tr>
<tr><td></td><td></td><td></td><td colspan="2"></td></tr>
</table>

注：本表由建设单位、施工单位各保存一份。

2.2 土建工程施工物资资料

2.2.1 施工物资资料管理概述

施工物资资料是反映工程所用物资质量和性能指标等的各种证明文件和相关配套文件（如使用说明书、安装维修文件等）的统称。

1. 施工物资资料的管理

（1）对文件资料的要求。

1）工程物资主要包括建筑材料、成品、半成品、构配件、设备等，建筑工程所使用的工程物资均应有出厂质量证明文件（包括产品合格证、出厂检验报告、产品生产许可证和质量保证书等）。当无法或不便提供质量证明文件原件时，复印件亦可。复印件必须清晰可辨认，其内容应与原件一致，并应加盖原件存放单位公章、注明原件存放处、有经办人签字和时间。

2）涉及结构安全和使用功能的材料需要代换且改变了设计要求时，必须有设计单位签署的认可文件。涉及安全、卫生、环保的物资应有相应资质等级检测单位的检测报告，如压力容器、消防设备、生活供水设备、卫生洁具等。

3）凡使用的新材料、新产品，应由具备鉴定资格的单位或部门出具鉴定证书，同时具有产品质量标准和试验要求，使用前应按其质量标准和试验要求进行试验或检验。新材料、新产品还应提供安装、维修、使用和工艺标准等相关技术文件。

4）进口材料和设备等应有商检证明（国家认证委员会公布的强制性［COC］产品除外），中文版的质量证明文件，性能检测报告以及中文版的安装、维修、使用、试验要求等技术文件。

（2）对进场检验的要求。建筑工程采用的主要材料、半成品、成品、构配件、器具、设备等应实行进场验收，做进场检验记录；涉及安全、功能的有关物资应按工程施工质量验收规范及相关规定进行复试和有见证取样送检，及时提供相应试（检）验报告。

（3）对分级管理的要求。

1）分级管理的原则。供应单位或加工单位负责收集、整理和保存所供物资原材料的质量证明文件，施工单位则需收集、整理和保存供应单位或加工单位提供的质量证明文件和进场后进行的试（检）验报告。各单位应对各自范围内工程资料的汇集、整理结果负责，并保证工程资料的可追溯性。

2）钢筋资料的分级管理。钢筋采用场外委托加工形式时，加工单位应保存钢筋的原材出厂质量证明、复试报告、接头连接试验报告等资料，并保证资料的可追溯性；加工单位必须向施工单位提供《半成品钢筋出厂合格证》，半成品钢筋进场后施工单位还应进行外观质量检查，如对质量产生怀疑或有其他约定时可进行力学性能和工艺性能的抽样复试。

3）混凝土资料的分级管理。

①预拌混凝土供应单位必须向施工单位提供以下资料：

配合比通知单；
混凝土运输单；
混凝土出厂合格证（32d 内提供）；
混凝土氯化物和碱总量计算书。

②预拌混凝土供应单位除向施工单位提供上述资料外，还应保证以下资料的可追溯性：试配记录、水泥出厂合格证和试（检）验报告、砂和碎（卵）石试验报告、轻骨料试（检）验报告、外加剂和掺和料产品合格证和试（检）验报告、开盘鉴定、混凝土抗压强度报告（出厂检验混凝土强度值应填入预拌混凝土出厂合格证）、抗渗试验报告（试验结果应填入预拌混凝土出厂合格证）、混凝土坍落度测试记录（搅拌站测试记录）和原材料有害物含量检测报告。

③施工单位应形成以下资料：
混凝土浇灌申请书；
混凝土抗压强度报告（现场检验）；
抗渗试验报告（现场检验）；
混凝土试块强度统计、评定记录（现场）。

④采用现场搅拌混凝土方式的，施工单位应收集、整理上述资料中除预拌混凝土出厂合格证、预拌混凝土运输单之外的所有资料。

4）预制构件资料的分级管理。施工单位使用预制构件时，预制构件加工单位应保存各种原材料（如钢筋、钢材、钢丝、预应力筋、木材、混凝土组成材料）的质量合格证明、复试报告等资料以及混凝土、钢构件、木构件的性能试验报告和有害物含量检测报告等资料，并应保证各种资料的可追溯性；施工单位必须保存加工单位提供的预制混凝土构件出厂合格证、钢构件出厂合格证以及其他构件合格证和进场后的试（检）验报告。

2. 施工物资资料的管理流程

施工物资资料的管理流程如图 2 所示。

2.2.2 工程材料/构配件/设备报审表

工程材料/构配件/设备报审表是由直接使用所报验施工物资的施工单位填写的，应掌握其表格的填写和相关的规定要求、注意事项等。

1. 填表说明

（1）附件收集。

1）物资进场报验须附资料应根据具体情况（合同、规范、施工方案等要求）由监理、施工单位和物资供应单位预先协商确定。

2）由施工单位负责收集附件（包括产品出厂合格证、性能检测报告、出厂试验报告、进场复试报告、材料构配件进场检验记录，产品备案文件、进口产品的中文说明和商检证等）。

（2）资料流程。由直接使用所报验施工物资的施工单位填写（总承包单位或分承包单位）。

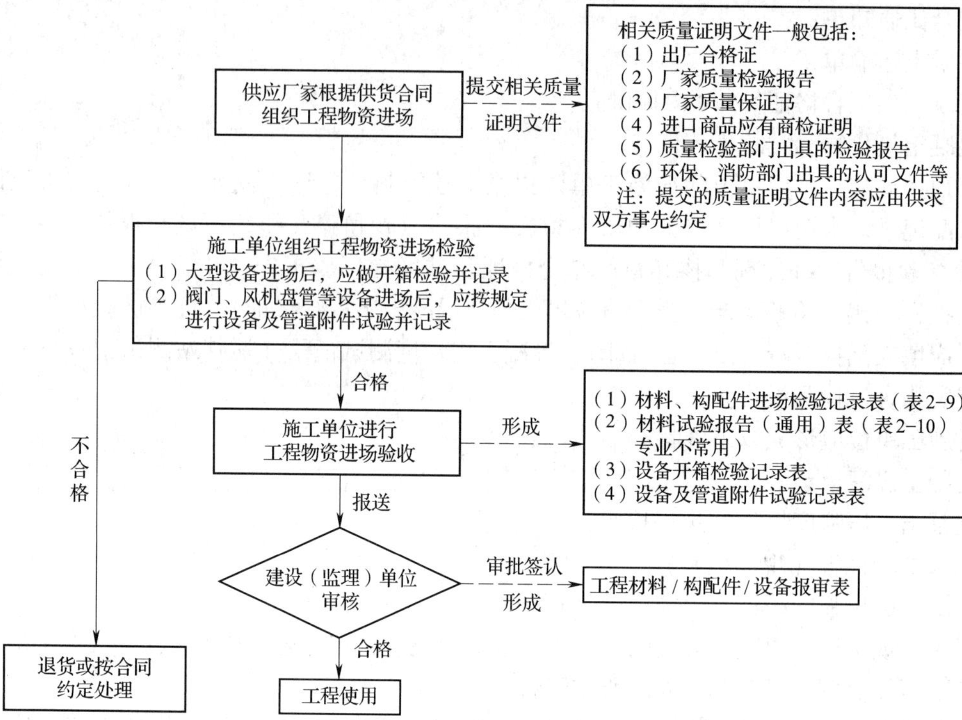

图2　施工物资资料管理流程

（3）相关规定与要求。

1）工程物资进场后，施工单位要及时检查外观、数量及供货单位提供的质量证明文件等，合格后填写表2-8。

2）填写齐全且收集全所需附件后报上级单位检查（若由总包单位填写，则直接上报监理单位审批；若由分包单位填写，需先上报总包单位检查，总包检查合格并签认后由总包上报监理单位审批）。

3）监理单位审批后将资料返还总包单位，若表2-8是由分包单位填写的则总包单位还应返还给分包单位。

4）上述流程中涉及的各单位（监理、总包、分包等）均应将签认后的资料留取备份并按要求存档。

（4）注意事项。

1）施工单位和监理单位应约定涉及结构安全、使用功能、建筑外观、环保要求的主要物资的进场报验范围和要求。

2）工程名称填写应准确、统一，报验日期应准确。

3）物资名称、规格、单位、数量等填写应规范、准确，与附件内容相符。

4）附件必须齐全、真实、清晰、有效。

5）检查意见及相关人员签字应清晰可辨认，严禁其他人代签。

6）物资报验和审批的时间应在合同规定时限内，未经审批认可之前严禁使用。

2. 工程材料/构配件/设备报审表

工程材料/构配件/设备报审表见表2-8。

表 2－8 工程材料/构配件/设备报审表

工程名称：＿＿＿＿＿＿＿＿ 编号：＿＿＿＿＿＿

致：＿＿＿＿＿＿＿（监理单位）

我方于＿＿年＿月＿日进场的工程材料/构配件/设备数量如下（见附件）。现将质量证明文件及自检结果报上，拟用于下述部位：

＿＿＿＿＿＿＿＿＿＿＿＿＿＿＿＿＿＿＿＿＿＿＿＿＿＿＿＿＿＿＿＿＿＿＿＿

＿＿＿＿＿＿＿＿＿＿＿＿＿＿＿＿＿＿＿＿＿＿＿＿＿＿＿＿＿＿＿＿＿＿＿＿

＿＿＿＿＿＿＿＿＿＿＿＿＿＿＿＿＿＿＿＿＿＿＿＿＿＿＿＿＿＿＿＿＿＿＿＿

＿＿＿＿＿＿＿＿＿＿＿＿＿＿＿＿＿＿＿＿＿＿＿＿＿＿＿＿＿＿＿＿＿＿＿＿

请予以审核。

附件：

1. 数量清单

工程材料/构配件/设备名称	主要规格	单位	数量	取样报审表编号

2. 质量证明文件

1）出厂合格证＿＿页（如出厂合格证无原件，有抄件或原件复印件亦可。但抄件或原件复印件上要注明原件存放单位，抄件人和抄件、复印件单位签名并盖公章）；

2）厂家质量检验报告＿＿页；

3）进场复试报告＿＿页（复试报告一般应提供原件）。

3. 自检结果

工程材料质量证明资料齐全，观感质量及进场复试检验结果合格。

承包单位（章）＿＿建筑工程公司

项目经理＿＿＿

日期＿＿年＿＿月＿＿日

审查意见：

经检查上述工程材料/构配件/设备，符合/不符合设计文件和规范的要求，准许/不准许进场，同意/不同意使用于拟定部位。

项目监理机构＿＿监理公司＿＿项目监理部

总/专业监理工程师＿＿＿

日期＿＿年＿＿月＿＿日

注：本表由施工单位填报，建筑单位、监理单位、施工单位各保存一份。

2.2.3 材料、构配件进场检验记录

材料、构配件是建设工程的基础，其质量的好坏直接影响工程质量，不仅影响建筑的使用功能及美观，更重要的是影响建筑物的安全。因此应加强对材料、构配件质量的控制，不允许不合格的材料、构配件流入施工现场。

1. 材料、构配件主要检查内容

主要检验内容包括：

1）物资出厂质量证明文件及检测报告是否齐全。

2）实际进场物资数量、规格和型号等是否满足设计和施工计划要求。

3）物资外观质量是否满足设计要求或规范规定。

4）按规定须抽检的材料、构配件是否及时抽检等。

2. 填表说明

（1）附件收集。

1）物资进场报验须附资料应根据具体情况（合同、规范、施工方案等要求）由监理、施工单位和物资供应单位预先协商确定。

2）由施工单位负责收集附件（包括产品出厂合格证、性能检测报告、出厂试验报告、进场复试报告、材料构配件进场检验记录、产品备案文件、进口产品的中文说明和商检证等）。

（2）资料流程。由直接使用所检查的材料及配件的施工单位填写，作为工程物资进场报验表填表进入资料流程。

（3）相关规定与要求。工程物资进场后，施工单位应及时组织相关人员检查外观、数量及供货单位提供的质量证明文件等，合格后填写材料、构配件进厂检验记录。

（4）注意事项。

1）工程名称填写应准确、统一，日期应准确。

2）物资名称、规格、数量、检验项目和结果等填写应规范、准确。

3）检验结论及相关人员签字应清晰可辨认，严禁其他人代签。

4）按规定应进场复试的工程物资，必须在进场检查验收合格后取样复试。

3. 材料、构配件进场检验记录

材料、构配件进场检验记录见表 2－9。

2.2.4 材料试验报告

1. 填写说明

（1）资料流程。材料试验报告由具备相应资质等级的检测单位出具，作为各种相关材料的附件进入资料流程。

表 2－9 材料、构配件进场检验记录

编号：____________

<table>
<tr><td colspan="2">工程名称</td><td colspan="2"></td><td colspan="2">检验日期</td><td colspan="2"></td></tr>
<tr><td>序号</td><td>名称</td><td>规格型号</td><td>进场数量</td><td>生产厂家
合格证号</td><td>检验项目</td><td>检验结果</td><td>备注</td></tr>
<tr><td></td><td></td><td></td><td></td><td></td><td></td><td></td><td></td></tr>
<tr><td></td><td></td><td></td><td></td><td></td><td></td><td></td><td></td></tr>
<tr><td></td><td></td><td></td><td></td><td></td><td></td><td></td><td></td></tr>
<tr><td></td><td></td><td></td><td></td><td></td><td></td><td></td><td></td></tr>
<tr><td></td><td></td><td></td><td></td><td></td><td></td><td></td><td></td></tr>
<tr><td></td><td></td><td></td><td></td><td></td><td></td><td></td><td></td></tr>
<tr><td></td><td></td><td></td><td></td><td></td><td></td><td></td><td></td></tr>
<tr><td colspan="8">检验结论：</td></tr>
</table>

<table>
<tr><td rowspan="3">签字栏</td><td rowspan="2">建设（监理）单位</td><td>施工单位</td><td colspan="2"></td></tr>
<tr><td>专业质检员</td><td>专业工长</td><td>检验员</td></tr>
<tr><td></td><td></td><td></td><td></td></tr>
</table>

注：本表由施工单位填写并保存。

（2）相关规定与要求。

1）对于不需要进场复试的物资，由供货单位直接提供。

2）对于需要进场复试的物资，由施工单位及时取样后送至规定的检测单位，检测单位根据相关标准进行试验后填写材料试验报告，并返还施工单位。

（3）注意事项。

1）工程名称、使用部位及代表数量应准确并符合规范要求（应告之检测单位准确内容）。

2）返还的试验报告应重点保存。

3）仅列数种材料试验的专用表格，凡按规范要求须进行进场复试的物资，应按其相应专用复试表格填写；未规定专用复试表格的，应按材料试验报告（通用）填写。

2．专用表格

1）材料试验报告（通用）见表2－10。

表2－10 材料试验报告（通用）

编　　号：＿＿＿＿＿＿

试验编号：＿＿＿＿＿＿

委托编号：＿＿＿＿＿＿

工程名称及部位				式样编号	
委托单位				试验委托人	
材料名称及规格				产地、厂别	
代表数量		来样日期		试验日期	
要求试验项目及说明：					
试验结果：					
结论：					
批准		审核		试验	
试验单位					
报告日期					

注：本表由试验单位提供，建设单位、施工单位各保存一份。

2）钢筋（材）试验报告见表2-11。

表2-11 钢筋（材）试验报告

编　　号：________

试验编号：________

委托编号：________

<table>
<tr><td colspan="2">工程名称</td><td colspan="5"></td><td>证件编号</td><td colspan="2"></td></tr>
<tr><td colspan="2">委托单位</td><td colspan="5"></td><td>试验委托人</td><td colspan="2"></td></tr>
<tr><td colspan="2">钢材种类</td><td colspan="2"></td><td colspan="2">规格和牌号</td><td></td><td>生产厂</td><td colspan="2"></td></tr>
<tr><td colspan="2">代表数量</td><td colspan="2"></td><td colspan="2">来样日期</td><td></td><td>试验日期</td><td colspan="2"></td></tr>
<tr><td colspan="2">公称直径（厚度）（mm）</td><td colspan="5"></td><td>公称面积</td><td colspan="2"></td></tr>
<tr><td rowspan="11">实验结果</td><td colspan="6">力学性能</td><td colspan="3">弯曲性能</td></tr>
<tr><td>屈服点（MPa）</td><td>抗拉强度（MPa）</td><td>伸长率（%）</td><td colspan="2">$\sigma_{b实}/\sigma_{s实}$</td><td>$\sigma_{s实}/\sigma_{b标}$</td><td>弯心直径</td><td>角度</td><td>结果</td></tr>
<tr><td></td><td></td><td></td><td colspan="2"></td><td></td><td></td><td></td><td></td></tr>
<tr><td></td><td></td><td></td><td colspan="2"></td><td></td><td></td><td></td><td></td></tr>
<tr><td></td><td></td><td></td><td colspan="2"></td><td></td><td></td><td></td><td></td></tr>
<tr><td colspan="7">化学分析</td><td colspan="2" rowspan="6">其他：</td></tr>
<tr><td rowspan="2">分析编号</td><td colspan="6">化学成分</td></tr>
<tr><td>C</td><td>Si</td><td>Mn</td><td>P</td><td>S</td><td>C_{eq}</td></tr>
<tr><td></td><td></td><td></td><td></td><td></td><td></td><td></td></tr>
<tr><td></td><td></td><td></td><td></td><td></td><td></td><td></td></tr>
<tr><td></td><td></td><td></td><td></td><td></td><td></td><td></td></tr>
<tr><td colspan="10">结论：</td></tr>
<tr><td colspan="2">批准</td><td colspan="2"></td><td colspan="2">审核</td><td></td><td>试验</td><td colspan="2"></td></tr>
<tr><td colspan="2">试验单位</td><td colspan="8"></td></tr>
<tr><td colspan="2">报告日期</td><td colspan="8"></td></tr>
</table>

注：本表由试验单位提供，建设单位、施工单位、城建档案馆各保存一份。

3）水泥试验报告见表 2－12。

表 2－12 水泥试验报告

编　　号：__________

试验编号：__________

委托编号：__________

<table>
<tr><td colspan="2">工程名称</td><td colspan="3"></td><td colspan="2">试样编号</td><td colspan="2"></td></tr>
<tr><td colspan="2">委托单位</td><td colspan="3"></td><td colspan="2">试验委托人</td><td colspan="2"></td></tr>
<tr><td colspan="2">品种及强度等级</td><td></td><td colspan="2">出厂编号及日期</td><td></td><td colspan="2">厂别牌号</td><td></td></tr>
<tr><td colspan="2">代表数量（t）</td><td></td><td colspan="2">来样日期</td><td></td><td colspan="2">试验日期</td><td></td></tr>
<tr><td rowspan="13">试验结果</td><td colspan="3" rowspan="2">细度</td><td colspan="2">80μm 方孔筛余量</td><td colspan="3"></td></tr>
<tr><td colspan="2">比表面积</td><td colspan="3"></td></tr>
<tr><td colspan="3">标准稠度用水量 P</td><td colspan="5"></td></tr>
<tr><td colspan="3">凝结时间</td><td>初凝</td><td colspan="2"></td><td>终凝</td><td></td></tr>
<tr><td colspan="3">安定性</td><td>雷氏法</td><td colspan="2"></td><td>饼法</td><td></td></tr>
<tr><td colspan="3">其他</td><td></td><td colspan="2"></td><td></td><td></td></tr>
<tr><td colspan="3">强度（MPa）</td><td colspan="5"></td></tr>
<tr><td colspan="4">抗折强度</td><td colspan="4">抗压强度</td></tr>
<tr><td colspan="2">3d</td><td colspan="2">28d</td><td colspan="2">3d</td><td colspan="2">28d</td></tr>
<tr><td>单块值</td><td>平均值</td><td>单块值</td><td>平均值</td><td>单块值</td><td>平均值</td><td>单块值</td><td>平均值</td></tr>
<tr><td></td><td rowspan="4"></td><td></td><td rowspan="4"></td><td></td><td rowspan="4"></td><td></td><td rowspan="4"></td></tr>
<tr><td></td><td></td><td></td><td></td></tr>
<tr><td></td><td></td><td></td><td></td></tr>
<tr><td colspan="9">结论：</td></tr>
<tr><td colspan="2">批准</td><td></td><td colspan="2">审核</td><td></td><td colspan="2">试验</td><td></td></tr>
<tr><td colspan="2">试验单位</td><td colspan="7"></td></tr>
<tr><td colspan="2">报告日期</td><td colspan="7"></td></tr>
</table>

注：本表由试验单位提供，建设单位、施工单位、城建档案馆各保存一份。

4）砂试验报告见表2－13。

表2－13　砂试验报告

编　　号：＿＿＿＿＿＿
试验编号：＿＿＿＿＿＿
委托编号：＿＿＿＿＿＿

<table>
<tr><td colspan="3">工程名称</td><td colspan="2"></td><td colspan="2">试样编号</td><td colspan="2"></td></tr>
<tr><td colspan="3">委托单位</td><td colspan="2"></td><td colspan="2">试验委托人</td><td colspan="2"></td></tr>
<tr><td colspan="3">种类</td><td colspan="2"></td><td colspan="2">产地</td><td colspan="2"></td></tr>
<tr><td colspan="2">代表数量</td><td colspan="2"></td><td>来样日期</td><td colspan="2"></td><td>试验日期</td><td></td></tr>
<tr><td rowspan="8">试验
结果</td><td rowspan="2" colspan="2">筛分析</td><td colspan="2">细度模数 μ_f</td><td colspan="4"></td></tr>
<tr><td colspan="2">级配区域</td><td colspan="4">区</td></tr>
<tr><td colspan="2">含泥量（%）</td><td colspan="6"></td></tr>
<tr><td colspan="2">泥块含量（%）</td><td colspan="6"></td></tr>
<tr><td colspan="2">表观密度（kg/m^3）</td><td colspan="6"></td></tr>
<tr><td colspan="2">堆积密度（kg/m^3）</td><td colspan="6"></td></tr>
<tr><td colspan="2">碱活性指标</td><td colspan="6"></td></tr>
<tr><td colspan="2">其他</td><td colspan="6"></td></tr>
<tr><td colspan="9">结论：</td></tr>
<tr><td colspan="2">批准</td><td colspan="2"></td><td>审核</td><td colspan="2"></td><td>试验</td><td></td></tr>
<tr><td colspan="2">试验单位</td><td colspan="7"></td></tr>
<tr><td colspan="2">报告日期</td><td colspan="7"></td></tr>
</table>

注：本表由试验单位提供，建设单位、施工单位、城建档案馆各保存一份。

5）碎（卵）石试验报告见表2－14。

表2－14 碎（卵）石试验报告

编　　号：＿＿＿＿＿＿

试验编号：＿＿＿＿＿＿

委托编号：＿＿＿＿＿＿

<table>
<tr><td colspan="2">工程名称</td><td colspan="2"></td><td>试样编号</td><td></td></tr>
<tr><td colspan="2">委托单位</td><td colspan="2"></td><td>试验委托人</td><td></td></tr>
<tr><td colspan="2">种类、产地</td><td colspan="2"></td><td>公称粒径（mm）</td><td></td></tr>
<tr><td>代表数量</td><td></td><td>来样日期</td><td></td><td>试验日期</td><td></td></tr>
<tr><td rowspan="11">试验结果</td><td rowspan="3">筛分析</td><td colspan="2">级配情况</td><td colspan="2">□连续粒级　□单粒级</td></tr>
<tr><td colspan="2">级配结果</td><td colspan="2"></td></tr>
<tr><td colspan="2">最大粒径（mm）</td><td colspan="2"></td></tr>
<tr><td>含泥量（%）</td><td colspan="4"></td></tr>
<tr><td>泥块含量（%）</td><td colspan="4"></td></tr>
<tr><td>针、片状颗粒含量（%）</td><td colspan="4"></td></tr>
<tr><td>压碎指示值（%）</td><td colspan="4"></td></tr>
<tr><td>表观密度（kg/m^3）</td><td colspan="4"></td></tr>
<tr><td>堆积密度（kg/m^3）</td><td colspan="4"></td></tr>
<tr><td>碱活性指标</td><td colspan="4"></td></tr>
<tr><td>其他</td><td colspan="4"></td></tr>
<tr><td colspan="6">结论：</td></tr>
<tr><td>批准</td><td></td><td>审核</td><td></td><td>试验</td><td></td></tr>
<tr><td>试验单位</td><td colspan="5"></td></tr>
<tr><td>报告日期</td><td colspan="5"></td></tr>
</table>

注：本表由试验单位提供，建设单位、施工单位、城建档案馆各保存一份。

6）混凝土外加剂试验报告见表 2－15。

表 2－15 混凝土外加剂试验报告

编　　号：__________

试验编号：__________

委托编号：__________

工程名称			试样编号		
委托单位			试验委托人		
产品名称		生产厂		生产日期	
代表数量		来样日期		试验日期	
试验项目					
试验结果	试验项目		试验结果		
结论：					
批准		审核		试验	
试验单位					
报告日期					

7）混凝土掺合料试验报告见表2－16。

表2－16 混凝土掺合料试验报告

编　　号：＿＿＿＿＿＿
试验编号：＿＿＿＿＿＿
委托编号：＿＿＿＿＿＿

<table>
<tr><td colspan="2">工程名称</td><td colspan="2"></td><td colspan="2">试样编号</td><td colspan="2"></td></tr>
<tr><td colspan="2">委托单位</td><td colspan="2"></td><td colspan="2">试验委托人</td><td colspan="2"></td></tr>
<tr><td colspan="2">掺合料种类</td><td></td><td>等级</td><td></td><td>产地</td><td colspan="2"></td></tr>
<tr><td colspan="2">代表数量</td><td></td><td>来样日期</td><td></td><td>试验日期</td><td colspan="2"></td></tr>
<tr><td rowspan="7">试验结果</td><td rowspan="2" colspan="2">细度</td><td colspan="3">0.045mm方孔筛筛余（%）</td><td colspan="2"></td></tr>
<tr><td colspan="3">80μm方孔筛筛余（%）</td><td colspan="2"></td></tr>
<tr><td colspan="2">需水量比</td><td colspan="5"></td></tr>
<tr><td colspan="2">吸氨值（%）</td><td colspan="5"></td></tr>
<tr><td colspan="2">28天水泥胶砂抗压强度比</td><td colspan="5"></td></tr>
<tr><td colspan="2">烧失量（%）</td><td colspan="5"></td></tr>
<tr><td colspan="2">其他</td><td colspan="5"></td></tr>
<tr><td colspan="8">结论：</td></tr>
<tr><td colspan="2">批准</td><td></td><td>审核</td><td></td><td>试验</td><td colspan="2"></td></tr>
<tr><td colspan="2">试验单位</td><td colspan="6"></td></tr>
<tr><td colspan="2">报告日期</td><td colspan="6"></td></tr>
</table>

8）防水涂料试验报告见表2－17。

表2－17 防水涂料试验报告

编　　号：________

试验编号：________

委托编号：________

工程名称及部位			试样编号		
委托单位			试验委托人		
种类、型号			生产厂		
代表数量		来样日期		试验日期	
试验结果	延伸性（mm）				
	拉伸强度（MPa）				
	断裂伸长率（%）				
	黏结性（MPa）				
	耐热度	温度（℃）		评定	
	不透水性				
	柔韧性（低温）	温度（℃）		评定	
	固体含量（%）				
	其他				
结论：					
批准		审核		试验	
试验单位					
报告日期					

注：本表由试验单位提供，建设单位、施工单位、城建档案馆各保存一份。

9）防水卷材试验报告见表2－18。

表2－18 防水卷材试验报告

编　　号：__________
试验编号：__________
委托编号：__________

<table>
<tr><td>工程名称及部位</td><td colspan="2"></td><td colspan="2">试样编号</td><td colspan="3"></td></tr>
<tr><td>委托单位</td><td colspan="2"></td><td colspan="2">试验委托人</td><td colspan="3"></td></tr>
<tr><td>种类、等级、牌号</td><td colspan="2"></td><td colspan="2">生产厂</td><td colspan="3"></td></tr>
<tr><td>代表数量</td><td></td><td>来样日期</td><td colspan="2"></td><td>试验日期</td><td colspan="2"></td></tr>
<tr><td rowspan="7">试验结果</td><td rowspan="2">拉力试验</td><td>拉力（N）</td><td>纵</td><td></td><td>横</td><td colspan="2"></td></tr>
<tr><td>拉伸强度（MPa）</td><td>纵</td><td></td><td>横</td><td colspan="2"></td></tr>
<tr><td colspan="2">断裂伸长率（延伸率）（%）</td><td>纵</td><td></td><td>横</td><td colspan="2"></td></tr>
<tr><td>耐热度</td><td>温度（℃）</td><td colspan="2"></td><td>评定</td><td colspan="2"></td></tr>
<tr><td>不透水性</td><td colspan="6"></td></tr>
<tr><td>柔韧性（低温柔性、低温弯折性）</td><td>温度（℃）</td><td colspan="2"></td><td>评定</td><td colspan="2"></td></tr>
<tr><td>其他</td><td colspan="6"></td></tr>
<tr><td colspan="8">结论：</td></tr>
<tr><td>批准</td><td colspan="2"></td><td>审核</td><td></td><td>试验</td><td colspan="2"></td></tr>
<tr><td>试验单位</td><td colspan="7"></td></tr>
<tr><td>报告日期</td><td colspan="7"></td></tr>
</table>

注：本表由试验单位提供，建设单位、施工单位、城建档案馆各保存一份。

10）砖与砌块试验报告见表2－19。

表2－19　砖与砌块试验报告

编　　号：__________
试验编号：__________
委托编号：__________

<table>
<tr><td colspan="2">工程名称</td><td colspan="3"></td><td colspan="2">试样编号</td><td colspan="2"></td></tr>
<tr><td colspan="2">委托单位</td><td colspan="3"></td><td colspan="2">试验委托人</td><td colspan="2"></td></tr>
<tr><td colspan="2">种类</td><td colspan="3"></td><td colspan="2">生产厂</td><td colspan="2"></td></tr>
<tr><td colspan="2">强度等级</td><td></td><td colspan="2">密度等级</td><td colspan="2"></td><td>代表数量</td><td></td></tr>
<tr><td colspan="2">试件处理日期</td><td></td><td colspan="2">来样日期</td><td colspan="2"></td><td>试验日期</td><td></td></tr>
<tr><td rowspan="14">试验结果</td><td colspan="8">烧结普通砖</td></tr>
<tr><td colspan="3" rowspan="2">抗压强度平均值 f（MPa）</td><td colspan="3">变异系数 $\delta \le 0.21$</td><td colspan="2">变异系数 $\delta > 0.21$</td></tr>
<tr><td colspan="3">强度标准值 f_k（MPa）</td><td colspan="2">单块最小强度值 f_k（MPa）</td></tr>
<tr><td colspan="3"></td><td colspan="3"></td><td colspan="2"></td></tr>
<tr><td colspan="8">轻骨料混凝土小型空心砌块</td></tr>
<tr><td colspan="5">砌块抗压强度（MPa）</td><td colspan="3" rowspan="2">砌块干燥表观密度（kg/m^3）</td></tr>
<tr><td colspan="2">平均值</td><td colspan="3">最小值</td></tr>
<tr><td colspan="2"></td><td colspan="3"></td><td colspan="3"></td></tr>
<tr><td colspan="8">其他种类</td></tr>
<tr><td colspan="6">抗压强度（MPa）</td><td colspan="2">抗折强度（MPa）</td></tr>
<tr><td rowspan="2">平均值</td><td rowspan="2">最小值</td><td colspan="2">大面</td><td colspan="2">条面</td><td rowspan="2">平均值</td><td rowspan="2">最小值</td></tr>
<tr><td>平均值</td><td>最小值</td><td>平均值</td><td>最小值</td></tr>
<tr><td></td><td></td><td></td><td></td><td></td><td></td><td></td><td></td></tr>
<tr><td colspan="9">结论：</td></tr>
<tr><td colspan="2">批准</td><td colspan="2"></td><td>审核</td><td colspan="2"></td><td>试验</td><td></td></tr>
<tr><td colspan="2">试验单位</td><td colspan="7"></td></tr>
<tr><td colspan="2">报告日期</td><td colspan="7"></td></tr>
</table>

注：本表由试验单位提供，建设单位、施工单位、城建档案馆各保存一份。

11）轻骨料试验报告见表2－20。

表2－20 轻骨料试验报告

编　　号：__________
试验编号：__________
委托编号：__________

<table>
<tr><td colspan="2">工程名称</td><td colspan="1"></td><td colspan="2">试样编号</td><td></td></tr>
<tr><td colspan="2">委托单位</td><td colspan="1"></td><td colspan="2">试验委托人</td><td></td></tr>
<tr><td>种类</td><td></td><td>密度等级</td><td></td><td>产地</td><td></td></tr>
<tr><td>代表数量</td><td></td><td>来样日期</td><td></td><td>试验日期</td><td></td></tr>
<tr><td rowspan="9">试验结果</td><td rowspan="3">筛分析</td><td colspan="2">密度模数（细骨料）</td><td colspan="2"></td></tr>
<tr><td colspan="2">最大粒径（粗骨粒）（mm）</td><td colspan="2"></td></tr>
<tr><td colspan="2">级配情况</td><td colspan="2">□连续粒级　□单粒级</td></tr>
<tr><td>表观密度（kg/m^3）</td><td colspan="4"></td></tr>
<tr><td>堆积密度（kg/m^3）</td><td colspan="4"></td></tr>
<tr><td>筒压强度（MPa）</td><td colspan="4"></td></tr>
<tr><td>吸水率（1h）（%）</td><td colspan="4"></td></tr>
<tr><td>粒型系数</td><td colspan="4"></td></tr>
<tr><td>其他</td><td colspan="4"></td></tr>
<tr><td colspan="6">结论：</td></tr>
<tr><td>批准</td><td></td><td>审核</td><td></td><td>试验</td><td></td></tr>
<tr><td>试验单位</td><td colspan="5"></td></tr>
<tr><td>报告日期</td><td colspan="5"></td></tr>
</table>

注：本表由试验单位提供，施工单位保存。

2.3 土建工程施工记录

2.3.1 隐蔽工程施工记录

1. 填表说明

（1）附件收集。该隐蔽工程部位所涉及的施工试验报告等。

（2）资料流程。由施工单位填写后随各相应检验批进入资料流程，无对应检验批的直接报送监理单位审批后各相关单位存档。

（3）相关规定与要求。

1）工程名称、隐检项目、隐检部位及日期必须填写准确。

2）隐检依据、主要材料名称及规格型号应准确，尤其对设计变更、洽商等容易遗漏的资料应填写完全。

3）隐检内容应填写规范，必须符合各种规程规范的要求。

4）签字应完整，严禁他人代签。

（4）注意事项。

1）审核意见应明确，将隐检内容是否符合要求表述清楚。

2）复查结论主要是针对上一次隐检出现的问题进行复查，因此要对质量问题整改的结果描述清楚。

2. 隐蔽工程检查记录

隐蔽工程检查记录见表 2－21。

表 2－21　隐蔽工程检查记录

编号：__________

<table>
<tr><td colspan="2">工程名称</td><td colspan="3"></td></tr>
<tr><td colspan="2">隐检项目</td><td></td><td>隐检日期</td><td></td></tr>
<tr><td colspan="2">隐检部位</td><td colspan="3"></td></tr>
<tr><td colspan="5">隐检依据：施工图图号____________，设计变更/洽商（编号__________）及有关国家现行标准等。
主要材料名称及规格/型号：____________</td></tr>
<tr><td colspan="5">检查内容：
隐检内容已做完，请予以检查。
申报人：</td></tr>
<tr><td colspan="5">检查意见：
检查结论：□同意隐蔽　　□不同意，修改后进行复查</td></tr>
<tr><td colspan="5">复查结论：
复查人：</td></tr>
<tr><td rowspan="3">签字栏</td><td rowspan="2">建设（监理）单位</td><td>施工单位</td><td colspan="2">××建筑工程公司</td></tr>
<tr><td>专业技术负责人</td><td>专业质检员</td><td>专业工长</td></tr>
<tr><td></td><td></td><td></td><td></td></tr>
</table>

注：本表由施工单位填写，建设单位、施工单位、城建档案馆各保存一份。

2.3.2 预检记录

预检是在自检的基础上由质量检查员专业工长对其分项工程进行把关检查，把工作中的偏差检查记录下来，并加以认真解决，预检是防止质量事故发生的有效途径。预检记录为通用施工记录，适用于各专业。预检合格方可进入下道工序。

1. 填表说明

（1）依据标准表格进行填写，要求填写齐全、字迹工整。

（2）预检记录填写应及时、真实，反映工程实际情况。

（3）预检记录编号依据企业对应与质量记录管理工作程序进行编写，依据文件和资料控制工作程序进行管理。

（4）“施工队”一栏中应填写项目及施工单位名称，以便追溯。

（5）“工程名称”与图纸图签中一致。

（6）在“预检内容”一栏中必须将该预检部位的施工依据填写清楚、齐全、简明。

（7）在预检中一次验收未通过，应写明不合格内容，并在“复查意见”一栏中注明二次检查意见；在复查中仍出现不合格项，则按不合格品的控制工作程序进行处置。

（8）各种填写日期必须注明年、月、日。

（9）预检记录中有关测量放线和构件安装（主要指阳台、楼梯、楼板等）的测量记录及附图作为预检记录的附件归档，其附件的纸张规格应与预检表一样。

2. 预检记录

预检记录具体表式见表2－22。

表2－22 预检记录

编号：__________

<table>
<tr><td>工程名称</td><td colspan="2"></td><td>预检项目</td><td></td></tr>
<tr><td>预检部位</td><td colspan="2"></td><td>检查日期</td><td></td></tr>
<tr><td colspan="5">依据：施工图纸（施工图纸号________）、设计变更/洽商（编号________）和有关规范、规程
主要材料或设备：________________
规格/型号：________________</td></tr>
<tr><td colspan="5">预检内容：</td></tr>
<tr><td colspan="5">检查意见：</td></tr>
<tr><td colspan="5">复查意见：

复查人：　　　　　　　　　　　　　　复查日期：</td></tr>
<tr><td>施工单位</td><td colspan="4"></td></tr>
<tr><td>专业技术负责人</td><td colspan="2">专业质检员</td><td colspan="2">专业工长</td></tr>
<tr><td></td><td colspan="2"></td><td colspan="2"></td></tr>
</table>

注：本表由施工单位填写并保存。

2.3.3 施工检查记录

按照现行规范要求应进行施工检查的重要工序，且本规程无相应施工记录表格的，应填写施工检查记录（通用），它适用于各专业。具体应明确检查的工程名称、检查项目、检查部位、检查日期、检查依据等。填写施工检查记录，由有关单位、人员盖章签字。

1. 填表说明

（1）附件收集。附相关图表、图片、照片及说明文件等。

（2）资料流程。由施工单位填写并保存。

（3）相关规定与要求。按照现行规范要求应进行施工检查的重要工序，且无与其相适应的施工记录表格的施工检查记录（通用）适用于各专业。

（4）注意事项。对隐蔽检查记录和预检记录不适用的其他重要工序，应按照现行规范要求进行施工质量检查，填写施工检查记录（通用）。

2. 施工检查记录

施工检查记录见表2－23。

表2－23 施工检查记录

编号：____________

<table>
<tr><td>工程名称</td><td></td><td>检查项目</td><td></td></tr>
<tr><td>检查部位</td><td></td><td>检查日期</td><td></td></tr>
<tr><td colspan="4">检查依据：</td></tr>
<tr><td colspan="4">检查内容：</td></tr>
<tr><td colspan="4">检查结论：</td></tr>
<tr><td colspan="4">复查意见：

复查人：　　　　　　　　　　复查日期：</td></tr>
<tr><td>施工单位</td><td colspan="3"></td></tr>
<tr><td>专业技术负责人</td><td>专业质检员</td><td colspan="2">专业工长</td></tr>
<tr><td></td><td></td><td colspan="2"></td></tr>
</table>

注：本表由施工单位填写并保存。

2.3.4 交接检查记录

不同施工单位之间工程交接，应进行交接检查，填写交接检查记录。移交单位、接收单位和见证单位共同对移交工程进行验收，并对质量情况、遗留问题、工序要求、注意事项、成品保护等进行记录，由有关单位人员盖章签字认可。

1. 填表说明

（1）资料流程。由施工单位填写，移交、接受和见证单位各存一份。

（2）相关规定与要求。分项（分部）工程完成，在不同专业施工单位之间应进行工程交接，并做专业交接检查，填写交接检查记录。移交单位、接收单位和见证单位共同对移交工程进行验收，并对质量情况、遗留问题、工序要求、注意事项、成品保护、注意事项等进行记录，填写交接检查记录。

（3）注意事项。“见证单位”栏内应填写施工总承包单位质量技术部门，参与移交及接受的部门不得作为见证单位。

2. 交接检查记录

交接检查记录见表 2－24。

表 2－24 交接检查记录

编号：________

<table>
<tr><td colspan="2">工程名称</td><td colspan="3"></td></tr>
<tr><td colspan="2">移交单位名称</td><td></td><td>接收单位名称</td><td></td></tr>
<tr><td colspan="2">交接部位</td><td></td><td>检查日期</td><td></td></tr>
<tr><td colspan="5">交接内容：</td></tr>
<tr><td colspan="5">检查结果：</td></tr>
<tr><td colspan="5">复查意见：

复查人： 复查日期：</td></tr>
<tr><td colspan="5">见证单位意见：</td></tr>
<tr><td colspan="3">见证单位名称</td><td colspan="2"></td></tr>
<tr><td rowspan="2">签字栏</td><td colspan="2">移交单位</td><td>接收单位</td><td>见证单位</td></tr>
<tr><td colspan="2"></td><td></td><td></td></tr>
</table>

注：见证单位应根据实际检查情况，并汇总移交和接收单位意见形成见证单位意见。

2.3.5 地基基础检查记录

地基基础检查记录主要包括地基验槽检查记录、地基处理记录和地基钎探记录等内容。

1. 地基验槽检查记录

（1）填写说明。

1）附件收集。相关设计图纸、设计变更洽商及地质勘察报告等。

2）资料流程。由总包单位填报，经各相关单位转签后存档。

3）相关规定与要求。

①新建建筑物应进行施工验槽，检查内容包括基坑位置、平面尺寸、基底绝对高程和相对标高、持力层核查、基坑土质及地下水位等，有基础桩桩支护或桩基的工程还应有工程桩的检查。

②地基验槽检查记录应由建设、勘察、设计、监理、施工单位共同验收签认。

4）注意事项。

对于进行地基处理的基槽，还应再办理一次地基验槽记录，并将地基处理的洽商编号、处理方法等注明。

（2）地基验槽检查记录见表 2－25。

表 2－25　地基验槽检查记录

编号：__________

<table>
<tr><td colspan="2">工程名称</td><td colspan="2"></td><td colspan="2">验槽日期</td><td colspan="2"></td></tr>
<tr><td colspan="2">验槽部位</td><td colspan="6"></td></tr>
<tr><td colspan="8">验槽内容：
1. 基槽开挖至勘探报告______层，持力层为______层。
2. 基底绝对高程和相对标高为______ m ______ m。
3. 土质情况________________________。
（附：□钎探记录及钎探点平面布置图）
4. 桩位置__/__、桩类型__/__、数量__/__，承载力满足设计要求。
（附：□施工记录、□桩检测记录）</td></tr>
<tr><td colspan="8">注：若建筑工程无桩基或人工支护，则相应在第 4 条填写处画“/”
申报人：</td></tr>
<tr><td colspan="8">检查意见：

检查结论：□无异常，可进行下道工序　　□需要地基处理</td></tr>
<tr><td colspan="8">复查意见：

复查人：　　　　　　　　　　　　复查日期：</td></tr>
<tr><td rowspan="2">签字公章栏</td><td>建设单位</td><td colspan="2">监理单位</td><td colspan="2">设计单位</td><td>勘察单位</td><td>施工单位</td></tr>
<tr><td></td><td colspan="2"></td><td colspan="2"></td><td></td><td></td></tr>
</table>

注：本表由施工单位填写，建设单位、城建档案馆各保存一份。

2．地基处理记录

（1）填写说明。

1）附件收集。相关设计图样、设计变更洽商及地质勘察报告等。

2）资料流程。由总包单位填报，经各相关单位转签后存档。

3）相关规定与要求。地基需处理时，应由勘察、设计部门提出处理意见，施工单位应依据勘察、设计单位提出的处理意见进行地基处理，且在完工后填写地基处理记录，内容包括地基处理方式、处理部位、深度及处理结果等。地基处理完成后，应报请勘察、设计、监理部门复查。

4）注意事项。

①当地基处理范围较大、内容较多、用文字描述较困难时，应附简图示意。

②如勘察、设计单位委托监理单位进行复查时，应有书面的委托记录。

（2）地基处理记录见表2－26。

表2－26　地基处理记录

编号：__________

<table>
<tr><td colspan="2">工程名称</td><td colspan="2"></td><td>日期</td><td colspan="2"></td></tr>
<tr><td colspan="7">处理依据及方式：</td></tr>
<tr><td colspan="7">处理部位及深度或用简图表示

□有/□无　　附页（图）</td></tr>
<tr><td colspan="7">处理结果：</td></tr>
<tr><td colspan="7">检查意见：

检查日期：</td></tr>
<tr><td rowspan="3">签字栏</td><td rowspan="2">监理单位</td><td rowspan="2">设计单位</td><td rowspan="2">勘察单位</td><td>施工单位</td><td colspan="2"></td></tr>
<tr><td>专业技术负责人</td><td>专业质检员</td><td>专业工长</td></tr>
<tr><td></td><td></td><td></td><td></td><td></td><td></td></tr>
</table>

注：本表由施工单位填写，建设单位、城建档案馆各保存一份。

3. 地基钎探记录

（1）填写说明。

1）附件收集。地基钎探原始记录（或复印件）。

2）资料流程。地基钎探记录由施工单位填写，建设单位、施工单位、城建档案馆各保存一份。

3）相关规定与要求。钎探记录用于检验浅土层（如基槽）的均匀性，确定基槽的容许承载力及检验填土质量。钎探前应绘制钎探点平面布置图，确定钎探点布置及顺序编号。按照钎探图及有关规定进行钎探并记录。

4）注意事项。地基钎探记录必须真实有效，严禁弄虚作假。

（2）钎探记录表见表2－27。

表2－27 钎探记录表

施工单位			工程名称			
套锤重		自由落距		钎径		钎探日期
顺序号	各步锤数					
	(cm) 0~30	(cm) 30~60	(cm) 60~90	(cm) 90~120	(cm) 120~150	备注
工长		质量检查员		钎探负责人		

注：本表由施工单位填写，建设单位、施工单位、城建档案馆各保存一份。附钎探点布置图。

2.3.6 混凝土检查记录

混凝土检查记录主要包括混凝土浇灌申请书、预拌混凝土运输单、混凝土开盘鉴定、混凝土拆模申请单、混凝土搅拌、养护测温记录和大体积混凝土养护测温记录。

1. 混凝土浇灌申请书

（1）填写说明。

1）资料流程。由施工单位填写并保存，在浇筑混凝土之前报送监理单位备案。

2）相关规定与要求。正式浇筑混凝土前，施工单位应检查各项准备工作（如钢筋、模板工程检查；水电预埋检查；材料、设备及其他准备等），自检合格填写《混凝土浇灌申请书》报监理单位后方可浇筑混凝土。

（2）混凝土浇灌申请书见表2－28。

表2－28 混凝土浇灌申请书

编号：____________

<table>
<tr><td>工程名称</td><td></td><td>申请浇灌日期</td><td colspan="2"></td></tr>
<tr><td>申请浇灌部位</td><td></td><td>申请方量（m^3）</td><td colspan="2"></td></tr>
<tr><td>技术要求</td><td></td><td>强度等级</td><td colspan="2"></td></tr>
<tr><td>搅拌方式（搅拌站名称）</td><td></td><td>申请人</td><td colspan="2"></td></tr>
<tr><td colspan="5">依据：施工图纸（施工图纸号________）、设计变更/洽商（编号____/____）和有关规范规程</td></tr>
<tr><td colspan="2">施工准备检查</td><td colspan="2">专业工长（质量员）签字</td><td>备注</td></tr>
<tr><td colspan="2">1. 隐检情况：□已 □未完成隐检</td><td colspan="2"></td><td></td></tr>
<tr><td colspan="2">2. 预检情况：□已 □未完成预检</td><td colspan="2"></td><td></td></tr>
<tr><td colspan="2">3. 水电预埋情况：□已 □未完成并未经检查</td><td colspan="2"></td><td></td></tr>
<tr><td colspan="2">4. 施工组织情况：□已 □未完备</td><td colspan="2"></td><td></td></tr>
<tr><td colspan="2">5. 机械设备准备情况：□已 □未准备</td><td colspan="2"></td><td></td></tr>
<tr><td colspan="2">6. 保温及有关准备：□已 □未准备</td><td colspan="2"></td><td></td></tr>
<tr><td colspan="5">审批意见：

审批结论：□同意浇筑 □整改后自行浇筑 □不同意，整改后重新申请
审批人： 审批日期：
施工单位名称：</td></tr>
</table>

注：“技术要求”栏应依据混凝土合同的具体要求填写。

2. 预拌混凝土运输单

（1）填写说明。

1）资料流程。由预拌混凝土供应单位向施工单位提供。

2）相关规定与要求。预拌混凝土供应单位向施工单位提供预拌混凝土运输单，内容包括工程名称、使用部位、供应方量、配合比、坍落度、出站时间、到场时间和施工单位测定的现场实测坍落度等。

（2）预拌混凝土运输单见表 2－29。

表 2－29 预拌混凝土运输单

编号：____________

<table>
<tr><td colspan="2">合同编号</td><td colspan="2"></td><td colspan="3">任务单号</td><td colspan="4"></td></tr>
<tr><td colspan="2">供应单位</td><td colspan="2"></td><td colspan="3">生产日期</td><td colspan="4"></td></tr>
<tr><td colspan="2">工程名称及施工部位</td><td colspan="9"></td></tr>
<tr><td colspan="2">委托单位</td><td></td><td colspan="2">混凝土强度等级</td><td colspan="3"></td><td colspan="2">抗渗等级</td><td></td></tr>
<tr><td colspan="2">混凝土输送方式</td><td></td><td colspan="2">其他技术要求</td><td colspan="6"></td></tr>
<tr><td colspan="2">本车供应方量（m^3）</td><td></td><td colspan="2">要求坍落度（mm）</td><td colspan="3"></td><td colspan="2">实测坍落度（mm）</td><td></td></tr>
<tr><td colspan="2">配合比编号</td><td></td><td colspan="2">配合比比例</td><td colspan="6"></td></tr>
<tr><td colspan="2">运距（km）</td><td></td><td colspan="2">车号</td><td></td><td colspan="2">车次</td><td></td><td>司机</td><td></td></tr>
<tr><td colspan="2">出站时间</td><td></td><td colspan="2">到场时间</td><td colspan="3"></td><td colspan="2">现场出罐温度（℃）</td><td></td></tr>
<tr><td colspan="2">开始浇筑时间</td><td></td><td colspan="2">完成浇筑时间</td><td colspan="3"></td><td colspan="2">现场坍落度（mm）</td><td></td></tr>
<tr><td rowspan="2">签字栏</td><td colspan="2">现场验收人</td><td colspan="5">混凝土供应单位质量员</td><td colspan="3">混凝土供应单位签发人</td></tr>
<tr><td colspan="2"></td><td colspan="5"></td><td colspan="3"></td></tr>
</table>

注：本表的正本由供应单位保存，副本由施工单位保存。

3. 混凝土开盘鉴定

（1）填写说明。

1）资料流程。由施工单位填写。

2）相关规定与要求。采用预拌混凝土的，应对首次使用的混凝土配合比在混凝土出厂前，由混凝土供应单位自行组织相关人员进行开盘鉴定。采用现场搅拌混凝土的，应由施工单位组织监理单位、搅拌机组、混凝土试配单位进行开盘鉴定工作，共同认定试验室签发的混凝土配合比确定的组成材料是否与现场施工所用材料相符，以及混凝土拌合物性能是否满足设计要求和施工需要。

3）注意事项。表中各项都应根据实际情况填写清楚、齐全，要有明确的鉴定结果和结论，签字齐全。

（2）混凝土开盘鉴定见表 2－30。

表 2-30 混凝土开盘鉴定

编号：____________

<table>
<tr><td colspan="2">工程名称及部位</td><td colspan="6"></td><td colspan="2">鉴定编号</td><td colspan="3"></td></tr>
<tr><td colspan="2">施工单位</td><td colspan="6"></td><td colspan="2">搅拌方式</td><td colspan="3"></td></tr>
<tr><td colspan="2">强度等级</td><td colspan="6"></td><td colspan="2">要求坍落度</td><td colspan="3"></td></tr>
<tr><td colspan="2">配合比编号</td><td colspan="6"></td><td colspan="2">适配单位</td><td colspan="3"></td></tr>
<tr><td colspan="2">水灰比</td><td colspan="6"></td><td colspan="2">砂率（%）</td><td colspan="3"></td></tr>
<tr><td colspan="2">材料名称</td><td>水泥</td><td colspan="2">砂</td><td colspan="2">石</td><td>水</td><td colspan="3">外加剂</td><td colspan="2">掺合料</td></tr>
<tr><td colspan="2">每 1m^{3}用料（kg）</td><td></td><td colspan="2"></td><td colspan="2"></td><td></td><td></td><td colspan="2"></td><td></td><td></td></tr>
<tr><td colspan="2" rowspan="2">调整后每盘用料（kg）</td><td colspan="6">砂含水率（%）</td><td colspan="5">石含水率（%）</td></tr>
<tr><td></td><td colspan="2"></td><td colspan="2"></td><td></td><td></td><td colspan="2"></td><td></td><td></td></tr>
<tr><td rowspan="4">鉴定结果</td><td rowspan="2">鉴定项目</td><td colspan="6">混凝土拌合物性能</td><td colspan="3" rowspan="2">混凝土试块抗压强度（MPa）</td><td colspan="2" rowspan="2">原材料与申请单是否相符</td></tr>
<tr><td colspan="2">坍落度</td><td colspan="2">保水性</td><td colspan="2">粘聚性</td></tr>
<tr><td>设计（cm）</td><td colspan="2"></td><td colspan="2"></td><td colspan="2"></td><td colspan="3" rowspan="2"></td><td colspan="2" rowspan="2"></td></tr>
<tr><td>实测（cm）</td><td colspan="2"></td><td colspan="2"></td><td colspan="2"></td></tr>
<tr><td colspan="13">鉴定结论：

同意 C35 混凝土开盘鉴定结果，鉴定合格</td></tr>
</table>

建设（监理）单位	混凝土适配单位负责人	施工单位技术负责人	搅拌机组负责人
鉴定日期			

注：采用现场搅拌混凝土的工程，本表由施工单位填写并保存。

4. 混凝土拆模申请单

（1）填写说明。

1）附件收集。混凝土试块抗压强度试验报告。

2）资料流程。由施工单位填写、保存，在拆模前报送监理单位审核。

3）相关规定与要求。在拆除现浇混凝土结构板、梁、悬臂构件等底模和柱墙侧模前，应填写混凝土拆模申请表，并附同条件混凝土强度报告，报项目专业技术负责人审批，通过后方可拆模。

（2）混凝土拆模申请单见表2－31。

表2－31 混凝土拆模申请单

编号：＿＿＿＿＿

<table>
<tr><td colspan="2">工程名称</td><td colspan="6"></td></tr>
<tr><td colspan="2">申请拆模部位</td><td colspan="6"></td></tr>
<tr><td colspan="2">混凝土强度等级</td><td></td><td>混凝土浇筑完成时间</td><td></td><td>申请拆模日期</td><td colspan="2"></td></tr>
<tr><td colspan="8">构件类型
（注：在所选择构件类型的□内划√）</td></tr>
<tr><td>□墙</td><td>□柱</td><td colspan="2">板：
□跨度≤2m
□2m＜跨度≤8m
□跨度＞8m</td><td>梁：
□跨度≤8m
□跨度＞8m</td><td colspan="2">□悬臂构件</td><td>＿＿＿＿
＿＿＿＿
＿＿＿＿</td></tr>
<tr><td colspan="2">拆模时混凝土
强度要求</td><td colspan="2">龄期（d）</td><td>同条件混凝土
抗压强度（MPa）</td><td colspan="2">达到设计强度
要求（%）</td><td>强度报告编号</td></tr>
<tr><td colspan="2">应达到设计强度的＿＿%
（或＿＿MPa）</td><td colspan="2"></td><td></td><td colspan="2"></td><td></td></tr>
<tr><td colspan="8">审批意见：

批准拆模日期：</td></tr>
<tr><td colspan="3">施工单位</td><td colspan="5"></td></tr>
<tr><td colspan="3">专业技术负责人</td><td colspan="3">专业质检员</td><td colspan="2">申请人</td></tr>
<tr><td colspan="3"></td><td colspan="3"></td><td colspan="2"></td></tr>
</table>

注：1. 拆模时混凝土强度规定：当设计有要求时，应按设计要求；当设计无要求时，应按现行规范要求。
2. 如结构形式复杂（结构跨度变化较大）或平面不规则，应附拆模平面示意图。

5. 混凝土搅拌、养护测温记录

（1）填写说明。

1）资料流程。由施工单位填写保存，需按时提供给监理单位。

2）相关规定与要求：

①冬期混凝土施工时，应进行搅拌和养护测温记录。

②混凝土冬期施工搅拌测温记录应包括大气温度、原材料温度、出罐温度、入模温度等。

③混凝土冬期施工养护测温应先绘制测温点布置图，包括测温点的部位、深度等。测温记录应包括大气温度、各测温孔的实测温度、同一时间测得的各测温孔的平均温度和间隔时间等。

3）注意事项。备注栏内应填写“现场搅拌”或“预拌混凝土”。

（2）混凝土搅拌测温记录表见表2－32。

表2－32 冬期施工混凝土搅拌测温记录表

<table>
<tr><td colspan="2">工程名称</td><td colspan="2"></td><td colspan="2">部位</td><td colspan="2"></td><td colspan="2">搅拌方式</td><td colspan="2"></td></tr>
<tr><td colspan="2">混凝土
强度等级</td><td colspan="2"></td><td colspan="2">坍落度（cm）</td><td colspan="2"></td><td colspan="2">水泥品种
强度等级</td><td colspan="2"></td></tr>
<tr><td colspan="3">配合比（水泥: 砂: 石: 水）</td><td colspan="3"></td><td colspan="3">外加剂名称掺量</td><td colspan="3"></td></tr>
<tr><td colspan="4">测温时间</td><td rowspan="2">大气温度
（℃）</td><td colspan="4">原材料温度
（℃）</td><td rowspan="2">出罐温度
（℃）</td><td rowspan="2">入模温度
（℃）</td><td rowspan="2">备注</td></tr>
<tr><td>年</td><td>月</td><td>日</td><td>时</td><td>水泥</td><td>砂</td><td>石</td><td>水</td></tr>
<tr><td></td><td></td><td></td><td></td><td></td><td></td><td></td><td></td><td></td><td></td><td></td><td></td></tr>
<tr><td></td><td></td><td></td><td></td><td></td><td></td><td></td><td></td><td></td><td></td><td></td><td></td></tr>
<tr><td></td><td></td><td></td><td></td><td></td><td></td><td></td><td></td><td></td><td></td><td></td><td></td></tr>
<tr><td></td><td></td><td></td><td></td><td></td><td></td><td></td><td></td><td></td><td></td><td></td><td></td></tr>
<tr><td></td><td></td><td></td><td></td><td></td><td></td><td></td><td></td><td></td><td></td><td></td><td></td></tr>
<tr><td></td><td></td><td></td><td></td><td></td><td></td><td></td><td></td><td></td><td></td><td></td><td></td></tr>
<tr><td></td><td></td><td></td><td></td><td></td><td></td><td></td><td></td><td></td><td></td><td></td><td></td></tr>
<tr><td></td><td></td><td></td><td></td><td></td><td></td><td></td><td></td><td></td><td></td><td></td><td></td></tr>
<tr><td></td><td></td><td></td><td></td><td></td><td></td><td></td><td></td><td></td><td></td><td></td><td></td></tr>
<tr><td></td><td></td><td></td><td></td><td></td><td></td><td></td><td></td><td></td><td></td><td></td><td></td></tr>
<tr><td></td><td></td><td></td><td></td><td></td><td></td><td></td><td></td><td></td><td></td><td></td><td></td></tr>
<tr><td></td><td></td><td></td><td></td><td></td><td></td><td></td><td></td><td></td><td></td><td></td><td></td></tr>
<tr><td></td><td></td><td></td><td></td><td></td><td></td><td></td><td></td><td></td><td></td><td></td><td></td></tr>
<tr><td colspan="2">施工单位</td><td></td><td colspan="2">施工负责人</td><td></td><td colspan="2">技术员</td><td></td><td colspan="2">测温员</td><td></td></tr>
</table>

（3）混凝土养护及测温记录表见表 2－33。

表 2－33 冬期施工混凝土养护及测温记录表

工程名称								部位						养护方法					
测温时间			大气温度（℃）	各测孔温度（℃）												平均温度（℃）	间隔时间	成熟度 N（h·℃）	
月	日	时		#	#	#	#	#	#	#	#	#	#	#	#			本次	累计
施工单位			施工负责人				技术员					测温员							

6. 大体积混凝土养护测温记录

（1）填写说明。

1）资料流程。由施工单位填写并保存，需按时提供给监理单位。

2）相关规定与要求。

①大体积混凝土施工应对入模时大气温度、各测温孔温度、内外温差和裂缝进行检查和记录。

②大体积混凝土养护测温应附测温点布置图，包括测温点的布置、深度等。

3）注意事项。大体积混凝土养护测温记录应真实、及时，严禁弄虚作假。

（2）大体积混凝土养护测温记录表见表2－34。

表2－34 大体积混凝土养护测温记录表

工程名称				部位						入模温度（℃）				养护方法		
测温时间			大气温度（℃）	各测孔温度（℃）										内外温差（℃）	时间间隔	裂缝检查
月	日	时														
施工单位				施工负责人						技术员				测温员		

2.3.7 构件吊装记录

构件吊装记录是指应用起重机械、吊具（吊钩、吊索、吊环、横吊架等）或人力将构件直接安装在图纸规定的位置，该记录是对结构进行吊装实施过程的记录。

1. 填表说明

(1) 附件收集。相关设计要求文件等。

(2) 资料流程。由施工单位填写并保存。

(3) 相关规定与要求。预制混凝土结构构件、大型钢、木构件吊装应有构件吊装记录（表2-35），吊装记录内容包括构件型号名称、安装位置、外观检查、楼板堵孔、清理、锚固、构件支点的搁置与搭接长度、接头处理、固定方法、标高、垂直偏差等，应符合设计和现行标准、规范要求。

(4) 注意事项。“备注”栏内应填写吊装过程中出现的问题、处理措施及质量情况等。对于重要部位或大型构件的吊装工程，应有专项安全交底。

2. 构件吊装记录

构件吊装记录见表2-35。

表2-35 构件吊装记录

编号：____________

<table>
<tr><td colspan="2">工程名称</td><td colspan="6"></td></tr>
<tr><td colspan="2">使用部位</td><td colspan="3"></td><td>吊装日期</td><td colspan="2"></td></tr>
<tr><td rowspan="2">序号</td><td rowspan="2">构件名称及编号</td><td rowspan="2">安装位置</td><td colspan="4">安装检查</td><td rowspan="2">备注</td></tr>
<tr><td>搁置与搭接尺寸</td><td>接头（点）处理</td><td>固定方法</td><td>标高检查</td></tr>
<tr><td></td><td></td><td></td><td></td><td></td><td></td><td></td><td></td></tr>
<tr><td colspan="8">结论：</td></tr>
</table>

<table>
<tr><td>施工单位</td><td colspan="2"></td></tr>
<tr><td>专业技术负责人</td><td>专业质检员</td><td>记录人</td></tr>
<tr><td></td><td></td><td></td></tr>
</table>

2.3.8 地下工程防水效果检查记录

地下工程验收时，应对地下工程有无渗漏现象进行检查，填写地下工程防水效果检查记录，检查内容应包括裂缝，渗漏部位、大小，渗漏情况、处理意见等。

1. 填表说明

（1）附件收集。背水内表面结构工程展开图、相关图片、相片及说明文件等。

（2）资料流程。由施工单位填写，报送建设单位和监理单位，各相关单位保存。

（3）相关规定与要求。地下工程验收时，应对地下工程有无渗漏现象进行检查，并填写地下工程防水效果检查记录，主要检查内容应包括裂缝、渗漏水部位和处理意见等。发现渗漏水现象应制作、标示好背水内表面结构工程展开图。

（4）注意事项。“检查方法及内容”栏内按《地下防水工程质量验收规范》GB 50208—2011 相关内容及技术方案填写。

2. 地下工程防水效果检查记录

地下工程防水效果检查记录见表 2－36。

表 2－36 地下工程防水效果检查记录

编号：________

<table>
<tr><td colspan="2">工程名称</td><td colspan="3"></td></tr>
<tr><td colspan="2">检查部位</td><td></td><td>检查日期</td><td></td></tr>
<tr><td colspan="5">检查方法及内容：</td></tr>
<tr><td colspan="5">检查结果：</td></tr>
<tr><td colspan="5">复查意见：
复查人： 检查日期：</td></tr>
<tr><td rowspan="3">签字栏</td><td rowspan="2">建设（监理）单位</td><td>施工单位</td><td colspan="2"></td></tr>
<tr><td>专业技术负责人</td><td>专业质检员</td><td>专业工长</td></tr>
<tr><td></td><td></td><td></td><td></td></tr>
</table>

2.3.9 防水工程试水检查记录

凡是屋面、地下防水、各种水池及其他储存液体的池体，有防水要求的地面、有防水要求的工程，均要进行渗水、漏水等试水检查。

1. 填表说明

(1) 附件收集。相关的图片、照片及文字说明等。

(2) 资料流程。由施工单位填写后报送建设单位及监理单位存档。

(3) 相关规定与要求。

1) 凡有防水要求的房间应有防水层及装修后的蓄水检查记录。检查内容包括蓄水方式、蓄水时间、蓄水深度、水落口及边缘封堵情况和有无渗漏现象等。

2) 屋面工程完毕后，应对细部构造（屋面天沟、檐沟、檐口、泛水、水落口、变形缝、伸出屋面的管道等）、接缝处和保护层进行雨期观察或淋水、蓄水检查。淋水试验持续时间不得少于2h；做蓄水检查的屋面，蓄水时间不得少于24h。

2. 防水工程试水检查记录

防水工程试水检查记录见表2－37。

表2－37 防水工程试水检查记录

编号：＿＿＿＿＿

<table>
<tr><td colspan="2">工程名称</td><td colspan="3"></td></tr>
<tr><td colspan="2">检查部位</td><td></td><td>检查日期</td><td></td></tr>
<tr><td colspan="2" rowspan="2">检查方式</td><td>□第一次蓄水
□第二次蓄水</td><td>蓄水日期</td><td>从＿＿＿＿时
至＿＿＿＿时</td></tr>
<tr><td colspan="3">□淋水　　□雨期观察</td></tr>
<tr><td colspan="5">检查方法及内容：</td></tr>
<tr><td colspan="5">检查结果：</td></tr>
<tr><td colspan="5">复查意见：
复查人：　　　　检查日期：</td></tr>
<tr><td rowspan="3">签字栏</td><td rowspan="2">建设（监理）单位</td><td>施工单位</td><td colspan="2"></td></tr>
<tr><td>专业技术负责人</td><td>专业质检员</td><td>专业工长</td></tr>
<tr><td></td><td></td><td></td><td></td></tr>
</table>

注：本表由施工单位填写，建设单位、施工单位各保存一份。

2.3.10 预应力工程施工记录

预应力工程施工记录主要包括预应力筋张拉记录和有黏结预应力结构灌浆记录。

1. 填写说明

（1）资料流程。由施工单位填写，建设单位、施工单位、城建档案馆各保存一份。

（2）相关规定与要求。

1）预应力筋张拉记录应由专业施工人员负责填写。预应力筋张拉记录（一）包括预应力施工部位、预应力筋规格、平面示意图、张拉程序、应力记录、伸长量等；预应力筋张拉记录（二）对每根预应力筋的张拉实测值进行记录。后张法预应力张拉施工应实行见证管理，按规定要求进行见证张拉记录。

2）有黏结预应力结构灌浆记录：后张法有黏结预应力筋张拉后应及时灌浆，并进行灌浆记录，记录内容包括灌浆孔状况、水泥浆的配比状况、灌浆压力、灌浆量，并有灌浆点简图和编号等。

3）预应力张拉原始施工记录应归档保存。

4）预应力工程施工记录由有相应资质的专业施工单位负责提供。

（3）预应力筋张拉记录见表 2－38 和表 2－39。

表 2－38 预应力筋拉张记录（一）

编号：＿＿＿＿＿＿

工程名称		张拉日期	
施工部位		预应力筋规格及抗拉强度	
预应力张拉程序及平面示意图： □有　□无附页			
张拉端锚具类型		固定端锚具类型	
设计控制应力		实际张拉力	
千斤顶编号		压力表编号	
混凝土设计强度		张拉时混凝土实际强度	
预应力筋计算伸长值：			
预应力筋伸长值范围：			
施工单位			
专业技术负责人	专业质检员	记录人	

注：本表由施工单位填写，建设单位、施工单位、城建档案馆各保存一份。

表 2－39 预应力筋拉张记录（二）

编号：____________

工程名称				张拉日期				
施工部位								
张拉顺序编号	计算值	预应力筋张拉伸长实测值（cm）						备注
		一端张拉			另一端张拉		总伸长	
		原长 L_1	实长 L_2	伸长 ΔL	原长 L_1'	实长 L_2'	伸长 $\Delta L'$	
□有 □无见证	见证单位		见证人					
施工单位								
专业技术负责人	专业质检员		记录人					

注：本表由施工单位填写，建设单位、施工单位、城建档案馆各保存一份。

(4) 有黏结预应力结构灌浆记录见表2-40。

表2-40 有黏结预应力结构灌浆记录

编号：____________

<table>
<tr><td colspan="2">工程名称</td><td colspan="2"></td><td>灌浆日期</td><td></td></tr>
<tr><td colspan="2">施工部位</td><td colspan="4"></td></tr>
<tr><td colspan="2">灌浆配合比</td><td colspan="2"></td><td>灌浆要求压力值</td><td></td></tr>
<tr><td colspan="2">水泥强度等级</td><td></td><td>进场日期</td><td>复试报告编号</td><td></td></tr>
<tr><td colspan="6">灌浆点简图与编号：</td></tr>
<tr><td>灌浆点编号</td><td>灌浆压力值（MPa）</td><td>灌浆量（L）</td><td>灌浆点编号</td><td>灌浆压力值（MPa）</td><td>灌浆量（L）</td></tr>
<tr><td></td><td></td><td></td><td></td><td></td><td></td></tr>
<tr><td></td><td></td><td></td><td></td><td></td><td></td></tr>
<tr><td></td><td></td><td></td><td></td><td></td><td></td></tr>
<tr><td></td><td></td><td></td><td></td><td></td><td></td></tr>
<tr><td></td><td></td><td></td><td></td><td></td><td></td></tr>
<tr><td></td><td></td><td></td><td></td><td></td><td></td></tr>
<tr><td colspan="6">备注：</td></tr>
<tr><td colspan="2">施工单位</td><td colspan="4"></td></tr>
<tr><td colspan="2">专业技术负责人</td><td colspan="2">专业质检员</td><td colspan="2">记录人</td></tr>
<tr><td colspan="2"></td><td colspan="2"></td><td colspan="2"></td></tr>
</table>

注：本表由施工单位填写，建设单位、施工单位、城建档案馆各保存一份。

2.4 土建工程施工试验记录

2.4.1 施工试验记录（通用）

施工试验记录是根据设计要求和规范规定进行试验，记录原始数据和计算结果（试验单位应向委托单位提供电子版试验数据），并得出试验结论的资料统称。

1. 填表说明

（1）应由具备相应资质等级的检测单位出具后随相关资料进入资料流程（后续各种专用试验记录与此相同）。

（2）在完成检验批的过程中，由施工单位试验负责人负责制作施工试验试件，之后送至具备相应检测资质等级的检测单位进行试验。

（3）检测单位根据相关标准对送检的试件进行试验后，出具试验报告并将报告返还施工单位。

（4）施工单位将施工试验记录作为检验批报验的附件，随检验批资料进入审批程序。（后续各种专用试验记录形成流程相同）。

2. 施工试验记录

施工试验记录见表2－41。

表2－41 施工试验记录

编　　号：__________

试验编号：__________

委托编号：__________

<table>
<tr><td colspan="2">工程名称及施工部位</td><td colspan="4"></td></tr>
<tr><td colspan="2">试验日期</td><td colspan="2"></td><td>规格、材质</td><td></td></tr>
<tr><td colspan="6">试验项目：</td></tr>
<tr><td colspan="6">试验内容：</td></tr>
<tr><td colspan="6">结论：</td></tr>
<tr><td>批准</td><td></td><td>审核</td><td></td><td>试验</td><td></td></tr>
<tr><td>试验单位</td><td colspan="5"></td></tr>
<tr><td>报告日期</td><td colspan="5"></td></tr>
</table>

注：本表由建设单位、施工单位各保存一份。

2.4.2 回填土施工试验记录

1. 填写说明

(1) 填写单位。由具备相应资质等级的检测单位出具后，随相关资料进入资料流程。

(2) 相关规定与要求。

1) 土方工程应测定土的最大干密度和最优含水量，确定最小干密度控制值，由试验单位出具土工击实试验报告。

2) 应按规范要求绘制回填土取点平面示意图，分段、分层（步）取样做回填土试验报告。

(3) 注意事项。按照设计要求和规范规定应作施工试验，且无相应施工试验表格的，应填写施工试验记录（通用）。

2. 土工击实试验报告

土工击实试验报告见表2-42。

表2-42 土工击实试验报告

编　　号：____________

试验编号：____________

委托编号：____________

工程名称及施工部位			试样编号		
委托单位			试验委托人		
结构类型			填土部位		
要求压实系数 λ_c			土样种类		
来样日期			试验日期		
试验结果	最优含水量 ω_{op} = 　　　　%				
	最大干密度 ρ_{dmax} = 　　　　g/cm^3				
	控制指标（控制干密度） 最大干密度×要求压实系数 = 　　　　g/cm^3				
结论：					
批准		审核		试验	
试验单位					
报告日期					

注：本表由建设单位、施工单位、城建档案馆各保存一份。

3. 回填土试验报告

回填土试验报告见表2-43。

表 2－43 回填土试验报告

编　　号：__________

试验编号：__________

委托编号：__________

工程名称及施工部位										
委托单位				试验委托人						
要求压实系数 λ_c				回填土种类						
控制干密度 ρ_d				试验日期						
点号 项目 步数	1	2								
	实测干密度（g/cm^3）									
	实测压实系数									
1										
2										
取样位置简图（附图）										
结论：										
批准		审核		试验						
试验单位										
报告日期										

注：本表由建设单位、施工单位、城建档案馆各保存一份。

2.4.3 钢筋连接施工试验记录

钢筋连接的填表说明主要包括填写单位、相关规定和要求等，检查要点主要包括焊接接头试验报告、焊点及焊缝的机械性能试验等。试验报告应认真准确填写。

1. 填表说明

（1）填写单位。由具备相应资质等级的检测单位出具后随相关资料进入资料流程。

（2）相关规定与要求。

1）用于焊接、机械连接钢筋的力学性能和工艺性能应符合现行国家标准。

2）正式焊（连）接工程开始前及施工过程中，应对每批进场钢筋，在现场条件下进行工艺检验，工艺检验合格后方可进行焊接或机械连接的施工。

3）钢筋焊接接头或焊接制品、机械连接接头应按焊（连）接类型和验收批的划分进行质量验收并现场取样复试，钢筋连接验收批的划分及取样数量和必试项目见后表。

4）承重结构工程中的钢筋连接接头应按规定实行有见证取样和送检的管理。

5）采用机械连接接头形式施工时，技术提供单位应提交由有相应资质等级的检测机构出具的形式检验报告。

6）焊（连）接工人必须具有有效的岗位证书。

(3) 注意事项。试验报告中应写明工程名称、钢筋级别、接头类型、规格、代表数量、检验形式、试验数据、试验日期以及试验结果。

2. 钢筋连接试验报告

钢筋连接试验报告见表2－44。

表2－44　钢筋连接试验报告

编　　号：__________
试验编号：__________
委托编号：__________

<table>
<tr><td colspan="2">工程名称及部位</td><td colspan="2"></td><td colspan="2">事件编号</td><td colspan="3"></td></tr>
<tr><td colspan="2">委托单位</td><td colspan="2"></td><td colspan="2">试验委托人</td><td colspan="3"></td></tr>
<tr><td colspan="2">接头类型</td><td colspan="2"></td><td colspan="2">检验形式</td><td colspan="3">—</td></tr>
<tr><td colspan="2">设计要求连接性能等级</td><td colspan="2"></td><td colspan="2">代表数量</td><td colspan="3"></td></tr>
<tr><td colspan="2">连接钢筋种类及牌号</td><td></td><td>公称直径（mm）</td><td></td><td colspan="2">原材试验编号</td><td colspan="2"></td></tr>
<tr><td colspan="2">操作人</td><td></td><td>来样日期</td><td></td><td colspan="2">试验日期</td><td colspan="2"></td></tr>
<tr><td colspan="3">接头试件</td><td colspan="2">母材试件</td><td colspan="3">弯曲试件</td><td rowspan="2">备注</td></tr>
<tr><td>公称面积（mm^2）</td><td>抗拉强度（MPa）</td><td>断裂特征及位置</td><td>实测面积（mm^2）</td><td>抗拉强度（MPa）</td><td>弯心直径</td><td>角度</td><td>结果</td></tr>
<tr><td></td><td></td><td></td><td></td><td></td><td></td><td></td><td></td><td></td></tr>
<tr><td></td><td></td><td></td><td></td><td></td><td></td><td></td><td></td><td></td></tr>
<tr><td></td><td></td><td></td><td></td><td></td><td></td><td></td><td></td><td></td></tr>
<tr><td colspan="9">结论：</td></tr>
<tr><td>批准</td><td colspan="2"></td><td>审核</td><td></td><td colspan="2">试验</td><td colspan="2"></td></tr>
<tr><td>试验单位</td><td colspan="8"></td></tr>
<tr><td>报告日期</td><td colspan="8"></td></tr>
</table>

注：本表由建设单位、施工单位、城建档案馆各保存一份。

2.4.4　钢结构工程施工试验记录

1. 填表说明

(1) 填写单位。试验报告由具备相应资质等级的检测单位出具后随相关资料进入资料流程。

（2）相关规定与要求。

1）高强度螺栓连接应有摩擦面抗滑移系数检验报告及复试报告，并实行有见证取样和送检。

2）施工首次使用的钢材、焊接材料、焊接方法、焊后热处理等应进行焊接工艺评定，有焊接工艺评定报告。

3）设计要求的一、二级焊缝应做缺陷检验，由有相应资质等级的检测单位出具超声波、射线探伤检验报告或磁粉探伤报告。超声波探伤报告见表2-45、超声波探伤记录见表2-46、钢构件射线探伤报告见表2-47。

4）建筑安全等级为一级、跨度为40m及以上的公共建筑钢网架结构，且设计有要求的，应对其焊（螺栓）球节点进行节点承载力试验，并实行有见证取样和送检。

5）钢结构工程所使用的防腐、防火涂料应做涂层厚度检测，其中防火涂层应有相应资质的检测单位检测报告。

6）焊（连）接工人必须持有效的岗位证书。

2. 钢结构工程施工试验记录

钢结构工程施工试验记录见表2-45、表2-46和表2-47。

表2-45 超声波探伤报告

编　　号：__________
试验编号：__________
委托编号：__________

<table>
<tr><td colspan="2">工程名称及施工部位</td><td colspan="4"></td></tr>
<tr><td colspan="2">委托单位</td><td colspan="2"></td><td></td><td>试验委托人</td></tr>
<tr><td colspan="2">构件名称</td><td colspan="2"></td><td>检测部位</td><td></td></tr>
<tr><td colspan="2">材质</td><td colspan="2"></td><td>板厚（mm）</td><td></td></tr>
<tr><td colspan="2">仪器型号</td><td colspan="2"></td><td>试块</td><td></td></tr>
<tr><td colspan="2">耦合剂</td><td colspan="2"></td><td>表面补偿</td><td></td></tr>
<tr><td colspan="2">表面情况</td><td colspan="2"></td><td>执行处理</td><td></td></tr>
<tr><td colspan="2">探头型号</td><td colspan="2"></td><td>探伤日期</td><td></td></tr>
<tr><td colspan="6">探伤结果及说明：</td></tr>
<tr><td>批准</td><td></td><td>审核</td><td></td><td>试验</td><td></td></tr>
<tr><td>试验单位</td><td colspan="5"></td></tr>
<tr><td>报告日期</td><td colspan="5"></td></tr>
</table>

注：本表由建设单位、施工单位、城建档案馆各保存一份。

表 2－46 超声波探伤记录

编号：__________

工程名称		报告编号	
施工单位		检测单位	

焊缝编号（两侧）	板厚（mm）	折射角（°）	回波高度	X（mm）	D（mm）	Z（mm）	L（mm）	级别	评定结果	备注

批准	审核	检测	检测单位名称（公章）
报告日期			

注：本表由建设单位、施工单位、城建档案馆各保存一份。

表 2－47 钢构件射线探伤报告

编　　号：__________
试验编号：__________
委托编号：__________

<table>
<tr><td>工程名称</td><td colspan="5"></td></tr>
<tr><td>委托单位</td><td colspan="2"></td><td>试验委托人</td><td colspan="2"></td></tr>
<tr><td>检测单位</td><td colspan="2"></td><td>检测部位</td><td colspan="2"></td></tr>
<tr><td>构件名称</td><td colspan="2"></td><td>构件编号</td><td colspan="2"></td></tr>
<tr><td>材质</td><td></td><td>焊缝形式</td><td></td><td>板厚（mm）</td><td></td></tr>
<tr><td>仪器型号</td><td></td><td>增感方式</td><td></td><td>像质计型号</td><td></td></tr>
<tr><td>胶片型号</td><td></td><td>像质指数</td><td></td><td>黑度</td><td></td></tr>
<tr><td>评定标准</td><td></td><td>焊缝全长</td><td></td><td>探伤比例与长度</td><td></td></tr>
<tr><td colspan="6">探伤结果：</td></tr>
<tr><td>底片编号</td><td>黑度</td><td>灵能度</td><td>主要缺陷</td><td>评级</td><td rowspan="3">示意图</td></tr>
<tr><td></td><td></td><td></td><td></td><td></td></tr>
<tr><td></td><td></td><td></td><td></td><td></td></tr>
<tr><td></td><td></td><td></td><td></td><td></td><td rowspan="3">备注</td></tr>
<tr><td></td><td></td><td></td><td></td><td></td></tr>
<tr><td></td><td></td><td></td><td></td><td></td></tr>
<tr><td>批准</td><td></td><td>审核</td><td></td><td>试验</td><td></td></tr>
<tr><td>试验单位</td><td colspan="5"></td></tr>
<tr><td>报告日期</td><td colspan="5"></td></tr>
</table>

注：本表由建设单位、施工单位、城建档案馆各保存一份。

2.4.5 混凝土配合比申请单

凡工程结构用混凝土应有配合比申请单，施工中如主要材料有变化，应重新申请试配。混凝土配合比申请是由施工单位根据设计图纸要求填写，图纸内所有的混凝土种类和标号必须经过试配。

1. 填表说明

（1）混凝土配合比申请是由施工单位根据设计图纸要求填写，图纸内所有的混凝土种类和标号必须经过试配，不能为了节省经费而少做配合比试验。

（2）混凝土配合比试验单上所有项目必须填写清楚、明了，不得遗漏、空项。

（3）混凝土试配用的水泥、砂子、石子应先做试验。在向建筑材料检测中心（站、室）申请水泥和骨料强度试验的同时，也可以提出混凝土试配申请。

（4）一个单位工程的所有混凝土种类和标号做一次配合比试验就可以，但在施工过程如有改变混凝土种类和标号的，且与原已试配过的混凝土种类和标号又有不同，则被改变的混凝土种类和标号必须要再试配。

（5）试验单位根据申请的项目要求试配后，必须发给申请单位混凝土配合比通知单。混凝土配合比通知单是试验单位根据试验结果签发的，施工单位要严格按配合比计量施工，不得随意改变配合比计量。

（6）施工单位收到混凝土配合比通知单后要认真验看，字迹是否清晰，有无漏项、涂改现象，签字盖章是否齐全，并注意备注栏的说明内容。

2．配合比申请单

混凝土配合比申请单见表2－48。

表2－48 混凝土配合比申请单

编　　号：__________

委托编号：__________

工程名称及部位					
委托单位		试验委托人			
设计强度等级		要求坍落度、扩展度（mm）			
其他技术要求					
搅拌方法		浇捣方法		养护方法	
水泥品种及强度等级		厂别牌号		试验编号	
砂产地及种类			试验编号		
石子产地及种类		最大粒径（mm）		试验编号	
外加剂名称			试验编号		
掺合料名称			试验编号		
申请日期		使用日期		联系电话	

2.4.6 混凝土抗压强度试验报告

检查混凝土质量应做抗压强度试验。评定结构构件的混凝土强度应采用标准试件的混凝土强度，即按标准方法制作的边长为150mm的标准尺寸的立方体试件，在标准养护至28天龄期时按标准试验方法测得的混凝土立方体抗压强度。

1．填表说明

（1）施工单位取混凝土试样时要有建设单位或监理单位驻工地代表参加，设计图纸内要求有什么种类和标号混凝土就要取什么种类和标号的试样。在施工中如有改变混凝土种类和标号，也必须要取试样。在制作混凝土试块时绝对不能给试块开“小灶”，要求与实施施工拌制的混凝土必须同配合比。

（2）混凝土试块要去有资质的建筑材料检测中心（站、室）试压，同时要填写委托单位、工程名称、工程部位、设计强度、拟配强度、取样日期、送样日期等要填写清楚、齐全。

（3）收到试验单位的试压报告后，要认真验看报告内容，字迹是否清晰、有无涂改现象，编号和签字盖章是否齐全，结论是否明确，试压期与要求试压期是否吻合等要验看清楚。试压报告内不能有“仅对来样负责”的词句，否则此报告无效。

2．混凝土抗压强度试验报告

混凝土抗压强度试验报告见表2－49。

表2－49 混凝土抗压强度试验报告

编　　号：＿＿＿＿＿＿

试验编号：＿＿＿＿＿＿

委托编号：＿＿＿＿＿＿

<table>
<tr><td>工程名称及部位</td><td colspan="4"></td><td colspan="3">试件编号</td><td colspan="2"></td></tr>
<tr><td>委托单位</td><td colspan="4"></td><td colspan="3">试验委托人</td><td colspan="2"></td></tr>
<tr><td>设计强度等级</td><td colspan="4"></td><td colspan="3">实测坍落度、扩展度（mm）</td><td colspan="2"></td></tr>
<tr><td>水泥品种及强度等级</td><td colspan="4"></td><td colspan="3">试验编号</td><td colspan="2"></td></tr>
<tr><td>砂种类</td><td colspan="4"></td><td colspan="3">试验编号</td><td colspan="2"></td></tr>
<tr><td>石种类、公称直径</td><td colspan="4"></td><td colspan="3">试验编号</td><td colspan="2"></td></tr>
<tr><td>外加剂名称</td><td colspan="4"></td><td colspan="3">试验编号</td><td colspan="2"></td></tr>
<tr><td>掺合料名称</td><td colspan="4"></td><td colspan="3">试验编号</td><td colspan="2"></td></tr>
<tr><td>配合比编号</td><td colspan="9"></td></tr>
<tr><td>成型日期</td><td colspan="3"></td><td colspan="2">要求龄期（d）</td><td></td><td colspan="2">要求试验日期</td><td></td></tr>
<tr><td>养护方法</td><td>标养</td><td colspan="2">收到日期</td><td colspan="2"></td><td colspan="2">试块制作人</td><td colspan="2"></td></tr>
<tr><td rowspan="5">试验结果</td><td rowspan="2">实验日期</td><td rowspan="2">实际龄期（d）</td><td rowspan="2">试件边长（mm）</td><td rowspan="2">受压面积（mm^2）</td><td colspan="2">荷载（kN）</td><td rowspan="2">平均抗压强度（MPa）</td><td rowspan="2">折合150mm立方体抗压强度（MPa）</td><td rowspan="2">达到设计强度等级（%）</td></tr>
<tr><td>单块值</td><td>平均值</td></tr>
<tr><td rowspan="3"></td><td rowspan="3"></td><td rowspan="3"></td><td rowspan="3"></td><td></td><td rowspan="3"></td><td rowspan="3"></td><td rowspan="3"></td><td rowspan="3"></td></tr>
<tr><td></td></tr>
<tr><td></td></tr>
<tr><td colspan="10">结论：</td></tr>
<tr><td>批准</td><td colspan="2"></td><td colspan="2">审核</td><td colspan="2"></td><td>试验</td><td colspan="2"></td></tr>
<tr><td>试验单位</td><td colspan="9"></td></tr>
<tr><td>报告日期</td><td colspan="9"></td></tr>
</table>

注：本表由建设单位、施工单位各保存一份。

2.4.7 混凝土试块强度统计、评定记录

混凝土试块试压后，应将试压报告按时间先后顺序装订在一起并编号，及时登记在混凝土试块抗压强度统计、评定记录表中。

1．填表说明

（1）混凝土强度统计评定是很重要的一份资料，它是判定整个单位工程结构质量的重要数据。

（2）混凝土强度统计评定要以在施工中混凝土取样试块的抗压强度报告为依据，要实事求是地统计评定。

（3）根据《混凝土强度检验评定标准》GB/T 50107—2010 规定：当对混凝土试件强度的代表性有怀疑时，可采用从结构或构件中钻取试件的方法或采用非破损检验方法，按有关标准的规定对结构或构件中混凝土的强度进行推定。

（4）要熟练掌握统计评定的有关计算公式，不能混淆不清。

2．混凝土试块强度统计、评定记录

混凝土试块强度统计、评定记录见表 2－50。

表 2－50 混凝土试块强度统计、评定记录

编号：____________

<table>
<tr><td colspan="2">工程名称</td><td colspan="4"></td><td colspan="3">强度等级</td><td colspan="2"></td></tr>
<tr><td colspan="2">施工单位</td><td colspan="4"></td><td colspan="3">养护方法</td><td colspan="2"></td></tr>
<tr><td colspan="2">统计期</td><td colspan="4"></td><td colspan="3">结构部位</td><td colspan="2"></td></tr>
<tr><td colspan="2" rowspan="2">试块组数</td><td colspan="2" rowspan="2">强度标准值
$f_{cu,k}$（MPa）</td><td colspan="2" rowspan="2">平均值
m_{fcu}（MPa）</td><td colspan="2" rowspan="2">标准值
S_{fcu}（MPa）</td><td rowspan="2">最小值
$f_{cu,min}$（MPa）</td><td colspan="2">合格判定系数</td></tr>
<tr><td>λ_1</td><td>λ_2</td></tr>
<tr><td colspan="2"></td><td colspan="2"></td><td colspan="2"></td><td colspan="2"></td><td></td><td></td><td></td></tr>
<tr><td colspan="2"></td><td colspan="2"></td><td colspan="2"></td><td colspan="2"></td><td></td><td></td><td></td></tr>
<tr><td rowspan="8">每组强度值（MPa）</td><td></td><td></td><td></td><td></td><td></td><td></td><td></td><td></td><td></td><td></td></tr>
<tr><td></td><td></td><td></td><td></td><td></td><td></td><td></td><td></td><td></td><td></td></tr>
<tr><td></td><td></td><td></td><td></td><td></td><td></td><td></td><td></td><td></td><td></td></tr>
<tr><td></td><td></td><td></td><td></td><td></td><td></td><td></td><td></td><td></td><td></td></tr>
<tr><td></td><td></td><td></td><td></td><td></td><td></td><td></td><td></td><td></td><td></td></tr>
<tr><td></td><td></td><td></td><td></td><td></td><td></td><td></td><td></td><td></td><td></td></tr>
<tr><td></td><td></td><td></td><td></td><td></td><td></td><td></td><td></td><td></td><td></td></tr>
<tr><td></td><td></td><td></td><td></td><td></td><td></td><td></td><td></td><td></td><td></td></tr>
<tr><td rowspan="3">评定界限</td><td colspan="6">□统计方法</td><td colspan="4">□非统计方法</td></tr>
<tr><td colspan="2">$0.90f_{cu,k}$</td><td colspan="2">$m_{fcu}-\lambda_1\times S_{fcu}$</td><td colspan="2">$\lambda_2\times f_{cu,k}$</td><td colspan="2">$1.15f_{cu,k}$</td><td colspan="2">$0.95f_{cu,k}$</td></tr>
<tr><td colspan="2"></td><td colspan="2"></td><td colspan="2"></td><td colspan="2"></td><td colspan="2"></td></tr>
<tr><td>判定式</td><td colspan="3">$m_{fcu}-\lambda_1\times S_{fcu}\geqslant 0.90f_{cu,k}$</td><td colspan="3">$f_{cu,min}\geqslant\lambda_2\times f_{cu,k}$</td><td colspan="2">$m_{fcu}\geqslant 1.15f_{cu,k}$</td><td colspan="2">$f_{cu,min}\geqslant 0.95f_{cu,k}$</td></tr>
<tr><td>结果</td><td colspan="3"></td><td colspan="3"></td><td colspan="2"></td><td colspan="2"></td></tr>
<tr><td colspan="11">结论：</td></tr>
<tr><td>批准</td><td colspan="2"></td><td colspan="2">审核</td><td colspan="2"></td><td colspan="2">统计</td><td colspan="2"></td></tr>
<tr><td>试验单位</td><td colspan="10"></td></tr>
<tr><td>报告日期</td><td colspan="10"></td></tr>
</table>

注：本表由建设单位、施工单位、城建档案馆各保存一份。

2.4.8 预应力工程施工试验记录

预应力混凝土试验内容主要包括：预应力锚具、夹具出厂合格证及硬度、锚固能力抽检试验报告、预应力钢筋（含端杆螺纹）的各项试验资料及预应力钢丝镦头强度检验。

1. 预应力锚具、夹具的出厂合格证、硬度和锚固能力抽检试验要求

（1）预应力锚、夹具出厂应有合格证明。

（2）进场锚具应进行外观检查、硬度检验和锚固能力试验。以同一材料和同一生产工艺，不超过200套为1批。

1）外观检查。应从每批产品中抽取2%且不应少于10套样品，其外形尺寸应符合产品质量保证书所示的尺寸范围，且表面不得有裂纹及锈蚀；当有下列情况之一时，应对本批产品的外观逐套检查，合格者方可进入后续检验：

①当有1个零件不符合产品质量保证书所示的外形尺寸，应另取双倍数量的零件重做检查，仍有1件不合格。

②当有1个零件表面有裂纹或夹片、锚孔锥面有锈蚀。

对配套使用的锚垫板和螺旋筋可按上述方法进行外观检查，但允许表面有轻度锈蚀。

2）硬度检验。对有硬度要求的锚具零件，应从每批产品中抽取3%且不应少于5套样品（多孔夹片式锚具的夹片，每套应抽取6片）进行检验，硬度值应符合产品质量保证书的规定；当有1个零件不符合时，应另取双倍数量的零件重做检验；在重做检验中如仍有1个零件不符合，应对该批产品逐个检验，符合者方可进入后续检验。

3）静载锚固性能试验。应在外观检查和硬度检验均合格的锚具中抽取样品，与相应规定和强度等级的预应力筋组装成3个预应力筋－锚具组装件，可按《预应力筋用锚具、夹具和连接器应用技术规程》JGJ 85—2010附录B的规定进行静载锚固性能试验。

现场加工预应力钢筋混凝土构件，所用预应力锚、夹具应有出厂合格证，硬度及锚固能力抽检，应符合上述要求，并有试（检）验报告。

2. 预应力钢筋的各项试验资料及与用力钢丝镦头强度检验

预应力钢筋的施工试验主要包括钢筋的冷拉试验、钢筋的焊接试验、预应力钢丝镦头强度检验。

（1）钢筋的冷拉试验。钢筋冷拉可采用控制应力或控制冷拉率的方法进行，对用于预应力的冷拉HRB335、HRB400、HRB500级钢筋，宜采用控制应力的办法。

1）用控制冷拉率的方法冷拉钢筋。

① 冷拉率必须由试验结果确定。测定冷拉率用的冷拉应力应符合表2－51的规定。试验所用试件不宜少于4个，取其平均值作为该批钢筋的实际冷拉率。如因钢筋强度偏高，平均冷拉率低于1%时，仍应按1%进行冷拉。

表2－51 测定冷拉率时钢筋的冷拉应力

钢筋种类	HPB300级钢筋	HRB335级钢筋	HRB400级钢筋	HRB500级钢筋
冷拉应力（MPa）	320	450	530	750

预应力钢筋的冷拉率应由厂技术部门审定。

②根据试验确定的冷拉率，先冷拉3根钢筋，并在3根钢筋上分别取3根试件作机械性能试验，合格后，方可进行成批冷拉。

③混凝土钢筋不宜采用控制冷拉率的方法进行冷拉。若需要采用时必须逐根或逐盘测定冷拉率，然后冷拉。

2）用控制应力的方法冷拉钢筋。

①控制应力及最大冷拉率应符合表2－52的规定。

表2－52 控制应力及最大冷拉率

钢筋种类	HPB300级钢筋	HRB335级钢筋	HRB400级钢筋	HRB500级钢筋
冷拉控制应力（MPa）	280	420	500	720
最大冷拉率（%）	10	5.5	5	4

②冷拉力应为钢筋冷拉时的控制应力值乘以钢筋冷拉前的公称截面面积。

③冷拉力应采用测力器控制。测力器可根据各厂具体条件和习惯，选用下列几种：千斤顶、弹簧测力器、钢筋测力计、电子秤、测力器、拉力表等。

④测力器应定期校验，校验期限规定如下：

a. 使用较频繁的，每3个月校验一次。

b. 使用一般，每6个月校验一次。

c. 长期不用的或检修后，使用前必须校验。

d. 冷拉时，应测定钢筋的实际伸长值，以校核冷拉应力。

3）钢筋冷拉记录表样见表2－53。

表2－53 钢筋冷拉记录表

试验报告编号：____________ 控制应力：____________

构件名称和编号：____________ 控制冷拉率：____________

冷拉日期	钢筋编号	钢筋规格	钢筋长度（m）（不包括螺丝端杆长）			冷拉控制拉力（t）	冷拉时温度（℃）	备注
			冷拉前	冷拉后	弹性回缩后			

注：1. 如用冷拉率控制，则第7栏可不填写。

2. 如有拉断或拉断后再焊重拉等情况，应在备注栏内注明。

3. 钢筋冷拉后应按规定截取试样进行有关试验，实验结果应在备注栏内注明。

（2）钢筋的焊接试验

1）钢筋的纵向连接，应采用对焊；钢筋的交叉连接宜采用点焊；构件中的预埋件宜采用压力埋弧焊或电弧焊。但对高强钢丝、冷拉钢筋、冷拔低碳钢丝和HRB500级钢不得采用电弧焊。

对焊时，为了选择合理的焊接参数，在每批钢筋（或每台班）正式焊接前，应焊接6个试件，其中3个做拉力试验，3个做冷弯试验。经试验合格后，方可按既定的焊接参数成批生产。

同直径、同级别而不同钢种的钢筋可以对焊，但应按可焊性较差的钢种选择焊接参数。同级别、同钢种不同直径的钢筋对焊，两根钢筋截面积之比不宜大于1.5倍，且需在焊接过程中按大直径的钢筋选用参数，并应减小大直径钢筋的调伸长度。上述两种焊接只能用冷拉方法调直，不得利用其冷拉强度。

2）钢筋点焊质量应符合下列要求：

①热轧钢筋压入深度应为较小钢筋直径的30% ~45%；冷加工钢筋应为较小钢筋直径的25% ~35%。

②焊点处应无明显烧伤、烧断、脱点。

③受力钢筋网和骨架，应按批从外观检验合格的成品中，截取3个抗剪试件；冷拔低碳钢丝焊成的受力钢筋网和骨架，应再截取3个抗拉试件。

3）钢筋焊接的试验报告资料整理请参阅本章有关内容。

（3）预应力钢丝镦头强度检验。预应力钢丝镦头前，应按批做三个镦头试验（长度为250 ~300mm），进行检查和试验。预应力钢丝镦头强度不得低于预应力筋实际抗拉强度的90%。镦头的外观检验一般有：

有效长度 ±1mm。

直径大于或等于1.5d。

冷镦镦头厚度为0.7d ~0.9d。

冷镦头中心偏移不得大于1mm。

热镦头中心偏移不得大于2mm。

2.4.9 砌筑砂浆施工试验记录

砌筑砂浆是指砖石砌体所用的水泥砂浆和水泥混合砂浆。砌筑砂浆施工试验记录主要包括试配申请和配合比通知单、抗压试验报告和试块抗压强度统计、评定记录等。

1. 填写说明

（1）填写单位。由具备相应资质等级的检测单位出具后，随相关资料进入资料流程。

（2）相关规定与要求。

1）应有“配合比申请单”（表2 -54）和试验室签发的“配合比通知单”（表2 -55）。

2）应有按规定留置的龄期为28d标养试块的“抗压强度试验报告”（表2 -56）。

3）承重结构的砌筑砂浆试块应按规定实行有见证取样和送检。

4）砂浆试块的留置数量及必试项目应符合规程要求。

5）应有单位工程“砌筑砂浆试块抗压强度统计、评定记录”（表2 -57），按同一类型、同一强度等级砂浆为一验收批统计，评定方法及合格标准如下：

①同一验收批砂浆试块的抗压强度平均值必须大于或等于设计强度等级所对应的立方体抗压强度。

②同一验收批砂浆试块抗压强度的最小一组平均值必须大于或等于设计强度等级所对应的立方体抗压强度的0.75倍。

2. 砌筑砂浆施工试验记录

砌筑砂浆施工试验记录见表2－54～表2－57。

表2－54 砂浆配合比申请单

编　　号：＿＿＿＿＿＿

委托编号：＿＿＿＿＿＿

工程名称					
委托单位			试验委托人		
砂浆种类			强度等级		
水泥品种			厂别		
水泥进场日期			试验编号		
砂产地		粗细级别		试验编号	
掺合料种类			外加剂种类	—	
申请日期			要求使用日期		

表2－55 砂浆配合比通知单

编　　号：＿＿＿＿＿＿

委托编号：＿＿＿＿＿＿

强度等级			试验日期		
配合比					
材料名称	水泥	砂	白灰膏	掺合料	外加剂
每立方米用量（kg/m^3）					
比例					
注：					
试验单位					
报告日期					

注：本表由施工单位保存。

表 2－56 砂浆抗压试验报告

编　　号：____________
试验编号：____________
委托编号：____________

<table>
<tr><td colspan="2">工程名称</td><td colspan="3"></td><td colspan="2">试验编号</td><td colspan="2"></td></tr>
<tr><td colspan="2">委托单位</td><td colspan="3"></td><td colspan="2">试验委托人</td><td colspan="2"></td></tr>
<tr><td colspan="2">砂浆种类</td><td colspan="3"></td><td colspan="2">稠度（mm）</td><td colspan="2"></td></tr>
<tr><td colspan="2">水泥品种及强度等级</td><td colspan="3"></td><td colspan="2">试验编号</td><td colspan="2"></td></tr>
<tr><td colspan="2">矿产地及种类</td><td colspan="3"></td><td colspan="2">试验编号</td><td colspan="2"></td></tr>
<tr><td colspan="2">掺合料种类</td><td colspan="3"></td><td colspan="2">外加剂种类</td><td colspan="2">—</td></tr>
<tr><td colspan="2">配合比编号</td><td colspan="7"></td></tr>
<tr><td colspan="2">试件成形日期</td><td></td><td>要求龄期</td><td></td><td colspan="2">要求试验日期</td><td colspan="2"></td></tr>
<tr><td colspan="2">养护方法</td><td></td><td>试件收到日期</td><td></td><td colspan="2">试件制作人</td><td colspan="2"></td></tr>
<tr><td rowspan="6">试验结果</td><td rowspan="2">试压日期</td><td rowspan="2">实际龄期（d）</td><td rowspan="2">试件边长（mm）</td><td rowspan="2">受压面积（mm^2）</td><td colspan="2">荷载（kN）</td><td rowspan="2">抗压强度</td><td rowspan="2">达设计强度等级（%）</td></tr>
<tr><td>单块</td><td>平均</td></tr>
<tr><td rowspan="4"></td><td rowspan="4"></td><td rowspan="4"></td><td rowspan="4"></td><td></td><td rowspan="4"></td><td rowspan="4"></td><td rowspan="4"></td></tr>
<tr><td></td></tr>
<tr><td></td></tr>
<tr><td></td></tr>
<tr><td colspan="9">结论：</td></tr>
<tr><td colspan="2">批准</td><td></td><td colspan="2">审核</td><td></td><td>试验</td><td colspan="2"></td></tr>
<tr><td colspan="2">试验单位</td><td colspan="7"></td></tr>
<tr><td colspan="2">报告日期</td><td colspan="7"></td></tr>
</table>

注：本表由建设单位、施工单位各保存一份。

表 2－57　砌筑砂浆试块抗压强度统计、评定记录

编号：__________

<table>
<tr><td colspan="3">工程名称</td><td colspan="3"></td><td colspan="3">强度等级</td><td colspan="3"></td></tr>
<tr><td colspan="3">施工单位</td><td colspan="3"></td><td colspan="3">养护方法</td><td colspan="3"></td></tr>
<tr><td colspan="3">统计期</td><td colspan="3"></td><td colspan="3">结构部位</td><td colspan="3"></td></tr>
<tr><td colspan="2">试块组数</td><td colspan="3">强度标准值
f_2（MPa）</td><td colspan="2">平均值
$f_{2,m}$（MPa）</td><td colspan="3">最小值
$f_{2,min}$（MPa）</td><td colspan="2">$0.75f_2$</td></tr>
<tr><td colspan="2"></td><td colspan="3"></td><td colspan="2"></td><td colspan="3"></td><td colspan="2"></td></tr>
<tr><td rowspan="7">每组强度值
（MPa）</td><td></td><td></td><td></td><td></td><td></td><td></td><td></td><td></td><td></td><td></td><td></td></tr>
<tr><td></td><td></td><td></td><td></td><td></td><td></td><td></td><td></td><td></td><td></td><td></td></tr>
<tr><td></td><td></td><td></td><td></td><td></td><td></td><td></td><td></td><td></td><td></td><td></td></tr>
<tr><td></td><td></td><td></td><td></td><td></td><td></td><td></td><td></td><td></td><td></td><td></td></tr>
<tr><td></td><td></td><td></td><td></td><td></td><td></td><td></td><td></td><td></td><td></td><td></td></tr>
<tr><td></td><td></td><td></td><td></td><td></td><td></td><td></td><td></td><td></td><td></td><td></td></tr>
<tr><td></td><td></td><td></td><td></td><td></td><td></td><td></td><td></td><td></td><td></td><td></td></tr>
<tr><td>判定式</td><td colspan="6">$f_{2,m} \geq f_2$</td><td colspan="5">$f_{2,min} \geq 0.75f_2$</td></tr>
<tr><td>结果</td><td colspan="6"></td><td colspan="5"></td></tr>
<tr><td colspan="12">结论：</td></tr>
<tr><td colspan="4">批准</td><td colspan="4">审核</td><td colspan="4">统计</td></tr>
<tr><td colspan="4"></td><td colspan="4"></td><td colspan="4"></td></tr>
<tr><td colspan="4">报告日期</td><td colspan="8"></td></tr>
</table>

注：本表由建设单位、施工单位、城建档案馆各保存一份。

2.4.10　装饰装修工程施工试验记录

装饰装修工程施工试验记录包括地面回填、砂浆和混凝土配合比通知单和强度试验报告、饰面砖黏结强度试验报告和后置埋件的现场拉拔试验等。

1．填表说明

（1）试验报告由具备相应资质等级的检测单位出具后随相关资料进入资料流程。

（2）地面回填应有土工击实试验报告和回填土试验报告。

（3）装饰装修工程使用的砂浆和混凝土应有配合比通知单和强度试验报告；有抗渗要求的还应有抗渗试验报告。

（4）外墙饰面砖粘贴前和施工过程中，应在相同基层上做样板件。并对样板件的饰面砖黏结强度进行检验，有饰面砖黏结强度检验报告，检验方法和结果判定应符合相关标准规定。

（5）后置埋件应有现场拉拔试验报告。

2．饰面砖黏结强度试验报告

饰面砖黏结强度试验报告见表2－58。

表2－58 饰面砖黏结强度试验报告

编　　号：__________
试验编号：__________
委托编号：__________

<table>
<tr><td colspan="3">工程名称及部位</td><td colspan="2"></td><td colspan="2">试件编号</td><td></td></tr>
<tr><td colspan="3">委托单位</td><td colspan="2"></td><td colspan="2">试验委托人</td><td></td></tr>
<tr><td colspan="3">饰面砖品种及牌号</td><td colspan="2"></td><td colspan="2">粘贴层次</td><td></td></tr>
<tr><td colspan="3">饰面砖生产厂及规格</td><td colspan="2"></td><td colspan="2">粘贴面积（mm^2）</td><td></td></tr>
<tr><td colspan="3">基本材料</td><td></td><td>黏结材料</td><td></td><td>黏结剂</td><td></td></tr>
<tr><td colspan="3">抽样部位</td><td></td><td>龄期（d）</td><td></td><td>施工日期</td><td></td></tr>
<tr><td colspan="3">检验类型</td><td></td><td>环境温度（℃）</td><td></td><td>试验日期</td><td></td></tr>
<tr><td colspan="3">仪器及编号</td><td colspan="5"></td></tr>
<tr><td rowspan="2">序号</td><td colspan="2">试件尺寸（mm）</td><td rowspan="2">受力面积（mm^2）</td><td rowspan="2">拉力（kN）</td><td rowspan="2">粘贴强度（MPa）</td><td rowspan="2">破坏状态（序号）</td><td rowspan="2">平均强度（MPa）</td></tr>
<tr><td>长</td><td>宽</td></tr>
<tr><td>1</td><td></td><td></td><td></td><td></td><td></td><td></td><td></td></tr>
<tr><td>2</td><td></td><td></td><td></td><td></td><td></td><td></td><td></td></tr>
<tr><td>3</td><td></td><td></td><td></td><td></td><td></td><td></td><td></td></tr>
<tr><td colspan="8">结论：</td></tr>
<tr><td colspan="2">批准</td><td colspan="2"></td><td>审核</td><td></td><td>试验</td><td></td></tr>
<tr><td colspan="2">试验单位</td><td colspan="6"></td></tr>
<tr><td colspan="2">报告日期</td><td colspan="6"></td></tr>
</table>

注：本表由建设单位、施工单位各保存一份。

3 建筑给水排水及采暖工程资料管理

3.1 建筑给水排水及采暖工程物资资料

1. 工程材料/构配件/设备报审表

（1）填写说明。

1）资料流程。工程物资进场后，施工单位应对拟采用的构配件和设备进行检测、测试，合格后填写《工程材料/构配件/设备报审》，附齐主要原材料复试结果、备案资料、出厂质量证明文件等，报项目监理部，由监理工程师签署审查结论。

2）相关规定与要求。

①工程材料/构配件/设备报审是承包单位对拟进场的主要工程材料、构配件、设备，在自检合格后报项目监理机构进行进场验收。

②对未经监理人员验收或验收不合格的工程材料、构配件、设备，监理人员应拒绝签认，承包单位不得在工程上使用，并应限期将不合格的材料、构配件、设备撤出现场。

③拟用于部位是指工程材料、构配件、设备拟用于工程的具体部位。

④材料/构配件/设备清单：按表列括号内容用表格形式填报。

⑤工程材料/构配件/设备质量证明资料是指生产单位提供的证明材料/构配件/设备质量合格的证明资料，如：合格证、性能检测报告等。凡无国家或省正式标准的新材料、新产品、新设备应有省级及以上有关部门鉴定文件。凡进口的材料、产品、设备应有商检的证明文件。如无出厂合格证原件，有抄件或原件复印件亦可。但抄件或原件复印件上要注明原件存放单位，抄件人和抄件、复印件单位签名并盖公章。

⑥自检结果是指所购材料、构配件、设备的承包单位对所购材料、构配件、设备，按有关规定进行自检及复试的结果。对建设单位采购的主要设备进行开箱检查监理人员应进行见证，并在其开箱检查记录签字。复试报告一般应提供原件。

⑦专业监理工程师审查意见：专业监理工程师对报验单所附的材料、构配件、设备清单、质量证明资料及自检结果认真核对，在符合要求的基础上对所进场材料、构配件、设备进行实物核对及观感质量验收，查验是否与清单、质量证明资料合格证及自检结果相符、有无质量缺陷等情况，并将检查情况记录在监理日记中，根据检查结果，如符合要求，将“不符合”、“不准许”及“不同意”用横线划掉，反之，将“符合”、“准许”及“同意”划掉，并指出不符合要求之处。

3）注意事项。

①监理工程师签署审查结论前要对构配件和设备进行检测、测试，对附件资料的内容进行全面检查，如符合设计、规范及合约要求，可签认同意验收。未经监理验收或验收结果为不合格的物资应明确标识，并不得应用于工程。

②工程物资进场报验应有时限要求，施工单位和监理单位均需按照施工合同的约定完

成各自的报送和审批工作。

③资料中有关管材规格的填写要统一、规范。镀锌钢管、焊接钢管、排水铸铁管等一般为公称直径，如 *DN*100，无缝钢管、铜管、塑料管等一般为直径 × 壁厚，如 $\phi 159\times 6$，其他管材规格可按图纸说明或产品合格证上的格式填写。

④生活饮用给水管材的卫生性能试验项目为“必试”，为工程管理过程中对材料进行验收时必须试验的项目。建筑排水用硬聚氯乙烯管材、管件，给水用硬聚氯乙烯管材、给水用聚乙烯管材、卫生陶瓷试验项目为“其他”，为根据需要进行的试验项目。

（2）工程材料/构配件/设备报审表见表 2－8。

2. 材料、构配件进场检验记录

（1）填写说明。

1）资料流程。材料、构配件进场后，应由建设、监理单位汇同施工单位共同对进场物资进行检查验收，填写《材料、构配件进场检验记录》。

2）相关规定与要求。对进场物资进行检查验收，主要检验项目包括：

①物资出厂质量证明文件及检测报告是否齐全。

②实际进场物资数量、规格和型号等是否满足设计和施工计划要求。

③物资外观质量是否满足设计要求或规范规定。

④按规定须抽检的材料、构配件是否及时抽检。

工程采用施工总承包管理模式的，签字人员应为施工总承包单位的相关人员。

3）注意事项。

①按规定应进场复试的工程物资，必须在进场检查验收合格后取样复试。

②表格内检验项目按《建筑给水排水及采暖工程施工质量验收规范》GB 50242—2002 第 3.2.1 条、第 3.2.2 条填写，为“品种、规格、外观、质量合格证明文件”。

③抽检比例也要依据《建筑给水排水及采暖工程施工质量验收规范》GB 50242—2002 相关条目规定。

④《材料、构配件进场检验记录》由施工单位填写并保存。

（2）材料、构配件进场检验记录见表 2－9。

3. 设备开箱检验记录

（1）填写说明。

1）资料流程。设备进场后，由建设（监理）单位、施工单位、供货单位共同开箱检验并做记录，填写《设备开箱检验记录》。

2）相关规定与要求。

①设备必须具有中文质量合格证明文件，规格、型号及性能检测报告应符合国家技术标准或设计要求，进场时应做检查验收。

②主要器具和设备必须有完整的安装使用说明书。

③在运输、保管和施工过程中，应采取有效措施防止损坏或腐蚀。

3）注意事项。

①对于检验结果出现的缺损附件、备件要列出明细，待供应单位更换后重新验收。

②测试情况的填写应依据专项施工及验收规范相关条目。

（2）设备开箱检验记录见表3－1。

表3－1 设备开箱检验记录

编号：________

<table>
<tr><td colspan="2">设备名称</td><td colspan="2">离心水泵</td><td>检查日期</td><td colspan="2"></td></tr>
<tr><td colspan="2">规格型号</td><td colspan="2"></td><td>总数量</td><td colspan="2"></td></tr>
<tr><td colspan="2">装箱单号</td><td colspan="2"></td><td>检验数量</td><td colspan="2"></td></tr>
<tr><td rowspan="5">检验记录</td><td>包装情况</td><td colspan="2"></td><td></td><td colspan="2"></td></tr>
<tr><td>随机文件</td><td colspan="2"></td><td></td><td colspan="2"></td></tr>
<tr><td>备件与附件</td><td colspan="2"></td><td></td><td colspan="2"></td></tr>
<tr><td>外观情况</td><td colspan="2"></td><td></td><td colspan="2"></td></tr>
<tr><td>测试情况</td><td colspan="2"></td><td></td><td colspan="2"></td></tr>
<tr><td rowspan="9">检验结果</td><td colspan="6">缺、损附备件明细表</td></tr>
<tr><td>序号</td><td>名称</td><td>规格</td><td>单位</td><td>数量</td><td>备注</td></tr>
<tr><td></td><td></td><td></td><td></td><td></td><td></td></tr>
<tr><td></td><td></td><td></td><td></td><td></td><td></td></tr>
<tr><td></td><td></td><td></td><td></td><td></td><td></td></tr>
<tr><td></td><td></td><td></td><td></td><td></td><td></td></tr>
<tr><td></td><td></td><td></td><td></td><td></td><td></td></tr>
<tr><td></td><td></td><td></td><td></td><td></td><td></td></tr>
<tr><td></td><td></td><td></td><td></td><td></td><td></td></tr>
<tr><td colspan="7">结论：</td></tr>
<tr><td rowspan="2">签字栏</td><td colspan="2">建设（监理）单位</td><td colspan="2">施工单位</td><td colspan="2">供应单位</td></tr>
<tr><td colspan="2"></td><td colspan="2"></td><td colspan="2"></td></tr>
</table>

注：本表由施工单位填写并保存。

4. 设备及管道附件试验记录

设备及管道附件试验记录的样式见表3－2。

表3－2 设备及管道附件试验记录

编号：________

工程名称					使用部位			
设备/管道附件名称	型号	规格	编号	介质	强度试验		严密性试验（MPa）	试验结果
					压力（MPa）	停压时间（s）		
施工单位		试验		试验日期				

注：本表由施工单位填写，建设单位、施工单位各保存一份。

5. 建筑给水排水及采暖工程常用物资所需质量证明文件及要求

建筑给水排水及采暖工程常用物资所需质量证明文件及要求见表3-3。

表3-3 建筑给水排水及采暖工程常用物资所需质量证明文件及要求

序号	物资名称	供应单位提供的质量证明文件	检验报告应含基本检测项目
1	镀锌钢管	质量证明书	
2	无缝钢管	质量证明书	
3	焊接钢管	质量证明书	
4	二次镀锌管道及附件	质量证明书、检验报告	锌层厚度、附着强度、外观
5	建筑给水塑料管道	质量证明书、检验报告、备案证明	生活饮用给水管道的卫生性能、纵向回缩率、维卡软化温度等
6	建筑排水塑料管道	质量证明书、检验报告、备案证明	纵向回缩率、维卡软化温度等，螺旋消声管材要有消声检测证明
7	铜管道及配件	质量证明书、检验报告	生活饮用给水管道的卫生性能
8	柔性接口排水铸铁管	质量证明书、产品合格证、备案证明	
9	不锈钢管	质量证明书、检验报告	生活饮用给水管道的卫生性能
10	钢管外涂塑管道	质量证明书	涂覆材料、涂层颜色、外观质量、涂层厚度、针孔检测、附着力
11	法兰	产品合格证或质量证明书、检验报告	国家标准或行业标准
12	沟槽连接件	质量证明书、检验报告	用于生活饮用水系统应有胶圈卫生性能
13	快速接头	产品合格证、检验报告	壳体试验、密封试验、上密封试验、连接尺寸、标志包装、铸件质量/表面质量、装配质量、阀体壁厚
14	刚性密闭套管	质量证明书（外购）	
15	柔性防水套管	质量证明书（外购）	
16	人防密闭套管	质量证明书（外购）	

续表 3－3

序号	物资名称	供应单位提供的质量证明文件	检验报告应含基本检测项目
17	型钢（角钢、槽钢、扁钢、工字钢）	质量证明书	
18	焊条	产品合格证、质量证明书	
19	水表、热量表	产品合格证、计量检定证书	
20	压力表、温度计	产品合格证	
21	各种阀类（截止阀、闸阀、蝶阀、球阀等）	产品合格证、检验报告	强度、严密度
22	安全阀、减压阀	产品合格证、测试报告及定压合格证书	
23	消防供水设备、消火栓箱	产品合格证、检验报告	强制检验
24	消火栓、灭火器、消防接口、消防水枪、防火阻燃材料	产品合格证、检验报告	型式认可
25	洒水喷头、湿式报警阀、水流指示器、消防用压力开关、消防水带	产品合格证、检验报告	强制认证
26	散热器	质量证明书、检验报告	耐压强度、热工性能
27	整体或拼装水箱	质量证明书、检验报告（生活水箱）	卫生性能
28	卫生洁具	质量证明书、检验报告、备案证明	冲击功能、吸水率、抗龟裂试验、水封试验、污水排放试验、环保检测
29	疏水器、过滤器、除污器	质量证明书	
30	地漏、清扫口	产品合格证	

续表 3－3

序号	物资名称	供应单位提供的质量证明文件	检验报告应含基本检测项目
31	金属波纹补偿器	产品合格证、检验报告、成品补偿器预拉伸证明书	外观、尺寸偏差、形位偏差、补偿量、刚度检测、应变、耐压力、气密性、稳定性
32	绝热材料	产品合格证、检验报告	体积质量、导热性能、燃烧性能
33	布基胶带	产品合格证、检验报告	总厚度、初粘、持粘、剥离力、抗拉强度
34	锅炉、压力容器	质量证明书、检验报告、安装使用说明书	焊缝无损探伤
35	换热器	质量证明书、安装使用说明书	
36	水泵、变频供水设备	产品合格证或质量证明书、安装使用说明书	

注：1. 各类管材应有产品质量证明文件。

2. 阀门、调压装置、消防设备、卫生洁具、给水设备、中水设备、排水设备、采暖设备、热水设备、散热器、锅炉及附属设备、各类开（闭）式水箱（罐）、分（集）水器、安全阀、水位计、减压阀、换热器、补偿器、疏水器、除污器、过滤器、游泳池水系统设备等应有产品质量合格证及相关检验报告。

3. 对于国家有规定的特定设备及材料，如消防、卫生、压力容器等，应附有相应资质检验单位提供的检验报告。如：安全阀、减压阀的调试报告、锅炉（承压设备）焊缝无损探伤检测报告、给水管道材料卫生检验报告、卫生器具环保检测报告、水表和热量表计量检定证书等。

4. 绝热材料应有产品质量合格证和材质检验报告。

5. 主要设备、器具应有安装使用说明书。

6. 对涉及建筑工程质量、安全、节能、环保的建筑材料，实行供应备案管理。

7. 已实施产品强制认证制度的消防产品：点型感烟火灾探测器、点型感温火灾探测器、火灾报警控制器、洒水喷水、湿式报警阀、水流指示器、消防用压力开关、消防水带、手动火灾报警按钮、消防联动控制设备。实施型式认可制度的消防产品：灭火剂、防火门、消火栓、灭火器、消防接口、消防水枪、消防应急灯具、火灾报警设备（可燃气体报警控制器、可燃气体探测器、家用可燃气体报警器）、防火阻燃材料（钢结构、饰面板、电缆、无机防火堵料、有机防火堵料、阻火包）。实施强制检验制度的消防产品：气体灭火系统、干粉灭火系统、气溶胶灭火系统、防火卷帘门、防排烟风机、防火阀、排烟防火阀、消防供水设备、消火栓箱等。

8. 境内制造、使用的锅炉压力容器、制造企业必须取得《中华人民共和国锅炉压力容器制造许可证》。

9. 安装于建筑工程中用于贸易结算的电能表、水表、燃气表、热量表等计量仪表的生产厂家必须提供产品合格证和法定计量检测单位出具的计量检定证书。

10. 国家实施生产许可证产品目录包括：焊条、空气压缩机、家用燃气快速热水器、泵、燃气调压器（箱）、铜及铜合金管材、耐火材料、锅炉及压力容器用钢管（管坯）、锅炉、压力容器用钢板、制冷设备等产品。

3.2 建筑给水排水及采暖工程施工记录

1. 隐蔽工程检查记录

（1）填写说明。

1）资料流程。隐蔽工程检查记录为通用施工记录，适用于各专业。按规范规定须进行隐检的项目，施工单位应填报《隐蔽工程检查记录》。

2）相关规定与要求。

①对于直埋于地下或结构中，暗敷设于沟槽、管井，不进入吊顶内的给水、排水、雨水、采暖、消防管道和相关设备，以及有防水要求的套管，检查管材、管件、阀门、设备的材质与型号、安装位置、标高、坡度，防水套管的定位尺寸，管道连接做法及质量，附件使用，支架固定，以及是否已按照设计要求及施工规范规定完成强度严密性、冲洗等试验。

②对于有绝热、防腐要求的给水、排水、采暖、消防、喷淋管道和相关设备，检查绝热方式、绝热材料的材质与规格、绝热管道与支吊架之间的防结露措施、防腐处理材料及做法等。

③埋地的采暖、热水管道，在保温层、保护层完成后，所在部位进行回填之前，应进行隐检；检查安装位置、标高、坡度，支架做法，保温层、保护层设置等。

3）注意事项。

①隐检内容依据规程要求将内容填写翔实。

②隐检项目和预检项目在规程上已有不同界定，办理施工记录时应区分把握（即隐检和预检不用重复办理）。

③工程采用施工总承包管理模式的，签字人员应为施工总承包单位的相关人员。

④有防水要求的套管的隐蔽工程检查记录应在施工完成后，及时报监理验收；其他项目的隐蔽工程检查记录一般与检验批验收一同向监理报验，作为其附件。

（2）隐蔽工程检查记录见表 2－21。

2. 预检记录

（1）填写说明。

1）资料流程。预检记录是对施工重要工序进行的预先质量控制检查记录，为通用施工记录，适用于各专业。具体工程预检记录内容的相关规定与要求见各工程质量验收规范。

2）相关规定与要求。

①设备基础和预制构件安装：检查设备基础位置、混凝土强度、标高、几何尺寸、预留孔、预埋件等。

②管道预留孔洞：检查预留孔洞的尺寸、位置、标高等。

③管道预埋套管（预埋件）：检查预埋套管（预埋件）的规格、形式、尺寸、位置、标高等。

④机电各系统的明装管道（包括进入吊顶内）、设备安装：检查位置、标高、坡度、

材质、防腐、接口方式、支架形式、固定方式等。

⑤机电表面器具（包括风口、卫生器具等）：检查位置、标高、规格、型号、外观效果等。

3）注意事项。

①预检内容依据规程要求将内容填写翔实。

②预检项目和隐检项目在规程上已有不同规定，办理施工记录时应有所区分（即隐检和预检不用重复办理）。

③工程采用施工总承包管理模式的，签字人员应为施工总承包单位的相关人员。

④设备基础和预制构件安装、管道预留孔洞和管道预埋套管（预埋件）等项目的预检记录应在施工完成后，及时报监理验收；其他项目的预检记录一般与检验批验收一同向监理报验，作为其附件。

（2）预检记录见表2-22。

3. 交接检查记录

（1）填写说明。

1）资料流程。不同施工单位之间工程交接，应进行交接检查，填写《交接检查记录》。

2）相关规定与要求。移交单位、接收单位和见证单位共同对移交工程进行验收，并对质量情况、遗留问题、工序要求、注意事项、成品保护等进行记录。

3）注意事项。

①交接内容、检查结果应将内容填写完整。

②除依据施工图纸和验收规范以外，双方也可以依据事先达成的约定进行验收。

③只有交接双方和见证单位全部签字认可后，交接才算完成，再进入后续工作。

（2）交接检查记录见表2-24。

3.3 建筑给水排水及采暖工程施工试验记录

1. 设备单机试运转记录

（1）填写说明。

1）试验内容。给水系统设备、热水系统设备、机械排水系统设备、消防系统设备、采暖系统设备、水处理系统设备，应进行单机试运转，并做记录。

2）相关规定与要求。

①水泵试运转的轴承温升必须符合设备说明书的规定。检验方法：通电、操作和温度计测温检查。水泵试运转，叶轮与泵壳不应相碰，进、出口部位的阀门应灵活。

②锅炉风机试运转，轴承温升应符合下列规定：滑动轴承温度最高不得超过60℃。滚动轴承温度最高不得超过80℃。检验方法：用温度计检查。轴承径向单振幅应符合下列规定：风机转速小于1000r/min时，不应超过0.10mm；风机转速为1000~1450r/min时，不应超过0.08mm。检验方法：用测振仪表检查。

③设备单机试运转是系统试运转调试的基础工作，一般情况下如设备的性能达不到设

计要求，系统试运转调试也不会达到要求。

（2）设备单机试运转记录见表3－4。

表3－4 设备单机试运转记录

编号：______

<table>
<tr><td>工程名称</td><td colspan="3"></td><td>试运转时间</td><td colspan="3"></td></tr>
<tr><td>设备部位图号</td><td colspan="2"></td><td>设备名称</td><td colspan="2"></td><td>规格型号</td><td></td></tr>
<tr><td>试验单位</td><td colspan="2"></td><td>设备所在系统</td><td colspan="2"></td><td>额定数据</td><td></td></tr>
<tr><td>序号</td><td colspan="2">试验项目</td><td colspan="3">试验记录</td><td colspan="2">试验结论</td></tr>
<tr><td></td><td colspan="2"></td><td colspan="3"></td><td colspan="2"></td></tr>
<tr><td></td><td colspan="2"></td><td colspan="3"></td><td colspan="2"></td></tr>
<tr><td></td><td colspan="2"></td><td colspan="3"></td><td colspan="2"></td></tr>
<tr><td></td><td colspan="2"></td><td colspan="3"></td><td colspan="2"></td></tr>
<tr><td></td><td colspan="2"></td><td colspan="3"></td><td colspan="2"></td></tr>
<tr><td></td><td colspan="2"></td><td colspan="3"></td><td colspan="2"></td></tr>
<tr><td></td><td colspan="2"></td><td colspan="3"></td><td colspan="2"></td></tr>
<tr><td></td><td colspan="2"></td><td colspan="3"></td><td colspan="2"></td></tr>
<tr><td></td><td colspan="2"></td><td colspan="3"></td><td colspan="2"></td></tr>
<tr><td></td><td colspan="2"></td><td colspan="3"></td><td colspan="2"></td></tr>
<tr><td></td><td colspan="2"></td><td colspan="3"></td><td colspan="2"></td></tr>
<tr><td></td><td colspan="2"></td><td colspan="3"></td><td colspan="2"></td></tr>
<tr><td></td><td colspan="2"></td><td colspan="3"></td><td colspan="2"></td></tr>
<tr><td colspan="8">试运转结论：</td></tr>
<tr><td rowspan="3">签字栏</td><td rowspan="2">建设（监理）单位</td><td>施工单位</td><td colspan="5"></td></tr>
<tr><td>专业技术负责人</td><td colspan="3">专业质检员</td><td colspan="2">专业工长</td></tr>
<tr><td></td><td></td><td colspan="3"></td><td colspan="2"></td></tr>
</table>

注：本表由施工单位填写，建设单位、施工单位、城建档案馆各保存一份。

2. 系统试运转调试记录

（1）填写说明。

1）试验内容。采暖系统、水处理系统等应进行系统试运转及调试，并做记录。

2）相关规定与要求。

①室内采暖系统冲洗完毕应充水、加热，进行试运行和调试。检验方法：观察、测量室温应满足设计要求。

② 供热管道冲洗完毕应通水、加热，进行试运行和调试。当不具备加热条件时，应延期进行。检验方法：测量各建筑物热力入口处供回水温度及压力。

（2）系统试运转调试记录见表3－5。

表3－5 系统试运转调试记录

编号：________

工程名称		试运转调试时间	
试运转调试项目		试运转调试部位	
试运转、调试内容：			
试运转、调试结论：			

建设单位	监理单位	施工单位

注：1. 附必要的试运转调试测试表。

2. 本表由施工单位填写，建设单位、施工单位、城建档案馆各保存一份。

3. 灌（满）水试验记录

（1）填写说明。

1）试验内容。非承压管道系统和设备，包括开式水箱、卫生洁具、安装在室内的雨水管道等，在系统和设备安装完毕后，以及暗装、埋地、有绝热层的室内外排水管道进行隐蔽前，应进行灌（满）水试验，并做记录。

2）相关规定与要求。

①敞口箱、罐安装前应做满水试验；密闭箱、罐应以工作压力的1.5倍作水压试验，但不得小于0.4MPa。检验方法：满水试验满水后静置24h不渗不漏；水压试验在试验压

力下 10min 内无压降，不渗不漏。

②隐蔽或埋地的排水管道在隐蔽前必须做灌水试验，其灌水高度应不低于底层卫生器具的上边缘或底层地面高度。检验方法：满水 15min 水面下降后，再灌满观察 5min，液面不降，管道及接口无渗漏为合格。

③安装在室内的雨水管道安装后应做灌水试验，灌水高度必须到每根立管上部的雨水斗。检验方法：灌水试验持续 1h，不渗不漏。

④室外排水管网安装管道埋设前必须做灌水试验和通水试验，排水应畅通，无堵塞，管接口无渗漏。检验方法：按排水检查井分段试验，试验水头应以试验段上游管顶加 1m，时间不少于 30min，逐段观察。

（2）灌（满）水试验记录见表 3－6。

表 3－6　灌（满）水试验记录

编号：＿＿＿＿＿＿

<table>
<tr><td>工程名称</td><td colspan="2"></td><td>试验日期</td><td></td></tr>
<tr><td>试验项目</td><td colspan="2"></td><td>试验部位</td><td></td></tr>
<tr><td>材质</td><td colspan="2"></td><td>规格</td><td></td></tr>
<tr><td colspan="5">试验要求：</td></tr>
<tr><td colspan="5">试验记录：</td></tr>
<tr><td colspan="5">试验结论：</td></tr>
<tr><td rowspan="3">签字栏</td><td rowspan="2">建设（监理）单位</td><td>施工单位</td><td colspan="2"></td></tr>
<tr><td>专业技术负责人</td><td>专业质检员</td><td>专业工长</td></tr>
<tr><td></td><td></td><td></td><td></td></tr>
</table>

注：本表由施工单位填写并保存。

4．强度严密性试验记录

（1）填写说明。

1）试验内容。室内外输送各种介质的承压管道、设备在安装完毕后，进行隐蔽之前，应进行强度严密性试验，并做记录。

2）相关规定与要求。

①室内给水管道的水压试验必须符合设计要求。当设计未注明时，各种材质的给水管道系统试验压力均为工作压力的 1.5 倍，但不得小于 0.6MPa。检验方法：金属及复合管给水管道系统在试验压力下观测 10min，压力降不应大于 0.02MPa，然后降到工作压力进

行检查，应不渗不漏；塑料管给水系统应在试验压力下稳压 1h，压力降不得超过 0.05MPa，然后在工作压力的 1.15 倍状态下稳压 2h，压力降不得超过 0.03MPa，同时检查各连接处不得渗漏。

②热水供应系统安装完毕，管道保温之前应进行水压试验。试验压力应符合设计要求。当设计未注明时，热水供应系统水压试验压力应为系统顶点的工作压力加 0.1MPa，同时在系统顶点的试验压力不小于 0.3MPa。检验方法：钢管或复合管道系统试验压力下 10min 内压力降不大于 0.02MPa，然后降至工作压力检查，压力应不降，且不渗不漏；塑料管道系统在试验压力下稳压 1h，压力降不得超过 0.05MPa，然后在工作压力 1.15 倍状态下稳压 2h，压力降不得超过 0.03MPa，连接处不得渗漏。

③换热器应以工作压力的 1.5 倍作水压试验。蒸汽部分应不低于蒸汽供汽压力加 0.3MPa；热水部分应不低于 0.4MPa。检验方法：试验压力下 10min 内压力不降，且不渗不漏。

④低温热水地板辐射采暖系统安装，盘管隐蔽前必须进行水压试验，试验压力为工作压力的 1.5 倍，但不小于 0.6MPa。检验方法：稳压 1h 内压力降不大于 0.05MPa，且不渗不漏。

⑤采暖系统安装完毕，管道保温之前应进行水压试验。试验压力应符合设计要求。当设计未注明时，应符合下列规定：

a. 蒸汽、热水采暖系统，应以系统顶点工作压力加 0.1MPa 作水压试验，同时在系统顶点的试验压力不小于 0.3MPa。

b. 高温热水采暖系统，试验压力应为系统顶点工作压力加 0.4MPa。

c. 使用塑料管及复合管的热水采暖系统，应以系统顶点工作压力加 0.2MPa 作水压试验，同时在系统顶点的试验压力不小于 0.4MPa。检验方法：使用钢管及复合管的采暖系统应在试验压力下 10min 内压力降不大于 0.02MPa，降至工作压力后检查，不渗、不漏。使用塑料管的采暖系统应在试验压力下 1h 内压力降不大于 0.05MPa，然后降压至工作压力的 1.05 倍，稳压 2h，压力降不大于 0.03MPa，同时各连接处不渗、不漏。

⑥室外给水管网必须进行水压试验，试验压力为工作压力的 1.5 倍，但不得小于 0.6MPa。检验方法：管材为钢管、铸铁管时，试验压力下 10min 内压力降不应大于 0.05MPa，然后降至工作压力进行检查，压力应保持不变，不渗不漏；管材为塑料管时，试验压力下. 稳压 1h 压力降不大于 0.05MPa，然后降至工作压力进行检查，压力应保持不变，不渗、不漏。

⑦消防水泵接合器及室外消火栓安装系统必须进行水压试验，试验压力为工作压力的 1.5 倍，但不得小于 0.6MPa。检验方法：试验压力下，10min 内压力降不大于 0.05MPa，然后降至工作压力进行检查，压力保持不变，不渗、不漏。

⑧锅炉的汽、水系统安装完毕后，必须进行水压试验。水压试验的压力应符合规范规定。检验方法：在试验压力下，10min 内压力降不超过 0.02MPa；然后降至工作压力进行检查，压力不降，不渗、不漏；观察检查，不得有残余变形，受压元件金属壁和焊缝上不得有水珠和水雾。

⑨锅炉分汽缸（分水器、集水器）安装前应进行水压试验，试验压力为工作压力的1.5倍，但不得小于0.6MPa。检验方法：试验压力下10min内无压降、无渗漏。

⑩锅炉地下直埋油罐在埋地前应做气密性试验，试验压力降不应小于0.03MPa。检验方法：试验压力下观察30min，不渗不漏，无压降。

⑪连接锅炉及辅助设备的工艺管道安装完毕后，必须进行系统的水压试验，试验压力为系统中最大工作压力的1.5倍。检验方法：在试验压力10min内压力降不超过0.05MPa，然后降至工作压力进行检查，不渗不漏。

⑫自动喷水灭火系统当系统设计工作压力小于或等于1.0MPa时，水压强度试验压力应为设计工作压力的1.5倍，并不应低于1.4MPa；当系统设计工作压力大于1.0MPa时，水压强度试验压力应为该工作压力加0.4MPa。水压强度试验的测试点应设在系统管网的最低点。对管网注水时，应将管网内的空气排净，并应缓慢升压，达到试验压力后，稳压30min，目测管网应无渗漏和无变形，且压力降不应大于0.05MPa。

⑬自动喷水灭火系统水压严密度试验应在水压强度试验和管网冲洗合格后进行。试验压力应为设计工作压力，稳压24h，应无渗漏。

⑭自动喷水灭火系统气压严密性试验的试验压力应为0.28MPa，且稳压24h，压力降不应大于0.01MPa。

（2）强度严密性试验记录见表3－7。

表3－7　强度严密性试验记录

编号：＿＿＿＿＿＿

<table>
<tr><td>工程名称</td><td colspan="2"></td><td>试验日期</td><td></td></tr>
<tr><td>试验项目</td><td colspan="2"></td><td>试验部位</td><td></td></tr>
<tr><td>材质</td><td colspan="2"></td><td>规格</td><td></td></tr>
<tr><td colspan="5">试验要求：</td></tr>
<tr><td colspan="5">试验记录：</td></tr>
<tr><td colspan="5">试验结论：</td></tr>
<tr><td rowspan="3">签字栏</td><td rowspan="2">建设（监理）单位</td><td>施工单位</td><td colspan="2"></td></tr>
<tr><td>专业技术负责人</td><td>专业质检员</td><td>专业工长</td></tr>
<tr><td></td><td></td><td></td><td></td></tr>
</table>

注：本表由施工单位填写，建设单位、施工单位、城建档案馆各保存一份。

5. 通水试验记录

（1）填写说明。

1）试验内容。室内外给水（冷、热）、中水及游泳池水系统、卫生洁具、地漏及地面清扫口及室内外排水系统应分系统（区、段）进行通水试验，并做记录。

2）相关规定与要求。

①给水系统交付使用前必须进行通水试验并做好记录。检验方法：观察和开启阀门、水嘴等放水。

②卫生洁器具交工前应做满水和通水试验。检验方法：满水后各连接件不渗不漏；通水试验给、排水畅通。

③通水试验为系统试验，一般在系统完成后统一进行。

（2）通水试验记录见表 3－8。

表 3－8 通水试验记录

编号：________

<table>
<tr><td colspan="2">工程名称</td><td></td><td>试验日期</td><td colspan="2"></td></tr>
<tr><td colspan="2">试验项目</td><td></td><td>试验部位</td><td colspan="2"></td></tr>
<tr><td colspan="2">通水压力（MPa）</td><td></td><td>通水流量（m³/h）</td><td colspan="2"></td></tr>
<tr><td colspan="6">试验系统简述：</td></tr>
<tr><td colspan="6">试验记录：

供水方式：

通水情况：</td></tr>
<tr><td colspan="6">试验结论：</td></tr>
<tr><td rowspan="3">签字栏</td><td rowspan="2">建设（监理）单位</td><td>施工单位</td><td colspan="3"></td></tr>
<tr><td>专业技术负责人</td><td>专业质检员</td><td colspan="2">专业工长</td></tr>
<tr><td></td><td></td><td></td><td colspan="2"></td></tr>
</table>

注：本表由施工单位填写并保存。

6. 吹（冲）洗（脱脂）试验记录

（1）填写说明。

1）试验内容。室内外给水（冷、热）、中水及游泳池水系统、采暖、空调、消防管道及设计有要求的管道应在使用前做冲洗试验；介质为气体的管道系统应按有关设计要求及规范规定做吹洗试验。设计有要求时还应做脱脂处理。

2）相关规定与要求。

①生活给水系统管道在交付使用前必须冲洗和消毒，并经有关部门取样检验，符合国家《生活饮用水标准》方可使用。检验方法：检查有关部门提供的检测报告。

②热水供应系统竣工后必须进行冲洗。检验方法：现场观察检查。

③采暖系统试压合格后，应对系统进行冲洗并清扫过滤器及除污器。检验方法：现场观察，直至排出水不含泥沙、铁屑等杂质，且水色不浑浊为合格。

④消防水泵接合器及室外消火栓安装系统消防管道在竣工前，必须对管道进行冲洗。检验方法：观察冲洗出水的浊度。

⑤供热管道试压合格后，应进行冲洗。检验方法：现场观察，以水色不浑浊为合格。

⑥自动喷水灭火系统管网冲洗的水流流速、流量不应小于系统设计的水流流速、流量；管网冲洗宜分区、分段进行；水平管网冲洗时其排水管位置应低于配水支管。管网冲洗应连续进行，当出水口处水的颜色、透明度与入水口处水的颜色、透明度基本一致时为合格。

⑦吹（冲）洗（脱脂）试验为系统试验，一般在系统完成后统一进行。

（2）吹（冲）洗（脱脂）试验记录见表3－9。

表3－9 吹（冲）洗（脱脂）试验记录

编号：________

<table>
<tr><td>工程名称</td><td colspan="2"></td><td>试验日期</td><td colspan="2"></td></tr>
<tr><td>试验项目</td><td colspan="2"></td><td>试验部位</td><td colspan="2"></td></tr>
<tr><td>试验材质</td><td colspan="2"></td><td>试验方式</td><td colspan="2"></td></tr>
<tr><td colspan="6">试验记录：</td></tr>
<tr><td colspan="6">试验结论：</td></tr>
<tr><td rowspan="3">签字栏</td><td rowspan="2">建设（监理）单位</td><td>施工单位</td><td colspan="3"></td></tr>
<tr><td>专业技术负责人</td><td>专业质检员</td><td colspan="2">专业工长</td></tr>
<tr><td></td><td></td><td></td><td colspan="2"></td></tr>
</table>

注：本表由施工单位填写并保存。

7. 通球试验记录

（1）填写说明。

1）试验内容。室内排水水平干管、主立管应按有关规定进行通球试验，并做记录。

2）相关规定与要求。

①排水主立管及水平干管管道均应做通球试验，通球球径不小于排水管道管径的2/3，通球率必须达到100%。检查方法：通球检查。

②通水试验为系统试验，一般在系统完成、通水试验合格后进行。

③通球试验用球宜为硬质空心塑料球，投入时做好标记，以便同排出的试验球核对。

（2）通球试验记录见表3-10。

表3-10 通球试验记录

编号：__________

<table>
<tr><td colspan="2">工程名称</td><td></td><td>试验日期</td><td></td></tr>
<tr><td colspan="2">试验项目</td><td></td><td>试验部位</td><td></td></tr>
<tr><td colspan="2">管径（mm）</td><td></td><td>球径（mm）</td><td></td></tr>
<tr><td colspan="5">试验要求：</td></tr>
<tr><td colspan="5">试验记录：</td></tr>
<tr><td colspan="5">试验结论：</td></tr>
<tr><td rowspan="3">签字栏</td><td rowspan="2">建设（监理）单位</td><td colspan="3">施工单位</td></tr>
<tr><td>专业技术负责人</td><td>专业质检员</td><td>专业工长</td></tr>
<tr><td></td><td></td><td></td><td></td></tr>
</table>

注：本表由施工单位填写，建设单位、施工单位各保存一份。

8．补偿器安装记录

（1）填写说明。

1）试验内容。各类补偿器安装时应按要求进行补偿器安装记录。

2）相关规定与要求。

①补偿器型式、规格、位置应符合设计要求，并按有关规定进行预拉伸。检验方法：对照设计图纸检查。

②补偿器的型号、安装位置及预拉伸和固定支架的构造及安装位置应符合设计要求。检验方法：对照图纸，现场观察，并查验预拉伸记录。

③室外供热管网安装补偿器的位置必须符合设计要求，并应按设计要求或产品说明书进行预拉伸。管道固定支架的位置和构造必须符合设计要求。检验方法：对照图纸，并查验预拉伸记录。

④补偿器预拉伸数值应根据设计给出的最大补偿量得出（一般为其数值的50%），要注意不同位置的补偿器由于管段长度、运行温度、安装温度不同而有所不同。

（2）补偿器安装记录见表3－11。

表3－11　补偿器安装记录

编号：＿＿＿＿＿＿

<table>
<tr><td colspan="2">工程名称</td><td colspan="2"></td><td colspan="2">日期</td><td colspan="2"></td></tr>
<tr><td colspan="2">设计压力（MPa）</td><td colspan="2"></td><td colspan="2">补偿器安装部位</td><td colspan="2"></td></tr>
<tr><td colspan="2">补偿器规格型号</td><td colspan="2"></td><td colspan="2">补偿器材质</td><td colspan="2"></td></tr>
<tr><td colspan="2">固定支架间距（m）</td><td colspan="2"></td><td colspan="2">管内介质温度（℃）</td><td colspan="2"></td></tr>
<tr><td colspan="2">计算预拉值（mm）</td><td colspan="2"></td><td colspan="2">实际预拉值（mm）</td><td colspan="2"></td></tr>
<tr><td colspan="8">补偿器安装记录及说明：</td></tr>
<tr><td colspan="8">结论：</td></tr>
<tr><td rowspan="3">签字栏</td><td colspan="2" rowspan="2">建设（监理）单位</td><td colspan="2">施工单位</td><td colspan="3"></td></tr>
<tr><td colspan="2">专业技术负责人</td><td colspan="2">专业质检员</td><td>专业工长</td></tr>
<tr><td colspan="2"></td><td colspan="2"></td><td colspan="2"></td><td></td></tr>
</table>

注：本表由施工单位填写并保存。

9．消火栓试射记录

（1）填写说明。

1）试验内容。室内消火栓系统在安装完成后，应按设计要求及规范规定进行消火栓试射试验，并做记录。

2）相关规定与要求。

①室内消火栓系统安装完成后应取屋顶层（或水箱间内）试验消火栓和首层取二处消火栓做试射试验，达到设计要求为合格。检验方法：实地试射检查。

② 试验前应对消火栓组件、栓口安装（含减压稳压装置）等进行系统检查。

③根据试验的实际情况填写实测数据（测试栓口动压、静压应填写实测数值，要符合消防检测要求，不能超压或压力不足），要准确，内容齐全，不得漏项。

④消火栓试射为系统试验，一般在系统完成、消防水泵试运行合格后进行。

（2）消火栓试射记录见表3－12。

表3－12 消火栓试射记录

编号：__________

<table>
<tr><td colspan="2">工程名称</td><td colspan="2"></td><td colspan="2">试验日期</td><td colspan="2"></td></tr>
<tr><td colspan="2">试射消火栓位置</td><td colspan="2"></td><td colspan="2">起泵按钮</td><td colspan="2">□合格 □不合格</td></tr>
<tr><td colspan="2">消火栓组件</td><td colspan="2">□合格 □不合格</td><td colspan="2">栓口安装</td><td colspan="2">□合格 □不合格</td></tr>
<tr><td colspan="2">栓口水枪型号</td><td colspan="2">□合格 □不合格</td><td colspan="2">卷盘间距、组件</td><td colspan="2">□合格 □不合格</td></tr>
<tr><td colspan="2">栓口静压（MPa）</td><td colspan="2"></td><td colspan="2">栓口动压（MPa）</td><td colspan="2"></td></tr>
<tr><td colspan="8">试验要求：</td></tr>
<tr><td colspan="8">试验情况记录：</td></tr>
<tr><td colspan="8">试验结论：</td></tr>
<tr><td rowspan="3">签字栏</td><td rowspan="2" colspan="2">建设（监理）单位</td><td colspan="2">施工单位</td><td colspan="3"></td></tr>
<tr><td colspan="2">专业技术负责人</td><td colspan="2">专业质检员</td><td>专业工长</td></tr>
<tr><td colspan="2"></td><td colspan="2"></td><td colspan="2"></td><td></td></tr>
</table>

注：本表由施工单位填写，建设单位、施工单位、城建档案馆各保存一份。

10. 安全附件安装检查记录

（1）填写说明。锅炉的高低水位报警器和超温、超压报警器及联锁保护装置必须按设计要求安装齐全和有效。检验方法；启动、联动试验并作好试验记录。

（2）安全附件安装检查记录见表3－13。

表3－13 安全附件安装检查记录

编号：________

<table>
<tr><td colspan="2">工程名称</td><td colspan="2"></td><td>安装位号</td><td colspan="2"></td></tr>
<tr><td colspan="2">锅炉型号</td><td colspan="2"></td><td>工作介质</td><td colspan="2"></td></tr>
<tr><td colspan="2">设计（额定）压力
（MPa）</td><td colspan="2"></td><td>最大工作压力
（MPa）</td><td colspan="2"></td></tr>
<tr><td colspan="4">检查项目</td><td colspan="3">检查结果</td></tr>
<tr><td rowspan="6">压力表</td><td colspan="3">量程及精度等级</td><td colspan="3">MPa；　　　　级</td></tr>
<tr><td colspan="3">校验日期</td><td colspan="3">年　　月　　日</td></tr>
<tr><td colspan="3">在最大工作压力处应划红线</td><td colspan="3">□已划　　□未划</td></tr>
<tr><td colspan="3">旋塞或针型阀是否灵活</td><td colspan="3">□灵活　　□不灵活</td></tr>
<tr><td colspan="3">蒸汽压力表管是否设存水弯管</td><td colspan="3">□已设　　□未设</td></tr>
<tr><td colspan="3">铅封是否完好</td><td colspan="3">□完好　　□不完好</td></tr>
<tr><td rowspan="5">安全阀</td><td colspan="3">开启压力范围</td><td colspan="3">MPa～　　MPa</td></tr>
<tr><td colspan="3">校验日期</td><td colspan="3">年　　月　　日</td></tr>
<tr><td colspan="3">铅封是否完好</td><td colspan="3">□完好　　□不完好</td></tr>
<tr><td colspan="3">安全阀排放管应引至安全地点</td><td colspan="3">□是　　□不是</td></tr>
<tr><td colspan="3">锅炉安全阀应有泄水管</td><td colspan="3">□有　　□没有</td></tr>
<tr><td rowspan="3">水位计
（液位计）</td><td colspan="3">锅炉水位计应有泄水管</td><td colspan="3">□有　　□没有</td></tr>
<tr><td colspan="3">水位计应划出高、低水位红线</td><td colspan="3">□已划　　□未划</td></tr>
<tr><td colspan="3">水位计旋塞（阀门）是否灵活</td><td colspan="3">□灵活　　□不灵活</td></tr>
<tr><td rowspan="3">报警装置</td><td colspan="3">校验日期</td><td colspan="3">年　　月　　日</td></tr>
<tr><td colspan="3">报警高低限（声、光报警）</td><td colspan="3">□灵敏、准确　　□不合格</td></tr>
<tr><td colspan="3">联锁装置工作情况</td><td colspan="3">□动作迅速、灵敏　　□不合格</td></tr>
<tr><td colspan="7">说明：</td></tr>
<tr><td colspan="7">结论：　　□合格　　□不合格</td></tr>
<tr><td rowspan="3">签字栏</td><td rowspan="2" colspan="2">建设（监理）单位</td><td colspan="4">施工单位</td></tr>
<tr><td colspan="2">专业技术负责人</td><td>专业质检员</td><td>专业工长</td></tr>
<tr><td colspan="2"></td><td colspan="2"></td><td></td><td></td></tr>
</table>

注：本表由施工单位填写，建设单位、施工单位、城建档案馆各保存一份。

4 通风与空调工程资料管理

4.1 通风与空调工程施工物资资料

1. 工程材料/构配件/设备报审表

参阅3.1中1的相应内容。

2. 材料、构配件进场检验记录

（1）填写说明。

1）资料流程。材料、构配件进场后，应由建设、监理单位汇同施工单位共同对进场物资进行检查验收，填写《材料、构配件进场检验记录》。

2）相关规定与要求。对进场物资进行检查验收，主要检验项目包括：

①物资出厂质量证明文件及检测报告是否齐全。

②实际进场物资数量、规格和型号等是否满足设计和施工计划要求。

③物资外观质量是否满足设计要求或规范规定。

④按规定须抽检的材料、构配件是否及时抽检。

工程采用施工总承包管理模式的，签字人员应为施工总承包单位的相关人员。

3）注意事项。

①按规定应进场复试的工程物资，必须在进场检查验收合格后取样复试。

②抽检比例也要依据《通风与空调工程施工质量验收规范》GB 50243—2002相关条目规定。

③《材料、构配件进场检验记录》由施工单位填写并保存。

（2）材料、构配件进场检验记录见表2-9。

3. 设备开箱检验记录

内容参照3.1中3的说明。

4. 设备及管道附件试验记录

（1）填写说明。

1）试验内容。设备、阀门、密闭水箱（罐）、风机盘管设备等安装前，均应按规定进行强度试验并记录，填写《设备及管道附件试验记录》。

2）相关规定与要求。

①对于工作压力大于1.0MPa及在主干管上起切断作用的阀门，应进行强度和严密性试验，合格后方准使用。其他阀门可不单独进行试验，待在系统试压中检验。

阀门的强度试验压力为公称压力的1.5倍，持续时间不少于5min；阀门的壳体、填料应无渗漏。严密性试验压力为公称压力的1.1倍，试验压力在试验持续时间内应保持不变，以阀瓣密封面无渗漏为合格。阀门试压的试验持续时间应不少于规范的规定。

②换热器应以最大工作压力的1.5倍作水压试验，蒸汽部分应不低于蒸汽供汽压力加

0.3MPa；热水部分应不低于0.4MPa。检验方法：在试验压力下，保持10min压力不降。

3）注意事项。

①如设计要求与规范规定不一致时，应及时向设计提出由设计做出决定，也可选用相对严格的要求。

②阀门型号要与铭牌保持一致。

③每批（同牌号、同型号、同规格）数量中抽查10%，每一个阀门的试验情况均应填写到表格中，编号不同。

④试验时需严格执行试验压力和停压时间的规定，避免试压对阀门造成破坏；试验前要核对好阀门承压能力，确保无误。

⑤电控、电动等构造复杂的特种阀门，试压前要取得供应单位的认可，并严格按其规定做法进行试压。

（2）设备及管道附件试验记录见表3－2。

5．通风与空调工程常用物资所需质量证明文件及要求

通风与空调工程常用物资所需质量证明文件及要求见表4－1。

表4－1 通风与空调工程常用物资所需质量证明文件及要求

序号	物资名称	供货厂家提供的质量证明文件	检验报告应含检测项目
1	冷水机组	质量监督检验证书、合格证、安装使用说明书	—
2	各类水泵	合格证或质量证明书、安装使用说明书	—
3	换热器	质量证明书、安全使用说明书	—
4	空调箱、新风机组	检测报告、合格证、安装使用说明书	外观、主要零部件检查、启动与运转、风量、出口全压、输入功率、漏风量、振动速度
5	风机盘管	合格证、质量证明书、安装使用说明书	—
6	冷却塔	质量证明书、安装使用说明书	—
7	减压阀、水位差浮球阀、浮球阀	检测报告、合格证	—
8	气压罐、分水器、低压硅磷晶加药设备、紫外线消毒器、集水器、综合水处理器	合格证、CCC认证、设备保修卡、质量证明书、安装使用说明书	—
9	金属风管	质量证明书、型式检验报告	漏风量
10	金属风管及配件	合格证、质量证明书	—
11	镀锌钢管	质量证明书	—

续表 4-1

序号	物资名称	供货厂家提供的质量证明文件	检验报告应含检测项目
12	无缝钢管	质量证明书	—
13	焊接钢管	质量证明书	—
14	钢板卷管	质量证明书、焊缝射线探伤报告	—
15	各类管件	合格证或质量证明书	—
16	各类法兰	合格证或质量证明书	—
17	刚性密闭套管	出场检验报告、合格证	—
18	柔性防水套管	质量证明书、合格证	—
19	型钢（角钢、槽钢、扁钢、工字钢、C形钢）	质量证明书	—
20	各种阀类（密闭阀、闸阀、蝶阀）	质量证明书、合格证	—
21	各类水箱	质量证明书	—
22	金属波纹补偿器	合格证、检验报告	外观、尺寸偏差、形位偏差、补偿量、刚度检测、应变、耐压力、气密性、稳定性
23	保温材料	合格证、检测报告	燃烧性能
24	布基胶带	合格证、测试报告	总厚度、初粘、持粘、剥离力、抗拉强度
25	消声静压箱	合格证	—
26	液体消声器	材料/构配件/设备报验单	—
27	电动调节阀	合格证、检验报告	严密性检验（工作压力大于1000Pa应有1.5倍压力下自由开关强度测试报告）
28	防火调节阀	合格证、检验报告	严密性检验（工作压力大于1000Pa应有1.5倍压力下自由开关强度测试报告）
29	排烟阀	合格证、检验报告	严密性检验
30	多叶调节阀	合格证、检验报告	严密性检验
31	防火风管	合格证、质量证明书	—
32	橡胶减振垫	合格证、质量证明书	—
33	管道支架底部减振垫	合格证、质量证明书	—

续表 4-1

序号	物资名称	供货厂家提供的质量证明文件	检验报告应含检测项目
34	橡塑吊架减振器	合格证、质量证明书	—
35	橡胶剪切减振器	质量证明书	—
36	电动阀、定流量阀	设备进场验收报告	—
37	消声设备	合格证	—
38	橡胶软接头	质量证明书	—
39	金属软管	检测报告	外观检查、尺寸检查、压力试验、气密性

注：同表 3-3。

4.2 通风与空调工程施工记录

1. 隐蔽工程检查记录

（1）填写说明。

1）资料流程。隐蔽工程检查记录为通用施工记录，适用于各专业。按规范规定须进行隐检的项目，施工单位应填报《隐蔽工程检查记录》。

2）相关规定与要求。

①敷设于竖井内、不进入吊顶内的风道（包括各类附件、部件、设备等）：检查风道的标高、材质，接头、接口严密性，附件、部件安装位置，支、吊、托架安装、固定，活动部件是否灵活可靠、方向正确，风道分支、变径处理是否合理并符合要求，是否已按照设计要求及施工规范规定完成风管的漏光、漏风检测，空调水管道的强度严密性、冲洗等试验。

②有绝热、防腐要求的风管、空调水管及设备：检查绝热形式与做法、绝热材料的材质与规格、防腐处理材料及做法。绝热管道与支吊架之间应垫以绝热衬垫或经防腐处理的木衬垫，其厚度应与绝热层厚度相同，表面平整，衬垫接合面的空隙应填实。

3）注意事项。

①隐检内容依据规程要求将内容填写翔实。

②隐检项目和预检项目在规程上已有不同界定，办理施工记录时应区分把握（即隐检和预检不用重复办理）。

③工程采用施工总承包管理模式的，签字人员应为施工总承包单位的相关人员。

④有防水要求的套管的隐蔽工程检查记录应在施工完成后，及时报监理验收；其他项目的隐蔽工程检查记录一般与检验批验收一同向监理报验，作为其附件。

（2）隐蔽工程检查记录见表 2-21。

2. 预检记录

（1）填写说明。

1）资料流程。预检记录是对施工重要工序进行的预先质量控制检查记录，为通用施工记录，适用于各专业。具体工程预检记录内容的相关规定与要求见各工程质量验收规范。

2）相关规定与要求。

①设备基础和预制构件安装：检查设备基础位置、混凝土强度、标高、几何尺寸、预留孔、预埋件等。

②管道预留孔洞：检查预留孔洞的尺寸、位置、标高等。

③管道预埋套管（预埋件）：检查预埋套管（预埋件）的规格、形式、尺寸、位置、标高等。

④机电各系统的明装管道（包括进入吊顶内）、设备安装：检查位置、标高、坡度、材质、防腐、接口方式、支架形式、固定方式等。

⑤机电表面器具（包括风口、卫生洁器具等）：检查位置、标高、规格、型号、外观效果等。

3）注意事项。

①预检内容依据规程要求将内容填写翔实。

②预检项目和隐检项目在规程上已有不同规定，办理施工记录时应有所区分（即隐检和预检不用重复办理）。

③工程采用施工总承包管理模式的，签字人员应为施工总承包单位的相关人员。

④设备基础和预制构件安装、管道预留孔洞和管道预埋套管（预埋件）等项目的预检记录应在施工完成后，及时报监理验收；其他项目的预检记录一般与检验批验收一同向监理报验，作为其附件。

（2）预检记录见表2－22。

3. 交接检查记录

参阅3.2中3的相应内容。

4.3 通风与空调工程施工试验（调试）记录

1. 设备单机试运转记录

（1）填写说明。

1）试验内容。水处理系统设备，通风与空调系统的各类水泵、风机、冷水机组、冷却塔、空调机组、新风机组等设备在安装完毕后，应进行单机试运转，并记录。

2）相关规定与要求。

①水泵试运转的轴承温升必须符合设备说明书的规定。通电、操作和温度计测温检查。水泵试运转，叶轮与泵壳不应相碰，进、出口部位的阀门应灵活。

②工程名称与施工文件一致且各专业应统一。

（2）设备单机试运转记录见表3－4。

2. 系统试运转调试记录

（1）填写说明。

1）试验内容。水处理系统、通风系统、制冷系统、净化空调系统等应进行系统试运转及调试，并记录。

2）相关规定与要求。

①系统试运转及调试记录内容包括全过程各种试验数据、控制参数以及运行情况。

②系统试运转及调试前必须编制专项系统试运转及调试方案。系统试运转前应完成各项设备的单机试运转并进行记录。

③工程名称与施工文件一致，且各专业应统一。

（2）系统试运转调试记录见表3－5。

3．灌（满）水试验记录

（1）填写说明。

1）试验内容。非承压管道系统和设备包括开式水箱等，在系统和设备安装完毕后，应进行灌（满）水试验，并记录。

2）相关规定与要求。

①敞口箱、罐安装前应做满水试验。

②凝结水系统采用充水试验，应以不渗漏为合格。

（2）灌（满）水试验记录见表3－6。

4．强度严密性试验记录

（1）填写说明。

1）试验内容。室内外输送各种介质的承压管道、设备在安装完毕后，进行隐蔽之前，应进行强度严密性试验，并记录。

2）相关规定与要求。

①冷（热）水、冷却水系统的试验压力，当工作压力小于或等于1.0MPa时，为1.5倍工作压力，但最低不小于0.6MPa；当工作压力大于1.0MPa时，为工作压力加0.5MPa。

②对于大型或高层建筑垂直位差较大的冷（热）媒水，冷却水管道系统宜采用分区、分层试压和系统试压相结合的方法。一般建筑可采用系统试压方法。

③分区、分层试压：对相对独立的局部区域的管道进行试压。在试验压力下稳压10min，压力不得下降，再将系统压力降至工作压力，在60min内压力不得下降，外观检查无渗漏为合格。

④系统试压：在各分区管道与系统主干管全部连通后，对整个系统的管道进行系统的试压。试验压力以最低点的压力为准，但最低点的压力不得超过管道与组成件的承受压力。压力试验升至试验压力后，稳压10min，压力下降不得大于0.02MPa，再将系统压力降至工作压力，外观检查无渗漏为合格。

⑤各类耐压塑料管的强度试验压力为1.5倍工作压力，严密性试验压力为1.15倍的设计工作压力。

（2）强度严密性试验记录见表3－7。

5．吹（冲）洗（脱脂）试验记录

（1）填写说明。

1）试验内容。空调管道及设计有要求的管道应在使用前做冲洗试验；介质为气体的管道系统应按有关设计要求及规范规定做吹洗试验。设计有要求时还应做脱脂处理。

2）注意事项。空调管道试压合格后，应进行冲洗。

（2）吹（冲）洗（脱脂）试验记录见表3－9。

6. 补偿器安装记录

参阅3.3中8的相应内容。

7. 风管漏光检测记录

（1）填写说明。

1）试验方法。风管系统安装完成后，应按设计要求及规范规定进行风管漏光测试，并做记录。

2）相关规定与要求。

①风管系统的严密性检验，应符合下列规定：

a. 系统风管的严密性检验应采用抽检，抽检率为5%，且不得小于1个系统。在加工工艺得到保证的前提下，采用漏光法检测。检测不合格时，应按规定的抽检率做漏风量测试。

b. 风管系统严密性检测的被抽检系统，应全数合格，则被视为通过；如有不合格时，应再加倍抽检，直至全数合格。

②所使用的照明设备应为低压电源。

（2）风管漏光检测记录见表4－2。

表4－2 风管漏光检测记录

编号：____________

<table>
<tr><td>工程名称</td><td></td><td>试验日期</td><td></td></tr>
<tr><td>系统名称</td><td></td><td>工作压力（Pa）</td><td></td></tr>
<tr><td>系统接缝
总长度（m）</td><td></td><td>每10m接缝为一检测段的分段数</td><td></td></tr>
<tr><td>检测光源</td><td colspan="3"></td></tr>
<tr><td>分段序号</td><td>实测漏光
点数（个）</td><td>每10m接缝的允许漏光点数（个/10m）</td><td>结论</td></tr>
<tr><td></td><td></td><td></td><td></td></tr>
<tr><td></td><td></td><td></td><td></td></tr>
<tr><td></td><td></td><td></td><td></td></tr>
<tr><td rowspan="2">合计</td><td>总漏光点数（个）</td><td>每100m接缝的允许漏光点数（个/100m）</td><td>结论</td></tr>
<tr><td></td><td></td><td></td></tr>
<tr><td colspan="4">检测结论：</td></tr>
</table>

<table>
<tr><td rowspan="3">签字栏</td><td rowspan="2">建设（监理）单位</td><td>施工单位</td><td colspan="2"></td></tr>
<tr><td>专业技术负责人</td><td>专业质检员</td><td>专业工长</td></tr>
<tr><td></td><td></td><td></td><td></td></tr>
</table>

注：本表由施工单位填写并保存。

风管漏光检测记录的示例见表4－3。

表4－3　风管漏光检测记录

编号：____________

<table>
<tr><td>工程名称</td><td>工程</td><td>试验日期</td><td></td></tr>
<tr><td>系统名称</td><td>通风系统</td><td>工作压力（Pa）</td><td>低压系统</td></tr>
<tr><td>系统接缝总长度（m）</td><td></td><td>每10m接缝为一检测段的分段数</td><td></td></tr>
<tr><td>检测光源</td><td colspan="3">100W</td></tr>
<tr><td>分段序号</td><td>实测漏光点（个）</td><td>每10米接缝的允许漏光点数（个/10m）</td><td>结论</td></tr>
<tr><td>Ⅰ段$1^{\#}$</td><td>0</td><td>1</td><td>合格</td></tr>
<tr><td>Ⅰ段$2^{\#}$</td><td>0</td><td>1</td><td>合格</td></tr>
<tr><td>Ⅱ段$1^{\#}$</td><td>1</td><td>1</td><td>合格</td></tr>
<tr><td>Ⅱ段$2^{\#}$</td><td>0</td><td>1</td><td>合格</td></tr>
<tr><td>Ⅲ段$1^{\#}$</td><td>1</td><td>1</td><td>合格</td></tr>
<tr><td>Ⅲ段$2^{\#}$</td><td>0</td><td>1</td><td>合格</td></tr>
<tr><td colspan="4">检测结论：
经检测，符合设计要求及《通风与空调工程施工质量验收规范》GB 50243—2002规定。</td></tr>
</table>

<table>
<tr><td rowspan="3">签字栏</td><td rowspan="2">建设（监理）单位</td><td>施工单位</td><td colspan="2"></td></tr>
<tr><td>专业技术负责人</td><td>专业质检员</td><td>专业工长</td></tr>
<tr><td></td><td></td><td></td><td></td></tr>
</table>

注：本表由施工单位填写并保存。

8．风管漏风检测记录

（1）填写说明。

1）试验内容。风管系统安装完成后，应按设计要求及规范规定进行风管漏风测试，并做记录。

2）相关规定与要求。

①风管系统的严密性检验，应符合下列规定：

a．系统风管的严密性检验应采用抽检，抽检率为5%，且不得小于1个系统。在加工工艺得到保证的前提下，采用漏光法检测。检测不合格时，应按规定的抽检率做漏风量测试。

b．中压系统风管的严密性检验，应在漏光法检测合格后，对系统漏风量测试进行抽检，抽检率为20%，且不得小于1个系统。

c．高压系统风管的严密性检测，为全数进行漏风量测试。

d．风管系统严密性检测的被抽检系统，应全数合格，则被视为通过；如有不合格时，应再加倍抽检，直至全数合格。

②系统工作压力不能简单以风机、空调机组等设备出口处的静压、余压值判断。应由

设计确定。

③分段表面积应为实测的面积值，未测到的支管等不计在内。但应包括临时设置的盲板、消声器等阀部件的表面积。

④系统分段试压时，某段的漏风量超标不能判定整个系统不合格，应将各测试段漏风量平均后与允许值比较判断。

⑤数值的计算详见《通风与空调工程施工质量验收规范》GB 50243—2002。

（2）风管漏风检测记录见表4-4。

表4-4 风管漏风检测记录

编号：________

工程名称		试验日期	
系统名称		工作压力（Pa）	
系统总面积（m^2）		试验压力（Pa）	
试验总面积（m^2）		系统检测分段数	

检测区段图示：(图略)	分段实测数值			
	序号	分段表面积（m^2）	试验压力（Pa）	实际漏风量（m^3/h）
	1			
	2			
	3			
	4			
	5			

系统允许漏风量［$m^3/(m^2 \cdot h)$］		实测系统漏风量［$m^3/(m^2 \cdot h)$］	

检测结论：

签字栏	建设（监理）单位	施工单位		
		专业技术负责人	专业质检员	专业工长

注：本表由施工单位填写并保存。

风管漏风检测记录的示例见表4－5。

表4－5　风管漏风检测记录

编号：　×××

<table>
<tr><td colspan="2">工程名称</td><td colspan="2">×××工程</td><td colspan="4">试验日期</td><td colspan="3">×××</td></tr>
<tr><td colspan="2">系统名称</td><td colspan="2">送风系统</td><td colspan="4">工作压力（Pa）</td><td colspan="3">中压</td></tr>
<tr><td colspan="2">系统总面积（m²）</td><td colspan="2">200</td><td colspan="4">试验压力（Pa）</td><td colspan="3">800</td></tr>
<tr><td colspan="2">试验总面积（m²）</td><td colspan="2">200</td><td colspan="4">系统检测分段数</td><td colspan="3">1段</td></tr>
<tr><td colspan="4" rowspan="7">检测区段图示：（图略）</td><td colspan="7">分段实测数值</td></tr>
<tr><td>序号</td><td colspan="2">分段表面积（m²）</td><td colspan="3">试验压力（Pa）</td><td>实际漏风量（m³/h）</td></tr>
<tr><td>1</td><td colspan="2">×××</td><td colspan="3">×××</td><td>×××</td></tr>
<tr><td>2</td><td colspan="2"></td><td colspan="3"></td><td></td></tr>
<tr><td>3</td><td colspan="2"></td><td colspan="3"></td><td></td></tr>
<tr><td>4</td><td colspan="2"></td><td colspan="3"></td><td></td></tr>
<tr><td>5</td><td colspan="2"></td><td colspan="3"></td><td></td></tr>
<tr><td colspan="3">系统允许漏风量
[m³/（m²·h）]</td><td>2.71</td><td colspan="6">实测系统漏风量［m³/（m²·h）］</td><td>1.52</td></tr>
<tr><td colspan="11">检测结论：
检测结果符合设计要求及《通风与空调工程施工质量验收规范》GB 50243—2002规定。</td></tr>
<tr><td rowspan="3">签字栏</td><td colspan="2" rowspan="2">建设（监理）单位</td><td colspan="3">施工单位</td><td colspan="5">×××</td></tr>
<tr><td colspan="3">专业技术负责人</td><td colspan="3">专业质检员</td><td colspan="2">专业工长</td></tr>
<tr><td colspan="2">×××</td><td colspan="3">×××</td><td colspan="3">×××</td><td colspan="2">×××</td></tr>
</table>

注：本表由施工单位填写并保存。

9．现场组装除尘器、空调机漏风检测记录

（1）填写说明。

1）试验内容。现场组装的除尘器壳体、组合式空气调节机组应做漏风量的检测，并做记录。

2）相关规定与要求。

①现场组装的组合式空气调节机组应做漏风量的检测，其漏风量必须符合现行国家标准《组合式空调机组》GB/T 14294—2008的标准。

检查方法：依据设计图核对，检查测试记录。

②现场组装的除尘器壳体应做漏风量检测，在设计工作压力下允许漏风率为5%。其中离心式为3%。

检查方法：按图核对，检查测试记录和观察检查。

（2）现场组装除尘器、空调机漏风检测记录见表4－6。

表 4－6 现场组装除尘器、空调机漏风检测记录

编号：__________

<table>
<tr><td colspan="2">工程名称</td><td></td><td colspan="2">分部工程</td><td></td></tr>
<tr><td colspan="2">分项工程</td><td></td><td colspan="2">检测日期</td><td></td></tr>
<tr><td colspan="2">设备名称</td><td></td><td colspan="2">型号规格</td><td></td></tr>
<tr><td colspan="2">总风量（m³/h）</td><td></td><td colspan="2">允许漏风量（%）</td><td></td></tr>
<tr><td colspan="2">工作压力（Pa）</td><td></td><td colspan="2">测试压力（Pa）</td><td></td></tr>
<tr><td colspan="2">允许漏风量（m³/h）</td><td></td><td colspan="2">实测漏风量（m³/h）</td><td></td></tr>
<tr><td colspan="6">检测记录：</td></tr>
<tr><td colspan="6">检测结论：</td></tr>
<tr><td rowspan="3">签字栏</td><td rowspan="2">建设（监理）单位</td><td colspan="2">施工单位</td><td colspan="2"></td></tr>
<tr><td colspan="2">专业技术负责人</td><td colspan="1">专业质检员</td><td>专业工长</td></tr>
<tr><td></td><td colspan="2"></td><td></td><td></td></tr>
</table>

注：本表由施工单位填写并保存。

10. 各房间室内风量温度测量记录

（1）填写说明。

1）试验内容。通风与空调工程无生产负荷联合试运转时，应分系统的，将同一系统内的各房间内风量、室内房间温度进行测量调整，并做记录。

2）相关规定与要求。实测风量与设计风量的相对偏差不应大于10%。

（2）各房间室内风量温度测量记录见表 4－7。

表4-7 各房间室内风量温度测量记录

编号：____________

工程名称			测量日期	
系统名称			系统位置	
项目 房间（测点）编号	风量（m^3/h）			所在房间室内温度
	设计风量 $Q_{设}$	实际风量 $Q_{实}$	相对差 $\delta=(Q_{设}-Q_{实})/Q_{设}$	
1				
2				
3				
4				
5				
6				
7				
施工单位				
测量人		记录人		审核人

注：本表由施工单位填写并保存。

11. 管网风量平衡记录

（1）填写说明。

1）试验内容。通风与空调工程无生产负荷联合试运转时，应分系统的，将同一系统内的各测点的风压、风速、风量进行测试和调整，并做记录。

2）相关规定与要求。

①系统各测点的实际与设计风量的相对偏差不应大于10%。

②空调系统各测点调测的单线平面图或透视图，图中应标明系统名称、测点编号、测点位置、风口位置，并注明送风、回风、新风管。

③系统风量调整采用“流量等比分配法”或“基准风口法”，从系统最不利环路的末

端开始，最后进行总风量的调整。

④系统风量调整平衡后，应能从表中的数据反映出：

a. 风口的风量、新风量、排风量、回风量的实测值与设计风量的相对偏差不大于10%。

b. 新风量与回风量之和应近似等于总的送风量或各送风量之和。

c. 总的送风量应略大于回风量与排风量之和。

⑤管网风量平衡记录的最终目的是比较出实测风量与设计值之差。因此，若采用风速—风量法则测量风压值是必需的。现在科技不断进步，测量仪器不断更新，各种风量测试仪逐渐应用到工程中。若风量测试仪能够直接、有效、准确地测试出风口风量，则风压值一栏可空白不填。

（2）管网风量平衡记录见表4－8。

表4－8 管网风量平衡记录

编号：＿＿＿＿＿＿

<table>
<tr><td colspan="2">工程名称</td><td colspan="5"></td><td colspan="2">测量日期</td><td colspan="3"></td></tr>
<tr><td colspan="2">系统名称</td><td colspan="5"></td><td colspan="2">系统位置</td><td colspan="3"></td></tr>
<tr><td rowspan="2">测点编号</td><td rowspan="2">风管规格（mm×mm）</td><td rowspan="2">风口断面积（m^2）</td><td colspan="3">平均风压（Pa）</td><td rowspan="2">风速（m/s）</td><td colspan="2">风量（m^3/h）</td><td rowspan="2">相对差</td><td rowspan="2">使用仪器编号</td></tr>
<tr><td>动压</td><td>静压</td><td>全压</td><td>实际 $Q_{实}$</td><td>设计 $Q_{设}$</td></tr>
<tr><td>1</td><td></td><td></td><td></td><td></td><td></td><td></td><td></td><td></td><td></td><td></td></tr>
<tr><td>2</td><td></td><td></td><td></td><td></td><td></td><td></td><td></td><td></td><td></td><td></td></tr>
<tr><td>3</td><td></td><td></td><td></td><td></td><td></td><td></td><td></td><td></td><td></td><td></td></tr>
<tr><td>4</td><td></td><td></td><td></td><td></td><td></td><td></td><td></td><td></td><td></td><td></td></tr>
<tr><td></td><td></td><td></td><td></td><td></td><td></td><td></td><td></td><td></td><td></td><td></td></tr>
<tr><td></td><td></td><td></td><td></td><td></td><td></td><td></td><td></td><td></td><td></td><td></td></tr>
<tr><td></td><td></td><td></td><td></td><td></td><td></td><td></td><td></td><td></td><td></td><td></td></tr>
<tr><td colspan="4">施工单位</td><td colspan="7"></td></tr>
<tr><td colspan="4">审核人</td><td colspan="4">测定人</td><td colspan="3">记录人</td></tr>
<tr><td colspan="4"></td><td colspan="4"></td><td colspan="3"></td></tr>
</table>

注：本表由施工单位填写并保存。

12. 空调系统试运转调试记录

（1）填写说明。

1）试验方法。通风与空调工程进行无生产负荷联合试运转及调试时，应对空调系统总风量进行测量调整，并做记录。

2）相关规定与要求。系统实际风量与设计风量的相对偏差不应大于10%，为调试合格。

（2）空调系统试运转调试记录见表4－9。

表4－9 空调系统试运转调试记录

编号：________

<table>
<tr><td>工程名称</td><td colspan="2"></td><td colspan="2">试运转调试日期</td><td></td></tr>
<tr><td>系统名称</td><td colspan="2"></td><td colspan="2">系统所在位置</td><td></td></tr>
<tr><td>实测总风量（m^3/h）</td><td colspan="2"></td><td colspan="2">设计总风量（m^3/h）</td><td></td></tr>
<tr><td>风机全压（Pa）</td><td colspan="2"></td><td colspan="2">实测风机全压（Pa）</td><td></td></tr>
<tr><td colspan="6">试运转、调试内容：</td></tr>
<tr><td colspan="6">试运转、调试结论：</td></tr>
<tr><td rowspan="3">签字栏</td><td rowspan="2">建设（监理）单位</td><td colspan="2">施工单位</td><td colspan="2"></td></tr>
<tr><td colspan="2">专业技术负责人</td><td colspan="2">专业质检员</td><td>专业工长</td></tr>
<tr><td></td><td colspan="2"></td><td colspan="2"></td><td></td></tr>
</table>

注：本表由施工单位填写，建设单位、施工单位、城建档案馆各保存一份。

空调系统试运转调试记录的示例见表4－10。

表4－10 空调系统试运转调试记录

编号：×××

<table>
<tr><td>工程名称</td><td colspan="2">×××工程</td><td colspan="2">试运转调试日期</td><td>×××</td></tr>
<tr><td>系统名称</td><td colspan="2">送风系统</td><td colspan="2">系统所在位置</td><td>地下一层</td></tr>
<tr><td>实测总风量（m^3/h）</td><td colspan="2">×××</td><td colspan="2">设计总风量（m^3/h）</td><td>×××</td></tr>
<tr><td>风机全压（Pa）</td><td colspan="2">×××</td><td colspan="2">实测风机全压（Pa）</td><td>×××</td></tr>
<tr><td colspan="6">试运转、调试内容：
调试内容：因漏风量测试达到设计要求，所以测试系统管网末端处静压及全压满足设计要求。</td></tr>
<tr><td colspan="6">试运转、调试结论：
符合设计要求及《通风与空调工程施工质量验收规范》GB 50243—2002有关规定。</td></tr>
<tr><td rowspan="3">签字栏</td><td rowspan="2">建设（监理）单位</td><td colspan="2">施工单位</td><td colspan="2">×××</td></tr>
<tr><td colspan="2">专业技术负责人</td><td colspan="2">专业质检员</td><td>专业工长</td></tr>
<tr><td>×××</td><td colspan="2">×××</td><td colspan="2">×××</td><td>×××</td></tr>
</table>

注：本表由施工单位填写，建设单位、施工单位、城建档案馆各保存一份。

13. 空调水系统试运转调试记录

（1）填写说明。

1）试验内容。通风与空调工程进行无生产负荷联合试运转及调试时，应对空调冷（热）水、冷却水总流量、供回水温度进行测量、调整，并做记录。

2）相关规定与要求。空调冷（热）水、冷却水总流量的实际流量与设计流量的相对偏差不应大于10%，为调试合格。空调冷（热）水、冷却水进出水温度应符合设计要求及规范规定。

（2）空调水系统试运转调试记录见表4－11。

表4－11 空调水系统试运转调试记录

编号：__________

<table>
<tr><td colspan="2">工程名称</td><td></td><td>试运转调试日期</td><td></td></tr>
<tr><td colspan="2">设计空调冷（热）水总流量 $Q_{设}$（m^3/h）</td><td></td><td rowspan="2">相对差值
$\delta=(Q_{设}-Q_{实})/Q_{设}$</td><td></td></tr>
<tr><td colspan="2">实际空调冷（热）水总流量 $Q_{实}$（m^3/h）</td><td></td><td></td></tr>
<tr><td colspan="2">空调冷（热）水供水温度（℃）</td><td></td><td>空调冷（热）水回水温度（℃）</td><td></td></tr>
<tr><td colspan="2">设计冷却水总流量 $Q_{设}$（m^3/h）</td><td></td><td rowspan="2">相对差值
$\delta=(Q_{设}-Q_{实})/Q_{设}$</td><td></td></tr>
<tr><td colspan="2">实际冷却水总流量 $Q_{实}$（m^3/h）</td><td></td><td></td></tr>
<tr><td colspan="2">冷却水供水温度（℃）</td><td></td><td>冷却水回水温度（℃）</td><td></td></tr>
<tr><td colspan="5">试运转、调试内容：</td></tr>
<tr><td colspan="5">试运转、调试结论：</td></tr>
<tr><td rowspan="3">签字栏</td><td rowspan="2">建设（监理）单位</td><td>施工单位</td><td colspan="2"></td></tr>
<tr><td>专业技术负责人</td><td>专业质检员</td><td>专业工长</td></tr>
<tr><td></td><td></td><td></td><td></td></tr>
</table>

注：本表由施工单位填写，建设单位、施工单位、城建档案馆各保存一份。

空调水系统试运转调试记录见表4－12。

表4－12 空调水系统试运转调试记录

编号：________

<table>
<tr><td>工程名称</td><td>工程</td><td>试运转调试日期</td><td></td></tr>
<tr><td>设计空调冷（热）水总流量
$Q_{设}$（m^3/h）</td><td></td><td rowspan="2">相对差值
$\delta=(Q_{设}-Q_{实})/Q_{设}$</td><td rowspan="2"></td></tr>
<tr><td>实际空调冷（热）水总流量
$Q_{实}$（m^3/h）</td><td></td></tr>
<tr><td>空调冷（热）水供水温度（℃）</td><td></td><td>空调冷（热）水回水温度（℃）</td><td></td></tr>
<tr><td>设计冷却水总流量$Q_{设}$（m^3/h）</td><td></td><td rowspan="2">相对差值
$\delta=(Q_{设}-Q_{实})/Q_{设}$</td><td></td></tr>
<tr><td>实际冷却水总流量$Q_{实}$（m^3/h）</td><td></td><td></td></tr>
<tr><td>冷却水供水温度（℃）</td><td></td><td>冷却水回水温度（℃）</td><td></td></tr>
<tr><td colspan="4">试运转、调试内容：
系统冲洗干净、不含杂物，排净管道系统中的空气，各空调机组的水流量达到设计要求。</td></tr>
<tr><td colspan="4">试运转、调试结论：
符合设计要求及《通风与空调工程施工质量验收规范》GB 50243—2002有关规定。</td></tr>
</table>

<table>
<tr><td rowspan="3">签字栏</td><td rowspan="2">建设（监理）单位</td><td>施工单位</td><td colspan="2"></td></tr>
<tr><td>专业技术负责人</td><td>专业质检员</td><td>专业工长</td></tr>
<tr><td></td><td></td><td></td><td></td></tr>
</table>

注：本表由施工单位填写，建设单位、施工单位、城建档案馆各保存一份。

14. 制冷系统气密性试验记录

（1）填写说明。

1）试验内容。应对制冷系统的工作性能进行试验，并做记录。

2）相关规定与要求。组装式制冷机组和现场充注制冷剂的机组，必须进行吹污、气密性试验、真空试验和充注制冷剂检漏试验，其相应技术数据必须符合产品技术文件和有关现行国家标准、规范的规定。

（2）制冷系统气密性试验记录见表4－13。

表 4－13 制冷系统气密性试验记录

编号：__________

<table>
<tr><td>工程名称</td><td colspan="2"></td><td>试验时间</td><td></td></tr>
<tr><td>试验项目</td><td colspan="2"></td><td>试验部位</td><td></td></tr>
<tr><td rowspan="2">管道编号</td><td colspan="4">气密性试验</td></tr>
<tr><td>试验介质</td><td>试验压力（MPa）</td><td>停压时间</td><td>试验结果</td></tr>
<tr><td></td><td></td><td></td><td></td><td></td></tr>
<tr><td></td><td></td><td></td><td></td><td></td></tr>
<tr><td rowspan="2">管道编号</td><td colspan="4">真空试验</td></tr>
<tr><td>设计真空度（kPa）</td><td>试验真空度（kPa）</td><td>试验时间</td><td>试验结果</td></tr>
<tr><td></td><td></td><td></td><td></td><td></td></tr>
<tr><td></td><td></td><td></td><td></td><td></td></tr>
<tr><td rowspan="2">管道编号</td><td colspan="4">充制冷剂试验</td></tr>
<tr><td>充制冷剂压力（MPa）</td><td>检漏仪器</td><td>补漏位置</td><td>试验结果</td></tr>
<tr><td></td><td></td><td></td><td></td><td></td></tr>
<tr><td></td><td></td><td></td><td></td><td></td></tr>
<tr><td colspan="5">试验结论：</td></tr>
</table>

<table>
<tr><td rowspan="3">签字栏</td><td rowspan="2">建设（监理）单位</td><td>施工单位</td><td colspan="2"></td></tr>
<tr><td>专业技术负责人</td><td>专业质检员</td><td>专业工长</td></tr>
<tr><td></td><td></td><td></td><td></td></tr>
</table>

注：本表由施工单位填写，建设单位、施工单位、城建档案馆各保存一份。

15．净化空调系统测试记录

（1）填写说明。净化空调系统无生产负荷试运转时，应对系统中的高效过滤器进行泄漏测试，并对室内洁净度进行测定，并做记录。

（2）净化空调系统测试记录见表 4－14。

表 4－14 净化空调系统测试记录

编号：__________

<table>
<tr><td>工程名称</td><td colspan="2"></td><td>试验时间</td><td></td></tr>
<tr><td>系统名称</td><td colspan="2"></td><td>洁净室级别</td><td></td></tr>
<tr><td>仪器型号</td><td colspan="2"></td><td>仪器编号</td><td></td></tr>
<tr><td rowspan="2">高效过滤器</td><td>型号</td><td></td><td>数量</td><td></td></tr>
<tr><td>测试内容</td><td colspan="3"></td></tr>
<tr><td>室内洁净度</td><td>测试内容</td><td colspan="3"></td></tr>
<tr><td colspan="5">测试结论：</td></tr>
</table>

<table>
<tr><td rowspan="3">签字栏</td><td rowspan="2">建设（监理）单位</td><td>施工单位</td><td colspan="2"></td></tr>
<tr><td>专业技术负责人</td><td>专业质检员</td><td>专业工长</td></tr>
<tr><td></td><td></td><td></td><td></td></tr>
</table>

注：本表由施工单位填写，建设单位、施工单位、城建档案馆各保存一份。

16. 防排烟系统联合试运行记录

（1）填写说明。

1）试验内容。在防排烟系统联合试运行和调试过程中，应对测试楼层及其上下二层的排烟系统中的排烟风口、正压送风系统的送风口进行联动调试，并对各风口的风速、风量进行测量调整，对正压送风口的风压进行测量调整，并做记录。

2）相关规定与要求。防排烟系统联合试运行与调试的结果（风量及正压），必须符合设计与消防的规定。

（2）防排烟系统联合试运行记录见表 4－15。

表 4－15　防排烟系统联合试运行记录

编号：____________

工程名称		试运行时间	
试运行项目		试运行楼层	
风道类别		风机类别型号	
电源形式		防火（风）阀类别	

序号	风口尺寸	风速（m/s）	风量（m^3/h）		风量相对差值	风压（Pa）
			设计风量 $Q_{设}$	实际风量 $Q_{实}$		

试运行结论：

签字栏				
	建设（监理）单位	施工单位		
		专业技术负责人	专业质检员	专业工长

注：本表由施工单位填写，建设单位、施工单位、城建档案馆各保存一份。

5 建筑电气工程资料管理

5.1 建筑电气工程施工物资资料

建筑电气工程常用材料品种及技术要求见表5－1。

表5－1 建筑电气工程常用材料品种及技术要求

材料品种	技术标准	主要技术要求
镀锌焊接钢管	《低压流体输送用焊接钢管》GB/T 3091—2008	（1）牌号和化学成分 （2）制造工艺 （3）交货状态 （4）力学性能 （5）工艺性能 （6）表面质量
焊接钢管	《低压流体输送用焊接钢管》GB/T 3091—2008	（1）牌号和化学成分 （2）制造工艺 （3）交货状态 （4）力学性能 （5）工艺性能 （6）表面质量
电线、电缆	《额定电压450/750V及以下聚氯乙烯绝缘电缆》GB 5023.1～GB 5023.7—2008	（1）导体 （2）绝缘 （3）填充 （4）内保护层 （5）护套
插座	《家用和类似用途插头插座 第1部分：通用要求》GB 2099.1—2008	（1）耐老化、防有害进水和防潮 （2）温升 （3）分断容量 （4）机械强度 （5）耐热 （6）防锈性能

续表 5－1

材料品种	技术标准	主要技术要求
灯具	《灯具 第1部分：一般安全要求与试验》GB 7000.1—2007	（1）结构 （2）外部接线和内部接线 （3）接地规定 （4）防触电保护 （5）防尘、防固体异物和防水 （6）绝缘电阻和电气强度 （7）爬电距离和电气间距 （8）耐久性试验和热试验 （9）耐热、耐火和耐起痕 （10）螺纹接线端子 （11）无螺纹接线端子和电连接体
金属线槽、桥架	《电控配电用电缆桥架》JB/T 10216—2013	（1）机械载荷 （2）撞击 （3）各种表面防护层的性能 （4）保护电路连续性 （5）防护等级
低压成套配电柜	《低压成套开关设备和控制设备第1部分：总则》GB 7251.1—2013	（1）温升极限 （2）介质性能 （3）短路耐受强度 （4）保护电路有效性 （5）电气间隙和爬电距离 （6）机械操作 （7）防护等级 （8）连接线、通电操作 （9）绝缘 （10）防护措施 （11）绝缘电阻
封闭式母线	《低压成套开关设备和控制设备第2部分：对母线干线系统（母线槽）的特殊要求》GB 7251.2—2006	（1）温升极限 （2）介质性能 （3）短路耐受强度 （4）保护电路有效性 （5）电气间隙和爬电距离 （6）机械操作 （7）防护等级 （8）电阻、电抗与阻抗 （9）结构强度 （10）滑触式干线系统耐久性

续表 5-1

材料品种	技术标准	主要技术要求
配电板（箱）	《低压成套开关设备和控制设备 第3部分：对非专业人员可进入场地的低压成套开关设备和控制设备 配电板的特殊要求》GB 7251.3—2006	（1）温升极限 （2）介质性能 （3）短路耐受强度 （4）保护电路有效性 （5）电气间隙和爬电距离 （6）机械操作 （7）防护等级 （8）冲击强度 （9）耐锈性能 （10）绝缘材料的耐热能力 （11）绝缘材料对非正常发热和着火危险的耐受能力 （12）绝缘 （13）防护措施

5.2 建筑电气工程施工记录

1. 隐蔽工程检查记录

（1）填写说明。

1）资料流程。隐蔽工程检查记录为通用施工记录，适用于各专业。按规范规定须进行隐检的项目，施工单位应填报《隐蔽工程检查记录》或隐蔽工程（随工检查）验收表。

2）相关规定与要求。

①隐蔽工程项目施工完毕后，施工单位应进行自检，自检合格后，申报建设（监理）单位会同施工单位共同对隐蔽工程项目进行检查验收。

②应根据隐蔽工程的检查项目和内容认真进行检查，不得落项，隐检内容应根据规范要求填写齐全、明了，检查结果和结论齐全。

③隐蔽工程检查应及时，自检合格后向监理报验。签验的时限不应与土建进度相矛盾。

④当检查无问题时，复查意见栏不应填写。

⑤编号栏的填写应参照《材料、构配件进场检验记录》中编号栏的填写要求进行填写，但顺序号填写时应注意，由于隐蔽工程涉及多个分项工程，所以顺序号应根据分项工程的不同，按各检查项目分别从001开始连续编号。

3）注意事项。

①要求无未了事项：

a. 表格中凡需填空的地方，实际已发生的，如实填写；未发生的，则在空白处划斜杠“/”。

b. 对于选择框，有此项内容，在选择框处划“√”；若无此项内容，可空着，不必划“×”。

②对于《隐蔽工程检查记录》不适用的其他重要工序，应按照现行规范要求进行施工质量检查，并填写《施工检查记录表》。

（2）隐蔽工程检查记录见表2－21。

2. 预检记录

（1）填写说明。

1）资料流程。预检记录是对施工重要工序进行的预先质量控制检查记录，为通用施工记录，适用于各专业。

2）相关规定与要求。

①预检工程项目施工完毕后，施工单位应由专业技术负责人、工长、质检员共同进行检查。

②应根据预检工程的检查项目和内容认真进行检查，不得落项，预检内容应根据规范要求填写齐全、明了，检查结果和结论齐全。

③预检工程检查应及时；设备、机电表面器具的安装位置、标高的检查应在抹灰前进行；吊顶或轻钢龙骨墙部位的配管及线槽的检查应在封板前进行。

④当检查无问题时，复查意见栏不应填写。

⑤编号栏的填写应参照《隐蔽工程检查记录》中编号填写，但表式不同时顺序号应重新编号。

3）注意事项。

①要求无未了事项：表格中凡需填空的地方，实际已发生的，如实填写；未发生的，则在空白处划斜杠“/”。

②预检内容栏应说明的内容：

a. 门口的翘板开关因构造柱钢筋密布而无法稳装开关盒，其开关要移位，而移位又不符合《建筑电气工程施工质量验收规范》GB 50303—2002 的规定，在不影响操作方便和电气安全的情况下，可作洽商移位处理，这样的问题在预检内容中说明。

b. 暖气炉片进出支管间有电源插座时，其插座距暖气管的距离不符合《建筑电气通用图集》92DQ8 中要求的“上 200mm、下 300mm”的规定，应采取技术处理并办理洽商，同时应在预检内容中说明。

c. 照明配电箱按《建筑电气工程施工质量验收规范》GB 50303—2002 中的要求，底边距地 1.5m；而有的箱子比较高，超过 1m，按此标高要求则影响箱子的开启。这种情况下要降低安装高度，并办理洽商，同时在预检内容中应说明。

③依据现行施工规范，对于涉及工程实体质量、观感及人身安全的重要工序，应做预检。

④对于预检工程检查记录表不适用的其他重要工序，应按照现行规范要求进行施工质量检查，并填写《施工检查记录》。

（2）预检记录见表2－22。

3. 施工检查记录

参阅2.3.3节的相应内容。

4. 交接检查记录

（1）填写说明。

1）资料流程。分项（分部）工程完成，在不同专业施工单位进行移交，应由移交单位、接收单位和见证单位共同对移交工程进行验收。

2）相关规定与要求。

①应根据专业交接检查的检查项目和内容认真进行检查，交接内容应根据规范要求填写齐全、明了，检查结果和结论齐全。

②当检查无问题时，复查意见栏不应填写。

③编号栏的填写应参照《隐蔽工程检查记录》中编号填写，但表式不同时顺序号应重新编号。

④见证单位意见：见证单位应根据实际检查情况，并汇总移交单位和接收单位意见形成见证单位意见。

3）注意事项。

①当在总包管理范围内的分包单位之间移交时，见证单位为总包单位。

②当在总包单位和其他专业分包单位之间移交时，见证单位应为建设（监理）单位。

（2）交接检查记录见表2－24。

5.3 建筑电气工程施工试验记录

1. 电气接地电阻测试记录

（1）填写说明。

1）电气接地电阻测试记录应有建设（监理）单位及施工单位共同进行检查。

2）检测阻值结果和结论齐全。

3）电气接地电阻测试应及时，测试必须在接地装置敷设后隐蔽之前进行。

4）应绘制建筑物及接地装置的位置示意图表（见电气接地装置隐检与平面示意图表的填写要求）。

5）编号栏的填写应参照隐蔽工程检查记录表编号编写，但表式不同时顺序号应重新编号。

（2）电气接地电阻测试记录见表5－2。

电气接地电阻测试记录的示例见表5－3。

表 5－2 电气接地电阻测试记录

编号：______

<table>
<tr><td>工程名称</td><td></td><td>测试日期</td><td colspan="3"></td></tr>
<tr><td>仪表型号</td><td></td><td>天气情况</td><td></td><td>气温（℃）</td><td></td></tr>
<tr><td>按地类型</td><td colspan="5">☐防雷接地　☐计算机接地　☐工作接地
☐保护接地　☐防静电接地　☐逻辑接地
☐重复接地　☐综合接地　☐医疗设备接地</td></tr>
<tr><td>设计要求</td><td colspan="5">☐≤100Ω　☐≤4Ω　☐≤1Ω
☐≤0. 1Ω</td></tr>
<tr><td colspan="6">测试结论：</td></tr>
<tr><td rowspan="3">签字栏</td><td rowspan="2">建设（监理）单位</td><td>施工单位</td><td colspan="3"></td></tr>
<tr><td>专业技术负责人</td><td colspan="2">专业质检员</td><td>专业工长</td></tr>
<tr><td></td><td></td><td colspan="2"></td><td></td></tr>
</table>

注：1. 本表由施工单位填写，建设单位、施工单位、城建档案馆各保存一份。
2. 表格中凡需填空的地方，实际已发生的，如实填写；未发生的，则在空白处画斜杠“/”。
3. 对于选择框，有此项内容，在选择框处画“√”；若无此项内容，可空着，不必画“×”。

表 5－3 电气接地电阻测试记录

编号：×××

<table>
<tr><td>工程名称</td><td>××××</td><td>测试日期</td><td colspan="3">××××</td></tr>
<tr><td>仪表型号</td><td>ZC－8</td><td>天气情况</td><td>晴</td><td>气温（℃）</td><td>32</td></tr>
<tr><td>接地类型</td><td colspan="5">☑防雷接地　☐计算机接地　☑工作接地
☐保护接地　☐防静电接地　☐逻辑接地
☑重复接地　☐综合接地　☐医疗设备接地</td></tr>
<tr><td>设计要求</td><td colspan="5">☐≤100Ω　☑≤4Ω　☐≤1Ω
☐≤0. 1Ω</td></tr>
<tr><td colspan="6">测试结论：
季节系数取 1. 4，按接地分 2 组进行测试，组别及实测数据分别为：
防雷接地（1）0. 27×1. 4＝0. 378　（2）0. 27×1. 4＝0. 378
重复接地（1）0. 27×1. 4＝0. 378　（2）0. 27×1. 4＝0. 378
工作接地（1）0. 27×1. 4＝0. 378　（2）0. 26×1. 4＝0. 364
经测试计算，符合设计和施工质量验收规范规定</td></tr>
<tr><td rowspan="3">签字栏</td><td rowspan="2">建设（监理）单位</td><td>施工单位</td><td colspan="3">×××公司</td></tr>
<tr><td>专业技术负责人</td><td colspan="2">专业质检员</td><td>专业工长</td></tr>
<tr><td>×××监理公司</td><td>×××</td><td colspan="2">×××</td><td>×××</td></tr>
</table>

注：1. 本表由施工单位填写，建设单位、施工单位、城建档案馆各保存一份。
2. 表格中凡需填空的地方，实际已发生的，如实填写；未发生的，则在空白处画斜杠“/”。
3. 对于选择框，有此项内容，在选择框处画“√”；若无此项内容，可空着，不必画“×”。

2．电气接地装置隐检与平面示意图表

（1）填写说明。

1）电气接地装置隐检与平面示意图应由建设（监理）单位及施工单位共同进行检查。

2）检测结论齐全。

3）检验日期应与电气接地电阻测试记录日期一致。

4）绘制接地装置平面示意图时，应把建筑物轴线、各测试点的位置及阻值标出。

5）编号栏的填写：应与电气接地电阻测试记录编号一致。

（2）电气接地装置隐检与平面示意图表见表5－4。

表5－4 电气接地装置隐检与平面示意图表

编号：________

<table>
<tr><td colspan="2">工程名称</td><td colspan="3"></td><td>图号</td><td></td></tr>
<tr><td colspan="2">接地类型</td><td colspan="2"></td><td>组数</td><td></td><td>设计要求</td><td></td></tr>
<tr><td colspan="8">接地装置平面示意图（绘制比例要适当，注组别编号及有关尺寸）</td></tr>
<tr><td colspan="8"></td></tr>
<tr><td colspan="8">接地装置敷设情况检查表（尺寸单位：mm）</td></tr>
<tr><td colspan="2">槽沟尺寸</td><td colspan="3"></td><td>土质情况</td><td colspan="2"></td></tr>
<tr><td colspan="2">接地极规格</td><td colspan="3"></td><td>打进深度</td><td colspan="2"></td></tr>
<tr><td colspan="2">接地体规格</td><td colspan="3"></td><td>焊接情况</td><td colspan="2"></td></tr>
<tr><td colspan="2">防腐处理</td><td colspan="3"></td><td>接地电阻</td><td colspan="2"></td></tr>
<tr><td colspan="2">检验结论</td><td colspan="3"></td><td>检验日期</td><td colspan="2"></td></tr>
<tr><td rowspan="3">签字栏</td><td rowspan="2" colspan="2">建设（监理）单位</td><td colspan="2">施工单位</td><td colspan="3"></td></tr>
<tr><td colspan="2">专业技术负责人</td><td colspan="2">专业质检员</td><td>专业工长</td></tr>
<tr><td colspan="2"></td><td colspan="2"></td><td colspan="2"></td><td></td></tr>
</table>

注：1．本表由施工单位填写，建设单位、施工单位、城建档案馆各保存一份。

2．表格中凡需填空的地方，实际已发生的，如实填写；未发生的，则在空白处画斜杠“/”。

电气接地装置隐检与平面示意图表的示例见表5－5。

表5－5 电气接地装置隐检与平面示意图表

编号：×××

<table>
<tr><td>工程名称</td><td colspan="3">×××</td><td>图号</td><td>×××</td></tr>
<tr><td>接地类型</td><td>防雷、工作、保护</td><td>组数</td><td>1组</td><td>设计要求</td><td>≤10</td></tr>
<tr><td colspan="6">接地装置平面示意图（绘制比例要适当，注组别编号及有关尺寸）</td></tr>
<tr><td colspan="6">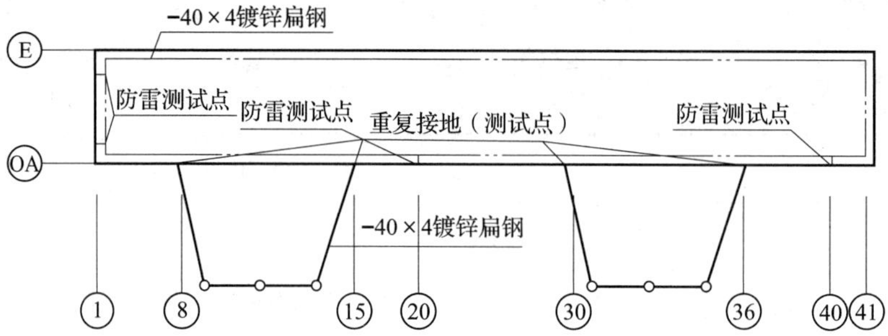
</td></tr>
<tr><td colspan="6">接地装置敷设情况检查表（尺寸单位：mm）</td></tr>
<tr><td>槽沟尺寸</td><td colspan="2">沿结构外四周，深0.8m</td><td>土质情况</td><td colspan="2">砂质黏土</td></tr>
<tr><td>接地极规格</td><td colspan="2">—</td><td>打进深度</td><td colspan="2">—</td></tr>
<tr><td>接地体规格</td><td colspan="2">×××</td><td>焊接情况</td><td colspan="2">符合规范要求</td></tr>
<tr><td>防腐处理</td><td colspan="2">焊接处均涂沥青油</td><td>接地电阻</td><td colspan="2">0.3Ω</td></tr>
<tr><td>检验结论</td><td colspan="2">符合设计、规范要求</td><td>检验日期</td><td colspan="2">×××</td></tr>
<tr><td rowspan="3">签字栏</td><td rowspan="2">建设（监理）单位</td><td>施工单位</td><td colspan="3">×××工程公司</td></tr>
<tr><td>专业技术负责人</td><td>专业质检员</td><td colspan="2">专业工长</td></tr>
<tr><td>×××</td><td>×××</td><td>×××</td><td colspan="2">×××</td></tr>
</table>

注：1. 本表由施工单位填写，建设单位、施工单位、城建档案馆各保存一份。

2. 表格中凡需填空的地方，实际已发生的，如实填写；未发生的，则在空白处画斜杠“/”。

3. 电气绝缘电阻测试记录

（1）填写说明。

1）电气绝缘电阻测试记录应由建设（监理）单位及施工单位共同进行检查。

2）检测阻值结果和测试结论齐全。

3）当同一配电箱（盘、柜）内支路很多，又是同一天进行测试时，本表格填不下，可续表格进行填写，但编号应一致。

4）阻值必须符合规范、标准的要求，若不符合规范、标准的要求，应查找原因并进行处理，直到符合要求方可填写此表。

5）编号栏的填写应参照隐蔽工程检查记录表编号编写，但表式不同时顺序号应重新编号，一、二次测试记录的顺序号应连续编写。

（2）电气绝缘电阻测试记录见表5－6。

表5－6 电气绝缘电阻测试记录

编号：________

<table>
<tr><td colspan="2">工程名称</td><td colspan="4"></td><td colspan="2">测试日期</td><td colspan="4"></td></tr>
<tr><td colspan="2">计量单位</td><td colspan="4"></td><td colspan="2">天气情况</td><td colspan="4"></td></tr>
<tr><td colspan="2">仪表型号</td><td colspan="2"></td><td colspan="2">电压</td><td colspan="2"></td><td colspan="2">气温</td><td colspan="2"></td></tr>
<tr><td colspan="2" rowspan="2">试验内容</td><td colspan="3">相间</td><td colspan="3">相对零</td><td colspan="3">相对地</td><td>零对地</td></tr>
<tr><td>L1－L2</td><td>L2－L3</td><td>L3－L1</td><td>L1－N</td><td>L2－N</td><td>L3－N</td><td>L1－PE</td><td>L2－PE</td><td>L3－PE</td><td>N－PE</td></tr>
<tr><td rowspan="8">层数、路别、名称、编号</td><td>ZAL3－1</td><td></td><td></td><td></td><td></td><td></td><td></td><td></td><td></td><td></td><td></td></tr>
<tr><td>1</td><td></td><td></td><td></td><td></td><td></td><td></td><td></td><td></td><td></td><td></td></tr>
<tr><td>2</td><td></td><td></td><td></td><td></td><td></td><td></td><td></td><td></td><td></td><td></td></tr>
<tr><td>3</td><td></td><td></td><td></td><td></td><td></td><td></td><td></td><td></td><td></td><td></td></tr>
<tr><td>4</td><td></td><td></td><td></td><td></td><td></td><td></td><td></td><td></td><td></td><td></td></tr>
<tr><td>5</td><td></td><td></td><td></td><td></td><td></td><td></td><td></td><td></td><td></td><td></td></tr>
<tr><td>6</td><td></td><td></td><td></td><td></td><td></td><td></td><td></td><td></td><td></td><td></td></tr>
<tr><td></td><td></td><td></td><td></td><td></td><td></td><td></td><td></td><td></td><td></td><td></td></tr>
<tr><td colspan="12">测试结论：</td></tr>
<tr><td rowspan="3">签字栏</td><td colspan="3" rowspan="2">建设（监理）单位</td><td colspan="3">施工单位</td><td colspan="5"></td></tr>
<tr><td colspan="3">技术负责人</td><td colspan="3">质检员</td><td colspan="2">测试人</td></tr>
<tr><td colspan="3"></td><td colspan="3"></td><td colspan="3"></td><td colspan="2"></td></tr>
</table>

注：1. 本表由施工单位填写，建设单位、施工单位、城建档案馆各保存一份。

2. 表格中凡需填空的地方，实际已发生的，如实填写；未发生的，则在空白处画斜杠“/”。

电气绝缘电阻测试记录的示例见表5－7。

表5－7 电气绝缘电阻测试记录

编号：×××

工程名称		×××				测试日期		×××			
计量单位（MΩ）		MΩ（兆欧）				天气情况		晴			
仪表型号		ZC－7		电压		380V		气温			28℃
试验内容		相间			相对零			相对地			零对地
		L1－L2	L2－L3	L3－L1	L1－N	L2－N	L3－N	L1－PE	L2－PE	L3－PE	N－PE
层数、路别、名称、编号	ZAL3－1										
	1	450			500			450			500
	2		350			450			500		450
	3			500			500			450	450
	4	500			400			450			350
	5		450			500			450		500
	6			500				450		450	500
测试结论： 经测试：线路绝缘良好，符合设计要求和《建筑电气工程施工质量验收规范》GB 50303—2002的规定											

签字栏	建设（监理）单位	施工单位	×××工程公司	
		专业技术负责人	专业质检员	专业工长
	×××	×××	×××	×××

注：1. 本表由施工单位填写，建设单位、施工单位、城建档案馆各保存一份。

2. 表格中凡需填空的地方，实际已发生的，如实填写；未发生的，则在空白处画斜杠“/”。

4. 电气器具通电安全检查记录

（1）填写说明。

1）电气器具通电安全检查记录应由施工单位的专业技术负责人、质检员、工长参加。

2）检查结论应齐全。

3）检查正确、符合要求时填写“√”，反之则填写“×”。当检查不符合要求时，应进行修复，并在检查结论中说明修复结果。当检查部位为同一楼门单元（或区域场所），检查点很多又是同一天检查时，本表格填不下，可续表格进行填写，但编号应一致。

4）编号栏的填写应参照隐蔽工程检查记录表编号编写，但表式不同时顺序号应重新编号。

（2）电气器具通电安全检查记录见表5－8。

表5－8 电气器具通电安全检查记录

编号：________

<table>
<tr><td colspan="4">工程名称</td><td colspan="10"></td><td colspan="4">检查日期</td><td colspan="10"></td></tr>
<tr><td colspan="14">楼门单元或区域场所</td><td colspan="14"></td></tr>
<tr><td rowspan="2">层数</td><td colspan="9">开关</td><td colspan="9">灯具</td><td colspan="9">插座</td></tr>
<tr><td>1</td><td>2</td><td>3</td><td>4</td><td>5</td><td>6</td><td>7</td><td>8</td><td>9</td><td>1</td><td>2</td><td>3</td><td>4</td><td>5</td><td>6</td><td>7</td><td>8</td><td>9</td><td>1</td><td>2</td><td>3</td><td>4</td><td>5</td><td>6</td><td>7</td><td>8</td><td>9</td></tr>
<tr><td></td><td></td><td></td><td></td><td></td><td></td><td></td><td></td><td></td><td></td><td></td><td></td><td></td><td></td><td></td><td></td><td></td><td></td><td></td><td></td><td></td><td></td><td></td><td></td><td></td><td></td><td></td><td></td></tr>
<tr><td></td><td></td><td></td><td></td><td></td><td></td><td></td><td></td><td></td><td></td><td></td><td></td><td></td><td></td><td></td><td></td><td></td><td></td><td></td><td></td><td></td><td></td><td></td><td></td><td></td><td></td><td></td><td></td></tr>
<tr><td></td><td></td><td></td><td></td><td></td><td></td><td></td><td></td><td></td><td></td><td></td><td></td><td></td><td></td><td></td><td></td><td></td><td></td><td></td><td></td><td></td><td></td><td></td><td></td><td></td><td></td><td></td><td></td></tr>
<tr><td></td><td></td><td></td><td></td><td></td><td></td><td></td><td></td><td></td><td></td><td></td><td></td><td></td><td></td><td></td><td></td><td></td><td></td><td></td><td></td><td></td><td></td><td></td><td></td><td></td><td></td><td></td><td></td></tr>
<tr><td></td><td></td><td></td><td></td><td></td><td></td><td></td><td></td><td></td><td></td><td></td><td></td><td></td><td></td><td></td><td></td><td></td><td></td><td></td><td></td><td></td><td></td><td></td><td></td><td></td><td></td><td></td><td></td></tr>
<tr><td></td><td></td><td></td><td></td><td></td><td></td><td></td><td></td><td></td><td></td><td></td><td></td><td></td><td></td><td></td><td></td><td></td><td></td><td></td><td></td><td></td><td></td><td></td><td></td><td></td><td></td><td></td><td></td></tr>
<tr><td></td><td></td><td></td><td></td><td></td><td></td><td></td><td></td><td></td><td></td><td></td><td></td><td></td><td></td><td></td><td></td><td></td><td></td><td></td><td></td><td></td><td></td><td></td><td></td><td></td><td></td><td></td><td></td></tr>
<tr><td colspan="28">检查结论：</td></tr>
<tr><td rowspan="3" colspan="2">签字栏</td><td rowspan="2" colspan="7">建设（监理）单位</td><td colspan="7">施工单位</td><td colspan="12"></td></tr>
<tr><td colspan="7">专业技术负责人</td><td colspan="6">专业质检员</td><td colspan="6">专业工长</td></tr>
<tr><td colspan="7"></td><td colspan="7"></td><td colspan="6"></td><td colspan="6"></td></tr>
</table>

注：1. 本表由施工单位填写，建设单位、施工单位、城建档案馆各保存一份。

2. 表格中凡需填空的地方，实际已发生的，如实填写；未发生的，则在空白处画斜杠“/”。

5. 电气设备空载试运行记录

（1）填写说明。

1）电气设备空载试运行记录应由建设（监理）单位及施工单位共同进行检查。

2）试运行情况记录应详细：

①记录成套配电（控制）柜、台、箱、盘的运行电压、电流情况、各种仪表指示

情况。

②记录电动机转向和机械转动有无异常情况、机身和轴承的温升、电流、电压及运行时间等有关数据。

③记录电动执行机构的动作方向及指示，是否与工艺装置的设计要求保持一致。

3）当测试设备的相间电压时，应把相对零电压划掉。

4）编号栏的填写应参照隐蔽工程检查记录表编号编写，但表式不同时顺序号应重新编号。

（2）电气设备空载试运行记录见表 5－9。

表 5－9 电气设备空载试运行记录

编号：__________

工程名称								
试运项目				填写日期				
试运时间	由　日　时　分开始，至　日　时　分结束							
试运行负荷记录	运行时间	试运行电压（V）			试运行电流（A）			温度（℃）
		L1－N（L1－L2）	L2－N（L2－L3）	L3－N（L3－L1）	L1 相	L2 相	L3 相	
试运行情况记录：								
签字栏	建设（监理）单位	施工单位						
		专业技术负责人	专业质检员	专业工长				

注：1. 本表由施工单位填写，建设单位、施工单位、城建档案馆各保存一份。

2. 表格中凡需填空的地方，实际已发生的，如实填写；未发生的，则在空白处画斜杠“/”。

电气设备空载试运行记录的示例见表5－10。

表5－10 电气设备空载试运行记录

编号：×××

<table>
<tr><td colspan="2">工程名称</td><td colspan="7">×××工程</td></tr>
<tr><td colspan="2">试运项目</td><td colspan="3">×××电动机</td><td colspan="2">填写项目</td><td colspan="2">××××</td></tr>
<tr><td colspan="2">试运时间</td><td colspan="7">由×日×时×分开始，至×日×时×分结束</td></tr>
<tr><td rowspan="4">试运行负荷记录</td><td rowspan="2">运行时间</td><td colspan="3">试运行电压（V）</td><td colspan="4">试运行电流（A）</td></tr>
<tr><td>L1－N（L1－L2）</td><td>L2－N（L2－L3）</td><td>L3－N（L3－L1）</td><td>L1相</td><td>L2相</td><td>L3相</td><td>温度（℃）</td></tr>
<tr><td>×××</td><td>380</td><td>382</td><td>383</td><td>21</td><td>22</td><td>22.5</td><td>76</td></tr>
<tr><td>×××</td><td>380</td><td>381</td><td>381</td><td>24</td><td>25</td><td>23.5</td><td>77</td></tr>
<tr><td colspan="9">试运行情况记录：
通过2h电动机空载试运行，开关无拒动和误动，线压接点和线路无过热现象，电动机运转正常，符合设计要求及《建筑电气工程施工质量验收规范》GB 50303—2002的规定。</td></tr>
<tr><td rowspan="3">签字栏</td><td rowspan="2">建设（监理）单位</td><td>施工单位</td><td colspan="2">×××工程公司</td></tr>
<tr><td>专业技术负责人</td><td>专业质检员</td><td>专业工长</td></tr>
<tr><td>×××</td><td>×××</td><td>×××</td><td>×××</td></tr>
</table>

注：1. 本表由施工单位填写，建设单位、施工单位、城建档案馆各保存一份。
2. 表格中凡需填空的地方，实际已发生的，如实填写；未发生的，则在空白处画斜杠“/”。

6. 建筑物照明通电试运行记录

（1）填写说明。

1）建筑物照明通电试运行记录应由建设（监理）单位及施工单位共同进行检查。

2）试运行情况记录应详细：

①照明系统通电，灯具回路控制应与照明配电箱及回路的标识一致。

②开关与灯具控制顺序相对应，风扇的转向及调速开关应正常。

③记录电流、电压、温度及运行时间等有关数据。

④配电箱内电气线路连接节点处应进行温度测量，且温升值稳定不大于设计值。

⑤配电箱内电气线路连接节点测温应使用远红外摇表测量仪，并在检定有效期内。

3）除签字栏必须亲笔签字外，其余项目栏均须打印。

4）当测试线路的相对零电压时，应把相间电压划掉。

5）编号栏的填写应参照隐蔽工程检查记录表编号编写，但表式不同时顺序号应重新编号。

6）要求无未了事项：

①表格中凡需填空的地方，实际已发生的，如实填写；未发生的，则在空白处画斜杠“/”。

②对于选择框，有此项内容，在选择框处画“√”；若无此项内容，可空着，不必画“×”。

（2）建筑物照明通电试运行记录见表5－11。

表5－11 建筑物照明通电试运行记录

编号：________

<table>
<tr><td colspan="2">工程名称</td><td colspan="4"></td><td colspan="4">公建□ /住宅□</td></tr>
<tr><td colspan="2">试运项目</td><td colspan="3"></td><td>填写日期</td><td colspan="4"></td></tr>
<tr><td colspan="2">试运时间</td><td colspan="8">由 日 时 分开始，至 日 时 分结束</td></tr>
<tr><td rowspan="11">试运行负荷记录</td><td rowspan="2">运行时间</td><td colspan="3">试运行电压（V）</td><td colspan="3">试运行电流（A）</td><td rowspan="2">温度（℃）</td></tr>
<tr><td>L1－N（L1－L2）</td><td>L2－N（L2－L3）</td><td>L3－N（L3－L1）</td><td>L1相</td><td>L2相</td><td>L3相</td></tr>
<tr><td></td><td></td><td></td><td></td><td></td><td></td><td></td><td></td></tr>
<tr><td></td><td></td><td></td><td></td><td></td><td></td><td></td><td></td></tr>
<tr><td></td><td></td><td></td><td></td><td></td><td></td><td></td><td></td></tr>
<tr><td></td><td></td><td></td><td></td><td></td><td></td><td></td><td></td></tr>
<tr><td></td><td></td><td></td><td></td><td></td><td></td><td></td><td></td></tr>
<tr><td></td><td></td><td></td><td></td><td></td><td></td><td></td><td></td></tr>
<tr><td></td><td></td><td></td><td></td><td></td><td></td><td></td><td></td></tr>
<tr><td></td><td></td><td></td><td></td><td></td><td></td><td></td><td></td></tr>
<tr><td></td><td></td><td></td><td></td><td></td><td></td><td></td><td></td></tr>
<tr><td colspan="10">试运行情况记录：</td></tr>
<tr><td rowspan="3">签字栏</td><td rowspan="2">建设（监理）单位</td><td>施工单位</td><td colspan="2"></td></tr>
<tr><td>专业技术负责人</td><td>专业质检员</td><td>专业工长</td></tr>
<tr><td></td><td></td><td></td><td></td></tr>
</table>

注：本表由施工单位填写，建设单位、施工单位各保存一份。

7．大型照明灯具承载试验记录

（1）填写说明。

1）照明灯具承载试验记录应由建设（监理）单位及施工单位共同进行检查。

2）检查结论应齐全。

3）编号栏的填写应参照隐蔽工程检查记录表编号编写，但表式不同时顺序号应重新编号。

（2）大型照明灯具承载试验记录见表5-12。

表5-12 大型照明灯具承载试验记录

编号：________

<table>
<tr><td>工程名称</td><td colspan="4"></td></tr>
<tr><td>楼层</td><td></td><td>试验日期</td><td colspan="2"></td></tr>
<tr><td>灯具名称</td><td>安装部位</td><td>数量</td><td>灯具自重（kg）</td><td>试验载重（kg）</td></tr>
<tr><td></td><td></td><td></td><td></td><td></td></tr>
<tr><td></td><td></td><td></td><td></td><td></td></tr>
<tr><td></td><td></td><td></td><td></td><td></td></tr>
<tr><td></td><td></td><td></td><td></td><td></td></tr>
<tr><td></td><td></td><td></td><td></td><td></td></tr>
<tr><td></td><td></td><td></td><td></td><td></td></tr>
<tr><td></td><td></td><td></td><td></td><td></td></tr>
<tr><td></td><td></td><td></td><td></td><td></td></tr>
<tr><td></td><td></td><td></td><td></td><td></td></tr>
<tr><td></td><td></td><td></td><td></td><td></td></tr>
<tr><td colspan="5">检查结论：</td></tr>
</table>

<table>
<tr><td rowspan="3">签字栏</td><td rowspan="2">建设（监理）单位</td><td>施工单位</td><td colspan="2"></td></tr>
<tr><td>专业技术负责人</td><td>专业质检员</td><td>专业工长</td></tr>
<tr><td></td><td></td><td></td><td></td></tr>
</table>

注：1. 本表由施工单位填写，建设单位、施工单位、城建档案馆各保存一份。

2. 表格中凡需填空的地方，实际已发生的，如实填写；未发生的，则在空白处画斜杠“/”。

8. 漏电开关模拟试验记录

（1）填写说明。

1）漏电开关模拟试验记录应由建设（监理）单位及施工单位共同进行检查。

2）若当天内检查点很多时，本表格填不下，可续表格进行填写，但编号应一致。

3）测试结论应齐全。

4）编号栏的填写应参照隐蔽工程检查记录表编号编写，但表式不同时顺序号应重新编号。

（2）漏电开关模拟试验记录见表5－13。

表5－13 漏电开关模拟试验记录

编号：

<table>
<tr><td>工程名称</td><td colspan="6"></td></tr>
<tr><td>试验器具</td><td colspan="2"></td><td>试验日期</td><td colspan="3"></td></tr>
<tr><td rowspan="2">安装部位</td><td rowspan="2">型号</td><td colspan="2">设计要求</td><td colspan="2">实际测试</td></tr>
<tr><td>动作电流（mA）</td><td>动作时间（ms）</td><td>动作电流（mA）</td><td>动作时间（ms）</td></tr>
<tr><td></td><td></td><td></td><td></td><td></td><td></td></tr>
<tr><td></td><td></td><td></td><td></td><td></td><td></td></tr>
<tr><td></td><td></td><td></td><td></td><td></td><td></td></tr>
<tr><td></td><td></td><td></td><td></td><td></td><td></td></tr>
<tr><td></td><td></td><td></td><td></td><td></td><td></td></tr>
<tr><td></td><td></td><td></td><td></td><td></td><td></td></tr>
<tr><td></td><td></td><td></td><td></td><td></td><td></td></tr>
<tr><td colspan="6">测试结论：</td></tr>
</table>

<table>
<tr><td rowspan="3">签字栏</td><td rowspan="2">建设（监理）单位</td><td>施工单位</td><td colspan="2"></td></tr>
<tr><td>专业技术负责人</td><td>专业质检员</td><td>专业工长</td></tr>
<tr><td></td><td></td><td></td><td></td></tr>
</table>

注：1．本表由施工单位填写，建设单位、施工单位、城建档案馆各保存一份。

2．表格中凡需填空的地方，实际已发生的，如实填写；未发生的，则在空白处画斜杠“/”。

9．大容量电气线路结点测温记录

（1）填写说明。

1）大容量电气线路结点测温记录应由建设（监理）单位及施工单位共同进行检查。

2）测试结论应齐全。

3）要求无未了事项：

①表格中凡需填空的地方，实际已发生的，如实填写；未发生的，则在空白处画斜杠“/”。

②对于选择框，有此项内容，在选择框处画“√”；若无此项内容，可空着，不必画“×”。

（2）大容量电气线路结点测温记录见表5－14。

表 5-14 大容量电气线路结点测温记录

编号：____________

工程名称				
测试地点		测试品种	导线□ /母线□ /开关□	
测试工具		测试日期		
测试回路（部位）	测试时间	电流（A）	设计温度（℃）	测试温度（℃）
测试结论：				

签字栏	建设（监理）单位	施工单位		
		专业技术负责人	专业质检员	专业工长

注：1. 本表由施工单位填写，建设单位、施工单位、城建档案馆各保存一份；
2. 表格中凡需填空的地方，实际发生的，如实填写；未发生的，则在空白处画斜杠“/”。

10. 避雷带支架拉力测试记录

（1）填写说明。

1）避雷带支架拉力测试记录应由建设（监理）单位及施工单位共同进行检查。

2）若当天内检查点很多时，本表格填不下，可续表格进行填写，但编号应一致。

3）检查结论应齐全。

（2）避雷带支架拉力测试记录见表 5-15。

表 5－15 避雷带支架拉力测试记录

编号：

工程名称							
测试部位				测试日期			
序号	拉力（kN）	序号	拉力（kN）	序号	拉力（kN）	序号	拉力（kN）
检查结论：							

签字栏	建设（监理）单位	施工单位		
		专业技术负责人	专业质检员	专业工长

注：1. 本表由施工单位填写，建设单位、施工单位、城建档案馆各保存一份。

2. 表格中凡需填空的地方，实际已发生的，如实填写；未发生的，则在空白处画斜杠“/”。

6 电梯工程资料管理

6.1 电梯工程施工物资资料

1. 电梯工程施工物资资料填表说明

(1) 电梯设备进场后，应由建设、监理、施工和供货单位共同开箱检验，并进行记录，填写《电梯设备开箱检验记录》。

(2) 电梯工程的主要设备、材料及附件应有出厂合格证、产品说明书及安装技术文件。

2. 电梯设备开箱检验记录

电梯设备开箱检验记录见表6－1。

表6－1 电梯设备开箱检验记录

编号：________

<table>
<tr><td>工程名称</td><td colspan="3"></td><td>产品合同号</td><td></td></tr>
<tr><td>设备名称及规格型号</td><td colspan="3"></td><td>出厂日期</td><td></td></tr>
<tr><td>装箱单号</td><td></td><td>检验数量</td><td></td><td>开箱日期</td><td></td></tr>
<tr><td colspan="4">检查内容及规范标准要求</td><td colspan="2">检查结果</td></tr>
<tr><td>包装情况</td><td colspan="3"></td><td colspan="2"></td></tr>
<tr><td>随机</td><td colspan="3"></td><td colspan="2"></td></tr>
<tr><td>机械部件</td><td colspan="3"></td><td colspan="2"></td></tr>
<tr><td>电气部件</td><td colspan="3"></td><td colspan="2"></td></tr>
<tr><td>进口设备</td><td colspan="3"></td><td colspan="2"></td></tr>
<tr><td>处理意见</td><td colspan="3"></td><td colspan="2"></td></tr>
<tr><td rowspan="2">签字栏</td><td colspan="2">建设（监理）单位</td><td colspan="2">供应单位</td><td>安装单位</td></tr>
<tr><td colspan="2"></td><td colspan="2"></td><td></td></tr>
</table>

注：本表由施工单位填写，建设单位、施工单位各存一份。

6.2 电梯工程施工记录

1. 隐蔽工程检查记录

参阅 3.2 节中 1 内的相应内容。

2. 预检记录

参阅 3.2 节中 2 内的相应内容。

3. 交接检查记录

参阅 3.2 节中 3 内的相应内容。

4. 其他项目检查记录

（1）电梯承重梁、起重吊环埋设隐蔽工程检查记录见表 6－2。

表 6－2 电梯承重梁、起重吊环埋设隐蔽工程检查记录

编号：________

<table>
<tr><td>工程名称</td><td colspan="3"></td><td>隐检项目</td><td colspan="3"></td></tr>
<tr><td>检查部位</td><td colspan="3"></td><td>填写日期</td><td colspan="3"></td></tr>
<tr><td>施工日期</td><td colspan="3"></td><td>天气情况</td><td></td><td>气温（℃）</td><td></td></tr>
<tr><td colspan="8"></td></tr>
<tr><td>承重梁规格（mm）</td><td></td><td>数量（根）</td><td></td><td>承重墙类型</td><td></td><td>厚度（mm）</td><td></td></tr>
<tr><td>埋设长度（mm）</td><td></td><td>过墙中心（mm）</td><td></td><td>梁垫规格（mm）</td><td colspan="3"></td></tr>
<tr><td>焊接情况</td><td></td><td>防腐措施</td><td></td><td>梁端封固</td><td colspan="3"></td></tr>
<tr><td colspan="2">起重吊环设计荷载（kg）</td><td colspan="2"></td><td colspan="2">起重吊环材料规格</td><td colspan="2"></td></tr>
<tr><td colspan="2">混凝土承重梁位置规格（mm）</td><td colspan="2"></td><td colspan="2">吊环与钢筋锚固尺寸</td><td colspan="2"></td></tr>
<tr><td colspan="2">A3 圆钢吊环荷载</td><td colspan="6"></td></tr>
<tr><td>检查意见</td><td colspan="3"></td><td>复查意见</td><td colspan="3"></td></tr>
<tr><td rowspan="3">签字栏</td><td rowspan="2" colspan="2">建设（监理）单位</td><td colspan="2">安装单位</td><td colspan="3"></td></tr>
<tr><td colspan="2">专业技术负责人</td><td colspan="2">专业质检员</td><td>专业工长</td></tr>
<tr><td colspan="2"></td><td colspan="2"></td><td colspan="2"></td><td></td></tr>
</table>

注：本表由施工单位填写，建设单位、施工单位、城建档案馆各保存一份。

（2）电梯钢丝绳头灌注隐蔽工程检查记录见表6－3。

表6－3 电梯钢丝绳头灌注隐蔽工程检查记录

编号：________

<table>
<tr><td>工程名称</td><td colspan="2"></td><td>隐检项目</td><td colspan="3"></td></tr>
<tr><td>操作场地</td><td colspan="2"></td><td>填写日期</td><td colspan="3"></td></tr>
<tr><td>操作日期</td><td colspan="2"></td><td>天气情况</td><td></td><td>气温（℃）</td><td></td></tr>
<tr><td>钢绳用途</td><td></td><td>钢绳规格</td><td></td><td>锥套数（个）</td><td colspan="2"></td></tr>
<tr><td>隐检内容</td><td colspan="6"></td></tr>
<tr><td>检查意见</td><td colspan="2"></td><td>复查意见</td><td colspan="3"></td></tr>
<tr><td rowspan="3">签字栏</td><td rowspan="2">建设（监理）单位</td><td colspan="2">安装单位</td><td colspan="3"></td></tr>
<tr><td colspan="2">专业技术负责人</td><td colspan="2">专业质检员</td><td>专业工长</td></tr>
<tr><td></td><td colspan="2"></td><td colspan="2"></td><td></td></tr>
</table>

注：本表由施工单位填写，建设单位、施工单位、城建档案馆各保存一份。

（3）电梯导轨、层门的支架、螺栓埋设隐蔽工程检查记录见表6－4。

表6－4 电梯导轨、层门的支架、螺栓埋设隐蔽工程检查记录

编号：＿＿＿＿＿＿

<table>
<tr><td>工程名称</td><td colspan="2"></td><td>隐检项目</td><td colspan="2"></td></tr>
<tr><td>检查部位</td><td colspan="2"></td><td>填写日期</td><td colspan="2"></td></tr>
<tr><td>施工日期</td><td colspan="2"></td><td>天气情况</td><td>气温（℃）</td><td></td></tr>
<tr><td colspan="6"></td></tr>
<tr><td>井壁结构</td><td></td><td>适用工艺</td><td></td><td>适应图号</td><td></td></tr>
<tr><td>埋铁厚度</td><td></td><td>螺栓规格</td><td></td><td>型钢规格</td><td></td></tr>
<tr><td>燕尾夹角</td><td></td><td>埋设深度</td><td></td><td>墙洞尺寸</td><td></td></tr>
<tr><td>清渣冲水</td><td></td><td>混凝土配合比
（水泥:砂:豆石）</td><td></td><td>养护（d）</td><td></td></tr>
<tr><td>检查意见</td><td colspan="2"></td><td>复查意见</td><td colspan="2"></td></tr>
<tr><td rowspan="3">签字栏</td><td rowspan="2">建设（监理）单位</td><td colspan="4">安装单位</td></tr>
<tr><td colspan="2">专业技术负责人</td><td>专业质检员</td><td>专业工长</td></tr>
<tr><td></td><td colspan="2"></td><td></td><td></td></tr>
</table>

注：本表由施工单位填写，建设单位、施工单位、城建档案馆各保存一份。

（4）电梯电气装置安装检查记录见表6－5。

表6－5 电梯电气装置安装检查记录

编号：____________

施工名称		日期	

序号	检验项目	检验内容及其规范标准要求	检查结果
1	主电源开关	位置在机房入口，各台易识别，容量适当，距地面1.3～1.5m	
		不应切断与电梯有关的照明、通风、插座及报警电路	
2	机房照明	与电梯电源分开，在机房入口处设开关，地面照明大于或等于200lx	
3	轿厢照明和通风电路	电源可由相应的主开关进线侧获得	
		在相应主开关近旁设置电源开关进行控制	
4	轿顶照明及插座	应装设照明装置，或设置安全电压的电源插座	
		轿顶检修220V电源插座（2P＋PE型）应设明显标志	
5	井道照明	电源宜由机房照明回路获得，在机房和坑底设置控制开关	
		在井道最高和最低处0.5m内各设一灯，并设中间灯，照度大于或等于50lx	
6	接地保护	所有电气设备的外露可导电部分均应可靠接地或接零	
		保护线和工作零线始终分开，保护线采用黄绿双色绝缘导线	
		保护干线截面积不得小于电源相线，支线应符合相关标准要求	
		各接地保护端应易识别，不得串联接地。接地电阻值应小于或等于4Ω	
		电梯轿厢可利用随行电缆的钢芯或不少于2根芯线接地	
7	控制屏柜	布局合格，固定可靠，基础高出地面50～100mm	
		垂直度偏差小于或等于1.5/1000	
		正面距门窗、维修侧距墙大于或等于600mm，距机械设备大于或等于500mm	
8	防护罩壳	在机房内必须防止直接触电，所有外壳防护等级最低为IP2X	
9	线路敷设	各台电梯的供电电源应单独敷设或采取隔离措施	
		机房、井道内应使用金属电线管槽，严禁使用可燃性的管槽	

续表 6－5

序号	检验项目	检验内容及其规范标准要求		检查结果
10	电线管槽	距轿厢、钢绳	机房内大于或等于 50mm，井道内大于或等于 20mm	
		水平和垂直偏差	机房内小于或等于 2/1000	
			井道内小于或等于 5/1000，全长小于或等于 50mm	
		均应可靠接地或接零，但线槽、软管不得作保护接线使用		
		轿厢顶部电线应敷设在被固定的金属电线管、槽内		
11	电线槽	在机房地面敷设时，其壁厚大于或等于 1.5mm		
		位置正确，安装牢固，每根线槽不应少于 2 点固定		
		接口严密，出线口无毛刺，槽盖齐全平整，便于开启		
12	电线管	应用管卡子固定，间距均匀（符合电气安装标准）		
		与线槽、箱、盒连接处应用锁母锁紧，管口装设护口		
		暗敷设时，保护层厚度大于或等于 15mm		
13	金属软管	用于不易受机械损伤的分支线路，长度小于或等于 2m		
		不得损伤和松散，与箱、盒、设备连接处应使用专用接头		
		应安装平直牢固，固定点间距均匀且不超过 1m		
		端头及拐弯处固定距离应不超过 0.3m，弯曲半径应不小于其外径的 4 倍		
		与管、箱、盒连接处应采用专用接地夹连接，保护线应采用不小于 $4mm^2$ 的多股铜绞线		
14	轿厢操作盘及显示面板	应与轿壁贴实，洁净无划伤		
		按钮触动应灵活无卡阻，信号应清晰正确，无串光现象		
15	防腐	附属构架、电线槽、电线管等均应涂防锈漆或镀锌，无遗漏		
16	导线敷设	应使用额定电压不低于 500V 的铜芯绝缘导线		
		电缆的绝缘或护套表面应有制造厂名、型号和电压的连续标志，标志应字迹清楚，容易辨认且耐擦		
		动力线路与控制线路应隔离敷设，抗干扰线路应符合产品要求		
		电线管、槽内无积水、污垢		
		接线编号齐全清晰。保护线端子、电压 220V 以上的端子和主电源断开后仍带超过 50V 的端子应有明显标记		

续表 6－5

序号	检验项目	检验内容及其规范标准要求	检查结果
16	导线敷设	出入电线管、槽的电线应有护口或其他保护装置	
		电线槽拐弯、导线受力处应加绝缘衬垫，垂直部分应可靠固定	
		电线管内导线总截面积小于或等于管内净截面积的 40%	
		电线管内导线总截面积小于或等于槽内净截面积的 60%	
		配线应绑扎整齐，留备用线，其长度与箱、盒内最长的导线相同	
		线槽内应减少接头，接头冷压端子压接可靠，绝缘良好	
		全部电线接头、连接端子及连接器应设置于柜、盒内或为此目的而设置的屏上	
		导线和电缆的保护外皮应完全进入开关和设备的壳体，或应进入一个合适的封闭装置中	
		如果不需使用工具就能将连接件或插接式装置拔出时，则应保证重新插入时决不会插错	
17	绝缘电阻	导体之间、导体对地之间应大于 1000Ω/V。动力电路和电气安全装置电路不应小于 0. 5MΩ；控制回路和照明回路不应小于 0. 25MΩ	

<table>
<tr><td rowspan="3">签字栏</td><td rowspan="2">建设（监理）单位</td><td>安装单位</td><td colspan="2"></td></tr>
<tr><td>专业技术负责人</td><td>专业质检员</td><td>专业工长</td></tr>
<tr><td></td><td></td><td></td><td></td></tr>
</table>

注：本表由施工单位填写，建设单位、施工单位各保存一份。

（5）电梯机房、井道预检记录见表6－6。

表6－6　电梯机房、井道预检记录

编号：＿＿＿＿＿＿

<table>
<tr><td colspan="2">工程名称</td><td colspan="2"></td><td colspan="2">检查日期</td><td></td></tr>
<tr><td colspan="2">土建设计图号</td><td colspan="2"></td><td colspan="2">电梯厂设计图号</td><td></td></tr>
<tr><td colspan="2">同机房电梯数</td><td></td><td>同井道电梯数</td><td></td><td>楼层数</td><td></td></tr>
<tr><td colspan="2">检测内容</td><td>设计要求</td><td>检测数据</td><td colspan="2">偏差数值</td><td>具体部位</td></tr>
<tr><td colspan="2">机房高度</td><td></td><td></td><td colspan="2"></td><td></td></tr>
<tr><td colspan="2">机房宽度</td><td></td><td></td><td colspan="2"></td><td></td></tr>
<tr><td colspan="2">机房深度</td><td></td><td></td><td colspan="2"></td><td></td></tr>
<tr><td colspan="2">地板承重</td><td></td><td></td><td colspan="2"></td><td></td></tr>
<tr><td colspan="2">预留孔洞</td><td></td><td></td><td colspan="2"></td><td></td></tr>
<tr><td colspan="2">吊钩埋设</td><td></td><td></td><td colspan="2"></td><td></td></tr>
<tr><td colspan="2">井道宽度</td><td></td><td></td><td colspan="2"></td><td></td></tr>
<tr><td colspan="2">井道深度</td><td></td><td></td><td colspan="2"></td><td></td></tr>
<tr><td colspan="2">顶层高度</td><td></td><td></td><td colspan="2"></td><td></td></tr>
<tr><td colspan="2">标准层高</td><td></td><td></td><td colspan="2"></td><td></td></tr>
<tr><td colspan="2">底坑深度</td><td></td><td></td><td colspan="2"></td><td></td></tr>
<tr><td colspan="2">井道偏斜</td><td></td><td></td><td colspan="2"></td><td></td></tr>
<tr><td colspan="2">混凝土梁间距</td><td></td><td></td><td colspan="2"></td><td></td></tr>
<tr><td colspan="2">埋铁位置</td><td></td><td></td><td colspan="2"></td><td></td></tr>
<tr><td colspan="2">层门尺寸</td><td></td><td></td><td colspan="2"></td><td></td></tr>
<tr><td rowspan="2">盒洞</td><td>召唤开关</td><td></td><td></td><td colspan="2"></td><td></td></tr>
<tr><td>楼层指示</td><td></td><td></td><td colspan="2"></td><td></td></tr>
<tr><td colspan="7">检查意见：</td></tr>
<tr><td colspan="3">土建单位</td><td></td><td colspan="2">安装单位</td><td></td></tr>
<tr><td colspan="2" rowspan="2">签字栏</td><td>土建技术负责人</td><td>专业技术负责人</td><td colspan="2">专业质检员</td><td>专业工长</td></tr>
<tr><td></td><td></td><td colspan="2"></td><td></td></tr>
</table>

注：本表由施工单位填写并保存。

（6）自动扶梯、自动人行道安装与土建交接预检记录见表6－7。

表6－7　自动扶梯、自动人行道安装与土建交接预检记录

编号：____________

<table>
<tr><td colspan="2">工程名称</td><td colspan="2"></td><td colspan="2">检查日期</td><td></td></tr>
<tr><td colspan="7">土建布置图（可复印粘贴）</td></tr>
<tr><td colspan="2">检测项目</td><td colspan="2">设计要求</td><td colspan="2">检测数据</td><td>允许偏差（mm）</td></tr>
<tr><td colspan="2">水平基准线标识</td><td colspan="2"></td><td colspan="2"></td><td></td></tr>
<tr><td colspan="2">机房宽度</td><td colspan="2"></td><td colspan="2"></td><td></td></tr>
<tr><td colspan="2">机房深度</td><td colspan="2"></td><td colspan="2"></td><td></td></tr>
<tr><td colspan="2">支承宽度</td><td colspan="2"></td><td colspan="2"></td><td></td></tr>
<tr><td colspan="2">支承长度</td><td colspan="2"></td><td colspan="2"></td><td></td></tr>
<tr><td colspan="2">中间支承强度</td><td colspan="2"></td><td colspan="2"></td><td></td></tr>
<tr><td colspan="2">支承水平间距</td><td colspan="2"></td><td colspan="2"></td><td></td></tr>
<tr><td colspan="2">扶梯提升高度</td><td colspan="2"></td><td colspan="2"></td><td></td></tr>
<tr><td colspan="2">支承预埋铁尺寸</td><td colspan="2"></td><td colspan="2"></td><td></td></tr>
<tr><td colspan="2">提升设备预留措施</td><td colspan="2"></td><td colspan="2"></td><td></td></tr>
<tr><td colspan="7">检查意见：</td></tr>
<tr><td colspan="2">土建单位</td><td colspan="2"></td><td colspan="2">安装单位</td><td></td></tr>
<tr><td rowspan="2">签字栏</td><td colspan="2">土建技术负责人</td><td colspan="2">专业技术负责人</td><td>专业质检员</td><td>专业工长</td></tr>
<tr><td colspan="2"></td><td colspan="2"></td><td></td><td></td></tr>
</table>

注：本表由施工单位填写并保存。

（7）自动扶梯、自动人行道的相邻区域检查记录见表 6-8。

表 6-8 自动扶梯、自动人行道的相邻区域检查记录

编号：__________

施工名称		日期	
序号	检验项目	检验内容及其规范标准要求	检查结果
1	出入口畅通区	其宽度不应小于扶手带中心线之间的距离，纵深尺寸从扶手带转向端起不应小于 2.5mm；如该区宽度大于扶手带中心间距 2 倍时，其纵深尺寸可减至 2m	
2	照明	地面处的光照度：室内不应小于 50lx，室外不应小于 15lx	
3	防碰挡板	当扶手带中心线与障碍物或自动扶梯、自动人行道的交叉间距小于 0.5m 时，应在外盖板上方设置无锐利边缘的垂直防碰挡板，其高度不应小于 0.3m，软连接的链绳自由长度不应小于 75mm	
4	净空高度	梯级、踏板或胶带上空垂直净高度严禁小于 2.3m	
5	防护栏	自动扶梯与楼层地面开口部之间应设置保证安全的栏杆或屏障，其高度严禁小于 1.2m	
6	防护网	当开口与扶梯间距大于 200mm 时，应设防止物品下落的防护网，网孔密度不能让直径大于 $\phi 50$ 的球落下，骨架应用钢材制作	
7	护板	出入口应设置防儿童钻爬的护板，其高度不应小于 1.1m，与扶手装置及其他设施的间隙不应大于 100mm	
8	扶手带外缘	与墙壁或障碍物的水平距离不应小于 80mm，该距离应保持至梯级、踏板或胶带上方不小于 2.1m 的高度	
		相邻平行或交叉设置的自动扶梯，其扶手带外缘间距不应小于 120mm	
9	标志须知	应采用汉字，位置明显，材料经久耐用。内容应符合《自动扶梯和自动人行道的制造与安装安全规范》GB 16899—2011 的规定	

签字栏	建设（监理）单位	安装单位		
		专业技术负责人	专业质检员	专业工长

注：本表由施工单位填写，建设单位、施工单位各保存一份。

（8）自动扶梯、自动人行道的电气装置检查记录见表6－9。

表6－9　自动扶梯、自动人行道的电气装置检查记录

编号：___________

施工名称			日期	
序号	检验项目	检验内容及其规范标准要求		检查结果
1	主电源开关	每台（个）装设在驱动主机或控制装置附近，能迅速而容易地操纵，具有稳定的断开和闭合位置，并能保持在断开的位置		
		不应切断电源插座或检修照明电路的电源		
2	机房照明	各分离机房、驱动和转向站内应设固定的照明和插座		
		在金属结构内应常备手提行灯，并配备足够的电源插座		
		插座应是2P＋PE型（2级＋保护线）250V或安全电压形式		
		P＋PE型（2级＋保护线）250V或安全电压形式		
		电源应和主机电源分开，或由主开关之前的分支电缆供电。各回路的保护开关应位于主开关近旁，并应明显的标志		
3	防护罩壳	在各分离机房、驱动和转向站内应采用防护等级至少为IP2X的防护罩以防止直接触电		
4	接地保护	电气设备金属罩壳均应有易识别的接地端。接地线应分别直接可靠地接至接地端上，不得互相串接后接地。接地电阻值不应大于4Ω		
		接地保护线应采用黄绿双色绝缘铜芯导线，并应与零线始终分开		
		接地干线的截面积不得小于相线；支路采用裸铜线时不应超过$4mm^2$，采用绝缘铜芯导线时不应超过$1.5mm^2$		
		金属软管和线槽均应可靠接地或接零，但不得作为保护线使用		
5	线路敷设	各台自动扶梯、自动人行道的电源线路应单独敷设或采取隔离措施		
		所有管线应采用不延燃型材料，并应有防止机械损伤的措施		
		导线敷设总截面积（包括外保护层）不得超过线槽净截面积的60%，不得超过线管净面积的40%		
		动力线路与控制线路应隔离敷设，抗干扰线路应符合产品要求		
		配线应绑扎整齐，接线编号应齐全清晰		

续表 6－9

序号	检验项目	检验内容及其规范标准要求	检查结果
6	金属软管	不得损伤或松散，与箱、盒、设备连接处应使用专用接头	
		应安装平直牢固，固定点间距均匀且不应超过 1m，端头及拐弯处固定距离不应超过 0.3m，弯曲半径不应小于其外径的 4 倍	
		与管、箱、盒应采用专用接地夹连接，保护线应采用不小于 $4mm^2$ 的多股铜绞线	
7	导线连接	电缆的绝缘或护套表面有制造厂名、型号和电压的连续标志，标志应字迹清楚，容易辨认且耐擦	
		保护线端子、电压 220V 以上的端子和主电源断开后仍带电，超过 50V 的端子应有明显标记	
		全部导线接头、连接端子及其连接器应设置于柜、箱、盒内；导线和电缆的保护外皮应完全进入开关和设备的壳体内	
8	绝缘电阻	导体之间、导体对地之间应大于 1000Ω/V；动力电路和电气安全装置电路不应小于 0.5MΩ；其余回路（控制、照明等）不应小于 0.25MΩ	

<table>
<tr><td rowspan="3">签字栏</td><td rowspan="2">建设（监理）单位</td><td>安装单位</td><td colspan="2"></td></tr>
<tr><td>专业技术负责人</td><td>专业质检员</td><td>专业工长</td></tr>
<tr><td></td><td></td><td></td><td></td></tr>
</table>

注：本表由施工单位填写，建设单位、施工单位各保存一份。

（9）自动扶梯、自动人行道整机安装质量检查记录见表6－10。

表6－10 自动扶梯、自动人行道整机安装质量检查记录

编号：____________

施工名称		日期	

序号	检验项目	检验内容及其规范标准要求	检查结果
1	一般要求	所有外露部件如装饰板、围裙板、扶手支架、扶手导轨、内外盖板，护壁板等应表面完整光滑，其接缝处的凸台不应大于0.5mm	
2	装饰板（围板）	应有足够的机械强度和刚度，除梯级、踏板或胶带及扶手带等以外的运动部分均应完全封闭在无孔的围板内（可设通风孔）	
3	护壁板（护栏板）	应有足够的强度和刚度，其边缘应呈圆角或倒角状，对接处间隙不应大于4mm（玻璃护壁板之间应有间隙）	
4	围裙板梯级、踏板	应设防夹装置或在梯级踏面两端提供黄色标记	
		与梯级或踏板任一侧的水平间隙不应超过4mm，两侧间隙总和不应超过7mm	
		与自动人行道踏板或胶带的间隙不应超过4mm，围裙板垂直投影不允许与踏板或胶带产生水平间隙	
5	扶手带	截面形状与导向件组合后，不应挤夹手指，开口处与导向件的距离在任何情况下均不得超过8mm	
		导向和张紧应能在正常工作时不会脱离扶手导轨	
6	桁架（机架）	应能承受扶梯满载质量，其最大挠度应符合《自动扶梯和自动人行道的制造与安装安全规范》GB 16899—2011的要求（可核查有关证明文件）	
		支承固定可靠，当提升高度大于5m时，应设中间支承或采取其他增强措施。金属结构表面应有防锈措施（可核查隐检记录）	
7	驱动装置	驱动主机运转时不得有杂声、冲击和异常的振动	
		减速器箱体分割面、视孔、端盖处及油管接头均不应有渗油现象。驱动链、扶手驱动链、梯级链应保持良好润滑	
		制动器与制动轮工作表面应保持清洁，动作应灵活可靠	
		飞轮上应有与自动扶梯、自动人行道运行方向相对应的标志。手轮、制动盘等光滑圆形部件，至少应部分漆成黄色	

续表 6-10

序号	检验项目	检验内容及其规范标准要求	检查结果
8	盘车装置	应操作方便、安全、可靠，不允许采用曲柄或多孔手轮	
		手动盘车装置附近应备有使用说明	
9	应设置有效防护装置的部件	轴上的键和螺栓、电动机主轴伸出部分	
		传动齿轮、链轮、传动皮带、链条、外露的限速器	
		须在驱动或转向站内维修的梯级和踏板转向部分	

签字栏	建设（监理）单位	安装单位		
		专业技术负责人	专业质检员	专业工长

注：本表由施工单位填写，建设单位、施工单位各保存一份。

6.3 电梯工程施工试验记录

（1）轿厢平层准确度测量记录的样式见表 6-11。

表 6-11 轿厢平层准确度测量记录

编号：________

工程名称				日期			
额定速度（m/s）		层站		驱动方式		层高（m）	
达速层数		标准		测量工具		单位（mm）	
上行				下行			
起层	停层	空载	满载	起层	停层	空载	满载

签字栏	建设（监理）单位	安装单位		
		专业技术负责人	专业质检员	专业工长

注：本表由施工单位填写，建设单位、施工单位各保存一份。

（2）电梯层门安全装置检验记录的样式见表6－12。

表6－12 电梯层门安全装置检验记录

编号：____________

工程名称			日期				
层、站、门		开门方式	中分 □ 旁开 □	开门宽度 *B*（mm）		门扇数	
门锁装置铭牌制造厂名称				有效期至			
型式试验标志及试验单位							

层站	开门时间	关门时间	联锁安全触点				啮合长度		自闭功能		关门阻止力（kN）	紧急开锁装置	层门地坎护脚板
			左1	左2	右1	右2	左	右	左	右			
标准													

开门宽度（mm）				
中分	开关门时间≤			
旁开				

签字栏	建设（监理）单位	安装单位		
		专业技术负责人	专业质检员	专业工长

注：本表由施工单位填写，建设单位、施工单位、城建档案馆各保存一份。

（3）电梯电气安全装置检验记录的样式见表6－13。

表6－13 电梯电气安全装置检验记录

编号：__________

施工名称		日期	
序号	检验项目	检验内容及其规范标准要求	检验结果
1	电源主开关	位置合理、容量适中、标志易识别	
2	断相、错相保护装置	断任一相电或错相，电梯停止，不能启动	
3	上、下限位开关	轿厢越程大于50mm时起作用	
4	上、下极限开关	轿厢或对重撞缓冲器之前起作用	
5	上、下强迫缓速装置	位置符合产品设计要求，动作可靠	
6	停止装置（安全、急停开关）	机房、底坑、轿顶进入位置小于或等于1m，应为红色，标有“停止”字样	
7	检修运行开关	轿顶优先、易接近、双稳态、防误操作	
8	紧急电动运行开关（机房内）	防误操作按钮、标明方向、直观主机位置	
9	开、关门和运行方向接触器	机械或电气联锁动作可靠	
10	限速器电气安全装置	动作速度之前、同时（额定速度115%时）	
11	安全钳电气安全装置	在安全钳动作以前或同时，使电动机停转	
12	限速绳断裂、松弛保护装置	张紧轮下落大于50mm时	
13	轿厢位置传递装置的张紧度	钢带（钢绳、链条）断裂或松弛时	
14	耗能型缓冲器复位保护	缓冲器被压缩时，安全触点强迫断开	
15	轿厢安全窗安全门锁闭状况	如锁紧失败、应使电梯停止	
16	轿厢自动门撞击保护装置	安全触板、光电保护、阻止关门力小于或等于150N	
17	轿门的锁闭状况及关闭位置	安全触点、位置正确，无论是正常、检修或紧急电动操作均不能造成开门运行	
18	层门的锁闭状况及关闭位置		
19	补偿绳的张紧度及防跳装置	安全触点检查，动作时电梯停止运行	
20	检修门，井道安全门	不得朝井道内开启，关闭时，电梯才可能运行	
21	消防专用开关	返基站、开门、解除应答、运行、动作可靠	

签字栏	建设（监理）单位	安装单位		
		专业技术负责人	专业质检员	专业工长

注：本表由施工单位填写，建设单位、施工单位各保存一份。

(4) 电梯整机功能检验记录的样式见表6-14。

表6-14 电梯整机功能检验记录

编号：____________

<table>
<tr><td>工程名称</td><td colspan="2"></td><td>日期</td><td colspan="2"></td></tr>
<tr><td>项目</td><td colspan="4">试验条件及其规范标准要求</td><td>检验结果</td></tr>
<tr><td rowspan="3">无故障运行</td><td colspan="4">轿厢分别以空载、50%额定载荷和额定载荷三种工况，在通电持续率40%，到达全程范围，按120次/h，每天不少于8h，各启动、制动运行1000次。电梯应运行平稳、制动可靠、连续运行无故障</td><td></td></tr>
<tr><td colspan="4">制动器线圈温升和减速器油温升不超过60K，其温度不超过85℃，电动机温升不超过《交流电梯电动机通用技术条件》GB/T 12974—2012的规定。电动机、风机工作正常</td><td></td></tr>
<tr><td colspan="4">曳引机除蜗杆轴伸出端渗漏油面积平均每小时不超过150cm²外，其余各处不得渗漏油</td><td></td></tr>
<tr><td>超载运行</td><td colspan="4">断开超载控制电路，电梯在110%额定载荷，通电持续率40%情况下，到达全行程范围。启动、制动运行30次，电梯应能可靠地启动、运行和停止（平层不计），曳引机工作正常</td><td></td></tr>
<tr><td rowspan="3">曳引检查</td><td colspan="4">电梯空载上行至端站及125%额定载荷下行至端站，分别停层3次以上，轿厢应可靠制停，在超载下行时切断供电，轿厢应被可靠制动</td><td></td></tr>
<tr><td colspan="4">当对重压在缓冲器上时，空载轿厢不能被曳引绳提升起</td><td></td></tr>
<tr><td colspan="4">当轿厢面积不能限制额定载荷时，需用150%额定载荷做曳引静载检查，历时10min，曳引绳无打滑现象</td><td></td></tr>
<tr><td rowspan="2">安全钳装置</td><td colspan="4">对瞬时式安全钳装置，轿厢应有均匀分布的额定载重量，以检修速度下行按《电梯试验方法》GB/T 10059—2009中第4.1.2条的要求进行试验</td><td></td></tr>
<tr><td colspan="4">对渐进式安全钳装置，轿厢应有均匀分布的125%额定载重量，以检修速度或平层速度下行按《电梯试验方法》GB/T 10059—2009中第4.1.2条的要求进行试验</td><td></td></tr>
<tr><td rowspan="2">缓冲试验</td><td colspan="4">蓄能型缓冲器：轿厢以额定载重量减低速度或轿厢空载对重装置分别对各自的缓冲器静压5min后脱离，缓冲器应回复正常位置</td><td></td></tr>
<tr><td colspan="4">耗能型缓冲器：轿厢和对重装置分别以检修速度下降将缓冲器全压缩，从离开缓冲器瞬间起，缓冲柱塞复位时间不大于120s</td><td></td></tr>
<tr><td rowspan="3">签字栏</td><td rowspan="2">建设（监理）单位</td><td>安装单位</td><td colspan="3"></td></tr>
<tr><td>专业技术负责人</td><td colspan="2">专业质检员</td><td>专业工长</td></tr>
<tr><td></td><td></td><td colspan="2"></td><td></td></tr>
</table>

注：本表由施工单位填报，建设单位、施工单位、城建档案馆各保存一份。

（5）电梯主要功能检验记录的样式见表6－15。

表6－15 电梯主要功能检验记录

编号：____________

<table>
<tr><td>工程名称</td><td colspan="2"></td><td>日期</td><td></td></tr>
<tr><td>序号</td><td>检验项目</td><td colspan="2">检验内容及其规范标准要求</td><td>检查结果</td></tr>
<tr><td>1</td><td>基站启用、关闭开关</td><td colspan="2">专用钥匙、运行、停止转换灵活可靠</td><td></td></tr>
<tr><td>2</td><td>工作状态选择开关</td><td colspan="2">操纵盘上司机、自动、检修钥匙开关、可靠</td><td></td></tr>
<tr><td>3</td><td>轿内照明、通风开关</td><td colspan="2">功能正确、灵活可靠、标志清晰</td><td></td></tr>
<tr><td>4</td><td>轿内应急照明</td><td colspan="2">自动充电、电源故障自动接通，大于1W1h</td><td></td></tr>
<tr><td>5</td><td>本层厅外开门</td><td colspan="2">按电梯停在某层的召唤按钮，应开门</td><td></td></tr>
<tr><td>6</td><td>自动定向</td><td colspan="2">按先入为主原则，自动确定运行方向</td><td></td></tr>
<tr><td>7</td><td>轿内指令记忆</td><td colspan="2">有多个选层指令时，电梯按顺序逐一停靠</td><td></td></tr>
<tr><td>8</td><td>呼梯记忆、顺向截停</td><td colspan="2">记忆厅外全部召唤信号，按顺序停靠应答</td><td></td></tr>
<tr><td>9</td><td>自动换向</td><td colspan="2">全部顺向指令完成后，自动应答反向指令</td><td></td></tr>
<tr><td>10</td><td>轿内选层信号优先</td><td colspan="2">完成最后指令在门关闭前轿内优先登记定向</td><td></td></tr>
<tr><td>11</td><td>自动关门</td><td colspan="2">完成全部指令后，电梯自动关门，时间为4～10s</td><td></td></tr>
<tr><td>12</td><td>提早关门</td><td colspan="2">按关门按钮，门不经延时立即关门</td><td></td></tr>
<tr><td>13</td><td>按钮开关</td><td colspan="2">在电梯未启动前，按开门按钮，门打开</td><td></td></tr>
<tr><td>14</td><td>自动返基站</td><td colspan="2">电梯完成全部指令后，自动返基站</td><td></td></tr>
<tr><td>15</td><td>司机直驶</td><td colspan="2">司机状态，按直驶钮后，厅外召唤不能截车</td><td></td></tr>
<tr><td>16</td><td>营救运行</td><td colspan="2">电梯故障停在层间时，自动慢速就近平层</td><td></td></tr>
<tr><td>17</td><td>满载、超载装置</td><td colspan="2">满载时截车功能取消；超载时不能运行</td><td></td></tr>
<tr><td>18</td><td>报警装置</td><td colspan="2">应采用警铃、对讲系统、外部电话</td><td></td></tr>
<tr><td>19</td><td>最小负荷控制（防捣乱）</td><td colspan="2">使空载轿厢运行最近层站后，消除登记信号</td><td></td></tr>
<tr><td>20</td><td>门机断电手动开门</td><td colspan="2">在开锁区，断电后，手扒开门的力不大于300N</td><td></td></tr>
<tr><td>21</td><td>紧急电源停层装置</td><td colspan="2">备用电源将电梯就近平层开门</td><td></td></tr>
<tr><td>22</td><td>集选、并联及机群控制</td><td colspan="2">按产品设计程序试验</td><td></td></tr>
</table>

<table>
<tr><td rowspan="3">签字栏</td><td rowspan="2">建设（监理）单位</td><td colspan="3">安装单位</td></tr>
<tr><td>专业技术负责人</td><td>专业质检员</td><td>专业工长</td></tr>
<tr><td></td><td></td><td></td><td></td></tr>
</table>

注：本表由施工单位填写，建设单位、施工单位各保存一份。

（6）电梯负荷运行试验记录的样式见表6－16。

表6－16 电梯负荷运行试验记录

编号：__________

工程名称				日期			
电梯编号		层站		额定载荷（kN）		额定速度（m/s）	
电机功率（kW）		电流（A）		额定转速（r/min）		实测速度（m/s）	
仪表型号	电流表：			电压表：		转速表：	

工况荷重		运行方向	电压（V）	电流（A）	电动机转速（r/min）	轿厢速度（m/s）
%	kg					

签字栏	建设（监理）单位	安装单位		
		专业技术负责人	专业质检员	专业工长

注：本表由施工单位填报，建设单位、施工单位、城建档案馆各保存一份。

（7）电梯噪声测试记录的样式见表6－17。

表6－17 电梯噪声测试记录

编号：________

<table>
<tr><td colspan="2">工程名称</td><td colspan="6"></td><td colspan="2">安装单位</td><td colspan="4"></td></tr>
<tr><td colspan="2">声级计型号</td><td colspan="6"></td><td colspan="2">计量单位</td><td colspan="4"></td></tr>
<tr><td colspan="8">机房（驱动主机）</td><td colspan="6">轿厢内</td></tr>
<tr><td>前</td><td>后</td><td>左</td><td>右</td><td>上</td><td>平均</td><td colspan="2">背景</td><td colspan="2">上行</td><td colspan="2">下行</td><td colspan="2">背景</td></tr>
<tr><td></td><td></td><td></td><td></td><td></td><td></td><td colspan="2"></td><td colspan="2"></td><td colspan="2"></td><td colspan="2"></td></tr>
<tr><td colspan="8"></td><td colspan="6"></td></tr>
<tr><td rowspan="2">层站</td><td colspan="3">轿厢门</td><td colspan="3">层站门</td><td rowspan="2">层站</td><td colspan="3">轿厢门</td><td colspan="3">层站门</td></tr>
<tr><td>开门</td><td>关门</td><td>背景</td><td>开门</td><td>关门</td><td>背景</td><td>开门</td><td>关门</td><td>背景</td><td>开门</td><td>关门</td><td>背景</td></tr>
<tr><td></td><td></td><td></td><td></td><td></td><td></td><td></td><td></td><td></td><td></td><td></td><td></td><td></td><td></td></tr>
<tr><td></td><td></td><td></td><td></td><td></td><td></td><td></td><td></td><td></td><td></td><td></td><td></td><td></td><td></td></tr>
<tr><td></td><td></td><td></td><td></td><td></td><td></td><td></td><td></td><td></td><td></td><td></td><td></td><td></td><td></td></tr>
<tr><td></td><td></td><td></td><td></td><td></td><td></td><td></td><td></td><td></td><td></td><td></td><td></td><td></td><td></td></tr>
<tr><td></td><td></td><td></td><td></td><td></td><td></td><td></td><td></td><td></td><td></td><td></td><td></td><td></td><td></td></tr>
<tr><td></td><td></td><td></td><td></td><td></td><td></td><td></td><td></td><td></td><td></td><td></td><td></td><td></td><td></td></tr>
<tr><td></td><td></td><td></td><td></td><td></td><td></td><td></td><td></td><td></td><td></td><td></td><td></td><td></td><td></td></tr>
<tr><td></td><td></td><td></td><td></td><td></td><td></td><td></td><td></td><td></td><td></td><td></td><td></td><td></td><td></td></tr>
<tr><td></td><td></td><td></td><td></td><td></td><td></td><td></td><td></td><td></td><td></td><td></td><td></td><td></td><td></td></tr>
<tr><td></td><td></td><td></td><td></td><td></td><td></td><td></td><td></td><td></td><td></td><td></td><td></td><td></td><td></td></tr>
<tr><td></td><td></td><td></td><td></td><td></td><td></td><td></td><td></td><td></td><td></td><td></td><td></td><td></td><td></td></tr>
<tr><td></td><td></td><td></td><td></td><td></td><td></td><td></td><td></td><td></td><td></td><td></td><td></td><td></td><td></td></tr>
<tr><td></td><td></td><td></td><td></td><td></td><td></td><td></td><td></td><td></td><td></td><td></td><td></td><td></td><td></td></tr>
<tr><td colspan="14">标准值：</td></tr>
<tr><td>备注</td><td colspan="13"></td></tr>
<tr><td colspan="2">测试日期</td><td colspan="3"></td><td colspan="2">审核人</td><td colspan="3"></td><td colspan="2">测试人</td><td colspan="2"></td></tr>
</table>

注：本表由施工单位填报，建设单位、施工单位各保存一份。

（8）自动扶梯、自动人行道安全装置检验记录的样式见表6－18。

表6－18 自动扶梯、自动人行道安全装置检验记录

编号：____________

施工名称		日期	
序号	检验项目	检验内容及其规范标准要求	检查结果
1	一般要求	各种安全装置固定可靠，但不得焊接固定，不得因正常运行的振动使开关产生位移、损坏或误动作	
		安全装置应直接作用在控制驱动主机供电的设备上，应能防止驱动主机起动或立即使其停止运行，工作制动器应制动	
		安全装置断开的动作必须通过安全触点或安全电路来完成	
2	断、错相保护	当电源断任一相电或错相、三相电不平衡严重时	
3	电动机短路过载保护	手动复位的自动开关能切断正常使用的最大电流；当过载检测绕组温升，断路器可在绕组冷却后自动闭合	
4	超速保护	当超过额定速度120%时，检查有无该装置及出厂调整数值；如驱动装置不是摩擦的，且转差率不超过10%则可不用该保护	
5	非操纵逆转保护	正常运行未经任何操作，梯级、踏板或胶带自行改变规定运行方向时	
6	停止开关	设在出入口附近，明显易接近，应为红色，标有“停止”字样。应为手动的断开、闭合形式，具有清晰、永久的转换位置标记	
		当驱动和转向站内配备符合《自动扶梯和自动人行道的制造与安装安全规范》GB 16899—2011中第5.11.4条规定的主开关时，则可不在驱动和转向站内设停止开关	
7	附加急停装置的设置	当自动扶梯提升高度大于12m时，其开关间距应小于或等于15m	
		自动人行道运行长度大于40m时，其开关间距应小于或等于40m	
8	扶手带保护	当手指或异物带入扶手带入口护罩时	
9	梳齿板保护	当梯级、踏板或胶带进入梳齿板处有异物夹住时	

续表 6－18

序号	检验项目	检验内容及其规范标准要求	检查结果
10	驱动装置断裂保护	当驱动元件（如链条或齿条）的断裂或过分伸长时；驱动装置与转向装置之间的距离无意性缩短时	
11	梯级、踏板下陷保护	保护开关设在梳齿相交线之间，大于该梯的最大制停距离，以保证下陷的梯级或踏板不能到达梳齿相交线	
12	围裙板保护	当异物夹入梯级或踏板与围裙板间，阻力超允许值时	
13	扶手带破裂保护	当扶手带破断或拉长超允许值时，仅用于公共交通型，且没有扶手带破断强度大于或等于 25kN 试验证明时	
14	主驱动链断裂保护	设防护罩，当驱动链条断裂或拉长时	
15	三角皮带松断保护	至少用三条，并设防护罩，当任一皮带断裂或拉长时	
16	附加制动器	当超过额定速度 140% 时，或改变规定运行方向时	
17	工作制动器	制动系统在动作过程中应无故意的延迟现象。在制动时应有匀减速过程，直到保持停止状态	
		制动器的供电应有两套独立且串联的电气装置来实现，如停车后，其中任一套电气装置未能断开，则重新启动是不可能的	
		机－电式制动器应是持续通电来保持正常释放，在动力电源或控制电路断开后，制动器应立即制动	
		能用手打开的制动器应用手的持续力使其保持松开状态	
18	梯级轮保护	当梯级轮任一只破损时，在到达梳齿前应停止	
19	安全装置	当异物在上部或下部夹入两梯级间阻力超允许值时	
20	检修控制装置	在驱动、转向站和桁架内均应设检修控制装置达到自动扶梯或自动人行道的任何位置	
		检修装置的连接软电缆应大于或等于 3m，并设有双稳态停止开关，只有持续按压操作元件时，扶梯才能运转。各开关应有明显的识别标记	
		当使用检修装置时，其他所有启动开关都应不起作用，安全回路和安全开关应仍起有效作用	
		当一个以上检修装置连接时，或都不起作用，或需同时都启动才能起作用	

续表 6－18

<table>
<tr><th>序号</th><th>检验项目</th><th>检验内容及其规范标准要求</th><th>检查结果</th></tr>
<tr><td rowspan="5">21</td><td rowspan="5">自控装置</td><td>运行方向应预先确定，应有明显清晰的标志。在使用者走到梳齿相交线之前启动运行</td><td rowspan="5"></td></tr>
<tr><td>如使用者从预定运行方向相反的方向进入时，当走到梳齿相交线之前，仍应按预定方向启动，运行时间就小于 10s</td></tr>
<tr><td>自动停止运行至少为预期乘客输送时间再加上 10s 以后</td></tr>
<tr><td>在两端梳齿交叉线再加 0.3m 的附加距离之间，应对梯级、踏板或胶带进行监控，当这个区域内没有人和物时，自动再启动的重复使用才是有效的</td></tr>
<tr><td>在自动控制装置使用过程中，各电气安全装置仍可靠有效</td></tr>
</table>

<table>
<tr><td rowspan="3">签字栏</td><td rowspan="2">建设（监理）单位</td><td>安装单位</td><td colspan="2"></td></tr>
<tr><td>专业技术负责人</td><td>专业质检员</td><td>专业工长</td></tr>
<tr><td></td><td></td><td></td><td></td></tr>
</table>

注：本表由施工单位填写，建设单位、施工单位各保存一份。

（9）自动扶梯、自动人行道整机性能、运行试验记录的样式见表 6－19。

表 6－19 自动扶梯、自动人行道整机性能、运行试验记录

编号：＿＿＿＿＿＿

<table>
<tr><td>工程名称</td><td colspan="2"></td><td>日期</td><td></td></tr>
<tr><td>序号</td><td colspan="3">检验内容及其规范标准要求</td><td>检查结果</td></tr>
<tr><td>1</td><td colspan="3">在额定频率和额定电压下，梯级踏板或胶带的空载运行速度与额定速度之间的允许偏差为 ±5%</td><td></td></tr>
<tr><td>2</td><td colspan="3">扶手带的运行速度相对于梯级、踏板或胶带的速度允许偏差为 0 ~ +2%</td><td></td></tr>
<tr><td>3</td><td colspan="3">空载运行时，梯级、踏板或胶带及出入口盖板上 1m 处所测的噪声值应小于或等于 68dB（A）</td><td></td></tr>
<tr><td rowspan="8">4</td><td colspan="3">空载和有载下行的制停距离应在下列范围内：</td><td rowspan="8"></td></tr>
<tr><td>额定速度（m/s）</td><td>制停距离范围（m）</td><td>实测（m）</td></tr>
<tr><td></td><td></td><td></td></tr>
<tr><td></td><td></td><td></td></tr>
<tr><td></td><td></td><td></td></tr>
<tr><td></td><td></td><td></td></tr>
<tr><td></td><td></td><td></td></tr>
<tr><td colspan="3">若额定速度在上述数值之间，制停距离用插入法计算；
制停距离应从电气制动装置动作时开始测量</td></tr>
</table>

续表 6-19

<table>
<tr><td>序号</td><td colspan="4">检验内容及其规范标准要求</td><td>检查结果</td></tr>
<tr><td>5</td><td colspan="4">各联结件、紧固件无松动、异常响声，运行平稳；所有梯级、踏板或胶带应顺利通过梳齿板，与围裙板无刮碰现象；相邻梯级踏板与踢板的啮合过程无摩擦</td><td></td></tr>
<tr><td rowspan="2">6</td><td colspan="4">空载情况下，连续上下运行 2h，电动机、减速器温升小于或等于 60K，油温小于或等于 85℃，各部件运行正常，不得有任何故障发生</td><td rowspan="2"></td></tr>
<tr><td colspan="4">手动或自动加油装置应油量适中，工作正常</td></tr>
<tr><td>7</td><td colspan="4">功能试验应根据制造厂提供的功能表进行，应齐全可靠</td><td></td></tr>
<tr><td>8</td><td colspan="4">扶手带材质应耐腐蚀，外表面应光滑平整，无刮痕，无尖锐物外露</td><td></td></tr>
<tr><td>9</td><td colspan="4">对梯级（踏板或胶带）、梳齿板、扶手带、护壁板、围裙板、内外盖板、前沿板及活动盖板等部位的外表面应清理</td><td></td></tr>
<tr><td rowspan="3">签字栏</td><td rowspan="2">建设（监理）单位</td><td>安装单位</td><td colspan="3"></td></tr>
<tr><td>专业技术负责人</td><td>专业质检员</td><td colspan="2">专业工长</td></tr>
<tr><td></td><td></td><td></td><td colspan="2"></td></tr>
</table>

注：本表由施工单位填写，城建档案馆、建设单位、施工单位各保存一份。

7 建设工程竣工备案管理

7.1 备案制项目竣工资料归档要求

1. 前期资料

(1) 设计（计划）任务书及批复。

(2) 建设用地选址意见书及批复。

(3) 国有土地使用证及地形图（附原有房屋权属及拆房证明文件）。

(4) 国有土地使用权转让、抵押文件以及前期批租文件。

(5) 建设用地规划许可证、核准的地形图及建设用地许可通知。

(6) 建设工程规划许可证、项目表核准的总图及地形图。

(7) 环保、卫生、消防、人防等审核意见单。

2. 设计资料

(1) 工程水文、地质勘探报告及地质图。

(2) 工程结构设计计算书及说明书或代保管证明。

3. 施工资料

(1) 开（竣）工报告。

(2) 施工定位测量记录、测量复核单及成果图、规划管理部门放样复核单。

(3) 桩基分项工程质量验收证明书（设计、勘察、施工监理各单位）。

(4) 打桩记录、桩位测试报告、桩顶标高和偏差实测记录、桩位竣工图。

(5) 地基与基础分部工程质量验收证明书（设计、勘察、施工监理各单位）。

(6) 主体结构分部工程质量验收证明书（设计、勘察、施工监理各单位）。

(7) 工程质量事故报告及处理意见书。

(8) 工程沉降、位移观察记录。

(9) 图样交底会议记录、设计变更通知单、技术核定单、业务联系单等。

4. 竣工资料

(1) 建设工程验收报告。

(2) 各专业竣工验收鉴定证书（包括：消防、环保、卫生防疫、环卫、劳动保护、建筑查勘、规划、城建档案等单位）。

(3) 施工单位质量竣工报告（合格证明书）。

(4) 勘察单位工程质量竣工报告（合格证明书）。

(5) 设计单位工质量竣工报告（合格证明书）。

(6) 监理单位工程质量竣工报告（合格证明书）。

(7) 工程决算（含审价报告）。

(8) 建设工程竣工验收备案表。

(9) 工程现场原地物、地貌和建设中、建成后的建筑物的照片、录像。
(10) 工程全套竣工图 (新蓝图、红色印泥章、用黑色碳素墨水记注)。

7.2 工程竣工验收备案的程序

合格工程竣工验收备案工作程序如图 7 所示。

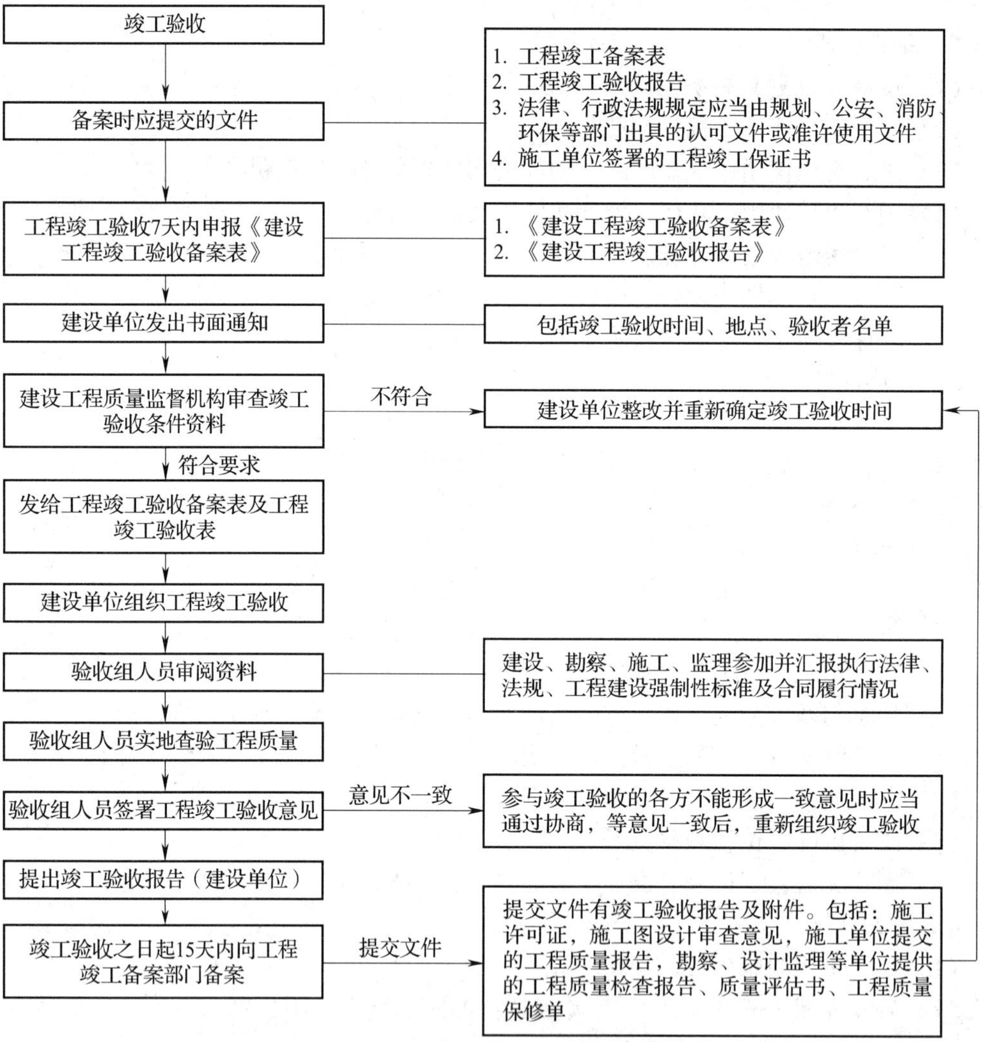

图 7 合格工程竣工验收备案工作程序

7.3 工程竣工验收备案文件

1. 建设单位办理工程竣工验收备案应当提交的文件及附表

(1) 房屋建筑工程和市政基础设施工程竣工验收备案表见表 7 - 1。

表 7－1 房屋建筑工程和市政基础设施工程竣工验收备案表

<table>
<tr><td colspan="2">建设单位名称</td><td colspan="3">（全称）</td></tr>
<tr><td colspan="2">备案日期</td><td colspan="3">（由备案部门填写）</td></tr>
<tr><td colspan="2">工程名称</td><td colspan="3">（详细地址）</td></tr>
<tr><td colspan="2">工程地点</td><td colspan="3"></td></tr>
<tr><td colspan="2">建筑面积（m^2）</td><td colspan="3"></td></tr>
<tr><td colspan="2">结构类型</td><td colspan="3"></td></tr>
<tr><td colspan="2">工程造价</td><td colspan="3">（应和支付凭证一致）</td></tr>
<tr><td colspan="2">工程用途</td><td colspan="3">（生产/使用用途）</td></tr>
<tr><td colspan="2">开工日期</td><td colspan="3">年 月 日</td></tr>
<tr><td colspan="2">竣工验收日期</td><td colspan="3">（与竣工验收报告相一致） 年 月 日</td></tr>
<tr><td colspan="2">施工许可证号</td><td colspan="3"></td></tr>
<tr><td colspan="2">施工图审查批复编号</td><td colspan="3"></td></tr>
<tr><td colspan="2">勘察单位名称</td><td>（全称）</td><td>资质等级</td><td></td></tr>
<tr><td colspan="2">设计单位名称</td><td>（全称）</td><td>资质等级</td><td></td></tr>
<tr><td colspan="2">施工单位名称</td><td>（全称）</td><td>资质等级</td><td></td></tr>
<tr><td colspan="2">监理单位名称</td><td>（全称）</td><td>资质等级</td><td></td></tr>
<tr><td colspan="2">工程质量监督机构名称</td><td colspan="3">区（县）建设工程质量监督站</td></tr>
<tr><td rowspan="5">竣工验收意见</td><td>勘察单位意见</td><td colspan="3">单位（项目）负责人： 公章
年 月 日</td></tr>
<tr><td>设计单位意见</td><td colspan="3">单位（项目）负责人： 公章
年 月 日</td></tr>
<tr><td>施工单位意见</td><td colspan="3">单位（项目）负责人： 公章
年 月 日</td></tr>
<tr><td>监理单位意见</td><td colspan="3">单位（项目）负责人： 公章
年 月 日</td></tr>
<tr><td>建设单位意见</td><td colspan="3">单位（项目）负责人： 公章
年 月 日</td></tr>
</table>

续表 7-1

<table>
<tr><td>工程竣工
验收备案
文件目录</td><td colspan="3">①工程竣工验收报告
②工程施工许可证
③施工图设计文件审查意见
④单位工程质量综合验收文件
⑤市政基础设施的有关质量检测和功能性试验资料
⑥规划、公安、消防、环保等部门出具的认可文件或准许使用文件
⑦施工单位签署的工程质量保修书
⑧商品住宅的《住宅质量保证书》和《住宅使用说明书》
⑨法规、规章规定必须提供的其他文件</td></tr>
<tr><td>备案意见</td><td colspan="3">该工程的竣工验收备案文件已于________年________月________日收讫，文件齐全

（公章）
年　月　日</td></tr>
<tr><td>备案机关负责人</td><td></td><td>备案经手人</td><td></td></tr>
<tr><td colspan="4">备案机关处理意见：

经办人　（公章）
备案机关负责人　年　月　日</td></tr>
</table>

（2）建设工程竣工验收报告见表7－2。

表7－2 建设工程竣工验收报告

单位工程名称：____________
建设单位名称：（单位全称）
竣工验收时间： 年 月 日

<table>
<tr><td>单位工程名称</td><td colspan="3"></td></tr>
<tr><td>建筑面积（m^2）</td><td></td><td>结构类型、层次</td><td></td></tr>
<tr><td>施工单位名称</td><td colspan="3">（单位全称）</td></tr>
<tr><td>勘察单位名称</td><td colspan="3">（单位全称）</td></tr>
<tr><td>设计单位名称</td><td colspan="3">（单位全称）</td></tr>
<tr><td>监理单位名称</td><td colspan="3">（单位全称）</td></tr>
<tr><td>工程报建时间</td><td>年 月 日</td><td>开工时间</td><td>年 月 日</td></tr>
<tr><td>工程造价</td><td colspan="3">万元，与付款证明相符合</td></tr>
<tr><td colspan="4">工程概况：
①工程地址、占地面积、周边环境情况
②简要说明工程的立项情况，包括工程投资来源与竣工后的使用用途
③工程结构情况
④工程配套设施的完善情况
⑤其他应说明的情况</td></tr>
<tr><td colspan="4">对勘察单位评价：
①勘察单位提供的勘察报告是否真实、准确，并为设计单位的工作打下坚实基础
②勘察单位能否履行质量责任和义务，服务态度是否良好
③勘察单位在工作中存在________________不足</td></tr>
<tr><td colspan="4">对设计单位评价：
①设计单位提供的设计文件能否满足建设单位需求，且图样已通过审图机构审查
②设计单位对于出具的与设计有关的问题能够及时处理，并提出相应处理方法
③设计修改，变更手续和资料齐全
④设计单位人员履行质量责任和义务基本到位，服务质量及态度较好
⑤设计单位在工作中存在________________不足</td></tr>
<tr><td colspan="4">对施工单位评价：
①施工单位能够依据设计文件进行施工
②施工单位在工程建设过程中能够严格执行与建设有关的法律、法规和工程建设标准强制性条文的要求
③工程技术资料汇总及时、准确
④施工单位能执行各项质量管理制度和质量责任制
⑤施工单位在工作中存在________________不足</td></tr>
</table>

续表 7－2

对监理单位评价： ①监理单位能够按照法律、法规、工程建设标准强制性条文、设计文件和合同，严格遵守监理守则对工程进行监理 ②监理单位能够执行《建设工程监理规范》的要求，正确维护建设单位和承包单位的合法权益 ③监理单位在工作中存在________________不足 ④监理单位的服务质量及态度较好
建设单位执行基本建设程序情况： ①工程前期工作如项目审批、规划、用地等工作已完成，各类资料基本齐全，符合要求 ②建设单位根据相应法律、法规认真选择了相关的参建单位 ③因为对基本建设程序的熟悉不够，建设单位在工程建设中尚存在以下问题： a. 存在先开工后报建的现象 b. 存在审图工作滞后于工程施工现象 建设单位业主意识到建规之行为，将在今后的工程建设中杜绝以上各类现象
工程竣工验收意见： 质量等级：合格 ①该工程已完成设计文件和合同约定的各项内容 ②建设参与各方的各类资料基本齐全，符合要求 ③建设行政主管部门及其委托的质量监督部门要求整改的质量问题已整改完毕 ④规划、环保、公安消防等部门已出具认可文件或准许使用文件或相关说明 ⑤竣工验收组人员一致认为该工程通过竣工验收
工程验收结论： 符合国家质量标准；同意使用；质量等级合格 注：结论为是否符合国家标准；能否同意使用

续表 7 –2

竣工验收人员签名	验收组职务	姓名	工作单位	技术职称	单位职务
	验收组组长				
	副组长				
	验收组成员				
	建设单位项目负责人________ （公章） 建设单位法定代表人________ 年 月 日				

注：1. 验收组组长必须由建设单位项目负责人担任。

2. 副组长及组员可由参与建设的其他部门如设计、施工、监理人员担任。

3. 监督人员是监督整个竣工验收的程序内容，因此不可作为竣工验收人员。

（3）施工单位签署的工程质量保修书见表 7－3。

表 7－3 工程质量保修书

<table>
<tr><td>单位工程名称</td><td></td><td>竣工日期</td><td></td></tr>
<tr><td>建设单位名称</td><td>（单位全称）</td><td>施工单位名称</td><td>（单位全称）</td></tr>
<tr><td colspan="4">本工程在质量保修期内，如发生质量问题，本单位将按照《建设工程质量管理条例》、《房屋建筑工程质量保修办法》的有关规定负责质量保修，属施工质量问题，保修费用由本单位承担；属其他质量问题，保修费用由责任单位承担</td></tr>
<tr><td>质量保修范围</td><td colspan="3">在正常使用条件下，建设工程最低保修期限为：
1. 基础设施工程、房屋建筑的地基基础工程和主体结构工程，为设计文件规定的该工程的合理使用年限________年；
2. 屋面防水工程，有防水要求的卫生间，房间与外墙的防渗漏，为五年；
3. 供热与制冷系统，为两个采暖、制冷期；
4. 电气管线、给水排水管、设备安装为两年；
5. 装饰工程为两年。
其他：</td></tr>
<tr><td colspan="4">注：1. 建设工程保修期，自建设单位竣工验收合格之日起计算；
2. 建设工程超过保修期后，应由产权所有人（物业管理单位）进入正常的定期保养与维修</td></tr>
<tr><td rowspan="5">施工单位</td><td>法人代表</td><td>（签名）</td><td rowspan="5">施工企业（公章）

年 月 日</td></tr>
<tr><td>项目经理</td><td>（签名）</td></tr>
<tr><td>保修联系人</td><td>（签名）</td></tr>
<tr><td>联系电话</td><td></td></tr>
<tr><td>联系地址、邮编</td><td>（详细地址）</td></tr>
</table>

（4）施工图设计文件审查意见。

（5）单位工程质量综合验收意见。

（6）市政基础设施的有关质量检测和功能性能抽测资料。

（7）施工单位签署的工程质量保修书。

（8）法规、规章规定必须提供的其他文件，商品住宅还应提交《住宅质量保证书》和《住宅使用说明书》。

2．填写说明

（1）“两表”应由建设单位用黑色或蓝黑色钢笔根据表式要求认真填写。

（2）“两表”中凡涉及单位名称的项目必须完整地填写单位全称并应一致，且应与申报项目立项名称一致。

（3）“两表”中单位工程的面积、结构层数应一致。

（4）工程概况是指工程的基本情况。

（5）竣工验收的程序、内容、组织和标准应符合原建设部建〔2000〕142 号文《房室建筑工程和市政基础设施工程竣工验收暂行办法》和《建筑工程施工质量验收统一标准》GB/T 50300—2013 的有关规定。

（6）建设单位对参与工程建设的勘察、设计、施工、监理等单位在工程建设过程中的工作应作出客观、真实的评价，不得主观任意夸大或作出失实的评价。

（7）建设单位应严格按照基本建设程序组织工程建设，并将全过程真实反映在建设工程竣工验收报告上。

（8）建设单位应明确地给出工程竣工验收意见、质量等级和工程竣工验收结论。

（9）竣工验收工作组应由建设单位组织参与工程施工的勘察、设计、施工、监理的工作人员组成，原则上应由建设单位人员担任验收组组长，同时可设由参建单位人员担任的 1 ~ 3 名副组长。

（10）建设单位项目负责人可由建设单位法定代表人担任或由其委托给本单位的某位工作人员，他们应在建设工程竣工验收报告上签名。

（11）建设工程竣工备案表上的工程质量监督机构是指县以上人民政府建设行政主管部门（建设工程质量监督站）。

（12）建设参与各方必须明确签署工程质量等级，同时该单位工程的项目负责人与该单位的法定代表应签字负责。

（13）建设单位不得在建设工程备案表的第二页上填写任何文字。

3．其他规定

（1）备案管理部门收到备案申请后，应审查备案文件是否齐全并对照工程质量报告予以审查。对符合条件的，在《房屋建筑工程竣工验收备案表》上签署同意备案意见。对违反有关规定程序、文件不全、质量不符合国家强制性标准要求的，要求建设单位限期进行整改。达到要求后，重新申请备案。

（2）备案管理部门发现建设单位在竣工验收过程中有违反国家关于建设质量管理规定行为的，应当在收讫竣工备案文件 15 天内，责令停止使用重新组织竣工验收。

（3）竣工验收备案文件齐全，备案机关及其工作人员不办理备案手续的，由有关机关责令改正，对直接责任人员给予行政处分。

（4）备案机关收到建设单位报送的竣工验收备案文件，在验证文件齐全后，应在工程竣工验收备案表上签署文件收讫。

工程竣工验收备案表一式两份，一份由建设单位保存，一份留备案机关。

（5）对于符合条件、文件完整的房屋建筑工程，建设单位已经提出备案，备案部门在规定的时间内未办理备案手续的，建设单位可以依法申请行政复议或提请行政诉讼。

（6）工程质量监督机构应当在工程竣工验收之日起 5 日内，向备案机关提交工程质量监督报告。

8 工程监理资料管理

8.1 监理资料的组成及编制程序

8.1.1 工程监理资料的组成

工程监理资料主要由以下几项内容组成：

（1）合同文件：

1）施工监理招投标文件。

2）建设工程委托监理合同。

3）施工招投标文件。

4）建设工程施工合同、分包合同、各类订货合同等。

（2）设计文件：

1）施工图纸。

2）岩土工程勘察报告。

3）测量基础资料。

（3）工程项目监理规划及监理实施细则：

1）工程项目监理规划。

2）监理实施细则。

3）项目监理部编制的总控制计划等其他资料。

（4）工程变更文件：

1）审图汇总资料。

2）设计交底记录、纪要。

3）设计变更文件。

4）工程变更记录。

（5）监理月报。

（6）会议纪要。

（7）施工组织设计（施工方案）：

1）施工组织设计（总体设计或分阶段设计）。

2）分部施工方案。

3）季节施工方案。

4）其他专项施工方案等。

（8）分包资质：

1）分包单位资质资料。

2）供货单位资质资料。

3）试验室等单位的资质资料。

（9）进度控制：

1）工程动工报审表（含必要的附件）。

2）年、季、月进度计划。

3）月工、料、机动态表。

4）停、复工资料。

（10）质量控制：

1）各类工程材料、构配件、设备报验。

2）施工测量放线报验。

3）施工试验报验。

4）检验批、分项、分部工程施工报验与认可。

5）不合格项处置记录。

6）质量问题和事故报告及处理等资料。

（11）造价控制：

1）概预算或工程量清单。

2）工程量报审与核认。

3）预付款报审与支付证书。

4）月工程进度款报审与签认。

5）工程变更费用报审与签认。

6）工程款支付申请与支付证书。

7）工程竣工结算等。

（12）监理通知及回复。

（13）合同其他事项管理：

1）工程延期报告、审批等资料。

2）费用索赔报告、审批等资料。

3）合同争议和违约处理资料。

4）合同变更资料等。

（14）工程验收资料：

1）工程基础、主体结构等中间验收资料。

2）设备安装专项验收资料。

3）竣工验收资料。

4）工程质量评估报告。

5）竣工移交证书等。

（15）其他往来函件。

（16）监理日志、日记。

（17）监理工作总结（专题、阶段和竣工总结等）。

8.1.2 监理资料编制程序

监理资料的编制程序见图8。

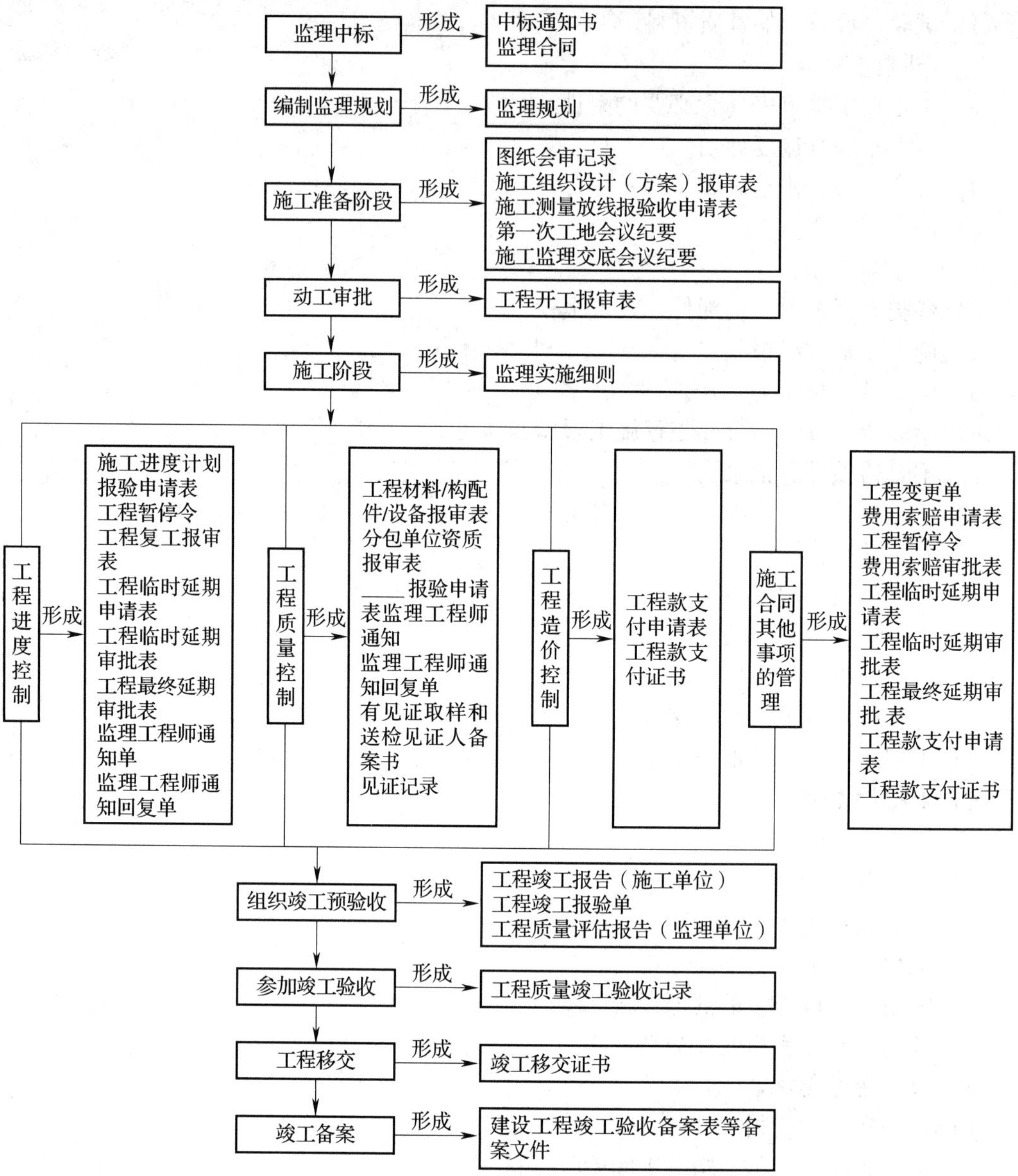

图8 监理资料管理流程

8.2 监理管理资料

8.2.1 监理规划

1. 监理规划的编制

监理规划是项目监理机构全面开展建设工程监理工作的指导性文件。

(1) 监理规划应结合工程实际情况，明确项目监理机构的工作目标，确定具体的监理工作制度、内容、程序、方法和措施。

（2）监理规划可在签订建设工程监理合同及收到工程设计文件后由总监理工程师组织编制，并应在召开第一次工地会议前报送建设单位。

（3）监理规划编审应遵循下列程序：

1）总监理工程师组织专业监理工程师编制。

2）总监理工程师签字后由工程监理单位技术负责人审批。

2. 监理规划的内容

（1）工程概况。

（2）监理工作的范围、内容、目标。

（3）监理工作依据。

（4）监理组织形式、人员配备及进退场计划、监理人员岗位职责。

（5）监理工作制度。

（6）工程质量控制。

（7）工程造价控制。

（8）工程进度控制。

（9）安全生产管理的监理工作。

（10）合同与信息管理。

（11）组织协调。

（12）监理工作设施。

8.2.2 监理实施细则

1. 监理实施细则的编制

监理实施细则是针对某一专业或某一方面建设工程监理工作的操作性文件。

（1）监理实施细则应符合监理规划的要求，并应具有可操作性。

（2）对专业性较强、危险性较大的分部分项工程，项目监理机构应编制监理实施细则。

（3）监理实施细则应在相应工程施工开始前由专业监理工程师编制，并应报总监理工程师审批。

（4）监理实施细则的编制应依据下列资料：

1）监理规划。

2）工程建设标准、工程设计文件。

3）施工组织设计、（专项）施工方案。

2. 监理实施细则的内容

（1）专业工程特点。

（2）监理工作流程。

（3）监理工作要点。

（4）监理工作方法及措施。

8.2.3 监理月报

监理月报应由项目总监理工程师组织编制，项目监理部每月以《监理月报》的形式向建设单位报告本月的监理工作情况，使建设单位了解工程的基本情况，同时掌握工程进度、质量、投资及施工合同的各项目标完成的监理控制情况。

1. 监理月报编制依据

（1）《建设工程监理规范》GB 50319—2013。

（2）工程质量验收系列规范、规程和技术标准。

（3）监理单位的有关规定。

2. 监理月报编制要求

（1）总监理工程师组织编制监理月报，签署后报送建设单位和监理单位。

（2）监理月报应真实反映工程现状和监理工作情况，做到数据准确、重点突出、语言简练，并附必要的图表和照片。

（3）监理月报采用 A4 规格纸打印。

8.2.4 监理会议纪要

监理会议纪要应由项目监理部根据会议记录整理，经过总监理工程师审阅，并经过与会各方代表会签，再发给有关参建各方，并应做好签收手续。会议纪要的主要内容包括：

（1）例会的地点与时间。

（2）会议主持人。

（3）与会人员的姓名、单位、职务。

（4）例会的主要内容、决议事项，及其负责落实的单位、负责人与时限要求。

（5）其他事项。若例会中对重大问题有不同意见时，应将各方的主要观点，特别是相互对立的意见记入“其他事项”中，会议纪要的内容必须真实准确、简明扼要。

1. 第一次工地会议

第一次工地会议由建设单位主持，在工程正式开工前进行。第一次工地会议后，由监理单位负责整理编印第一次工地会议纪要（表 8－1），分发给有关各方。

表 8－1 第一次工地会议纪要

<table>
<tr><td>单位工程名称</td><td colspan="2"></td><td>工程造价（万元）</td><td></td></tr>
<tr><td>建筑面积（m^2）</td><td colspan="2"></td><td>结构类型层数</td><td></td></tr>
<tr><td>建设单位</td><td colspan="2"></td><td>—</td><td>—</td></tr>
<tr><td>勘察单位</td><td colspan="2"></td><td>—</td><td>—</td></tr>
<tr><td>设计单位</td><td colspan="2"></td><td>—</td><td>—</td></tr>
<tr><td>施工单位</td><td colspan="2"></td><td>—</td><td>—</td></tr>
<tr><td>监理单位</td><td colspan="2"></td><td>—</td><td>—</td></tr>
<tr><td>会议时间</td><td></td><td>地点</td><td>主持人</td><td></td></tr>
<tr><td colspan="5">签到栏：</td></tr>
</table>

续表 8－1

会议内容纪要
建设单位驻现场的组织机构、人员及分工情况：
施工单位驻现场的组织机构、人员及分工情况：
监理单位驻现场的组织机构、人员及分工情况：
建设单位介绍工程开工准备情况：
施工单位介绍施工准备情况：
建设单位对施工准备情况提出的意见和要求：
总监理工程师对施工准备情况提出的意见和要求：
总监理工程师介绍监理规划的主要内容：
研究确定的各方在施工过程中参加监理例会的主要人员： 建设单位： 施工单位： 监理单位： 召开监理例会周期、地点及主要议题：

2．监理例会纪要

监理例会是参建各方为了相互沟通、交流信息、协调处理、研究解决各自在合同履约过程中存在的方方面面问题的一种主要协调方式。

项目实施期间应定期举行监理例会，监理例会召开的时间根据工程进展情况安排，一般有旬、半月和月度例会等几种。工程监理中的许多信息和决定是在工地会议上产生和决定的，协调工作大部分也是在此进行的，因此开好监理例会是工程监理的一项重要工作。

监理例会决定同其他发出的各种指令性文件一样，具有等效作用。因此，监理例会的会议纪要（表8－2）是一个很重要的文件，会议纪要是监理工作指令文件的一种，要求记录真实、准确。

表8－2 监理例会纪要

编号：＿＿＿＿＿＿

<table>
<tr><td>工程名称</td><td colspan="3"></td></tr>
<tr><td>会议名称</td><td></td><td>总监理工程师</td><td></td></tr>
<tr><td>会议时间</td><td>年 月 日</td><td>地点</td><td></td></tr>
<tr><td colspan="4">签到栏：</td></tr>
<tr><td colspan="4">会议内容纪要</td></tr>
<tr><td colspan="4">检查上次例会议定事项的落实情况、分析未完事项原因：</td></tr>
<tr><td colspan="4">检查分析工程项目进度计划完成情况，提出下一阶段进度目标及落实措施：</td></tr>
<tr><td colspan="4">检查工程量核定及工程款支付情况：</td></tr>
<tr><td colspan="4">解决需要协调的有关事项：</td></tr>
<tr><td colspan="4">其他有关事宜：</td></tr>
</table>

3．专题会议纪要

专题会议由总监理工程师根据需要组织召开，建设单位、承包单位提出建议，总监理工程师审定后也可召开。专题会议纪要的格式见表8－3。

表 8－3 专题会议纪要

编号：________

工程名称			
会议名称		主持人	
会议时间	年 月 日	地点	
签到栏：			
会议内容纪要			
检查上次例会议定事项的落实情况、分析未完事项原因：			

8.2.5 监理工作日志

1. 表格形式

监理工作日志（表 8－4）以项目监理工作为记载对象，是监理资料中较重要的组成部分，是工程实施过程中最真实的工作证据，是记录人素质、能力和技术水平的体现，自该项目监理工作开始起至该项目监理工作结束止，应由专人负责，监理日记的内容必须保证真实、全面，充分体现参建各方合同的履行程度。

表 8－4 监理工作日志

姓名		职务		日期	年 月 日
天气		最高、最低气温		风力	
重大问题跟踪					
跟踪人签字： 年 月 日					
总监批示					
现场检查	审图审方案	建议		总监签字	年 月 日

（1）项目监理机构的每位监理人员都应书写监理日志。

（2）监理工作日志应以项目监理机构的监理工作为记载对象，不得记录与监理工作无关的内容。

（3）监理工作日志从监理工作开始起至监理工作结束止。

（4）监理人员应对当天工作中发现的问题和提出的合理化建议分别统计在日志表下方对应的表格内。

（5）监理人员日志应逐日书写，并应在当天下班前（或离开工地前）完成。若遇外出学习、开会及外出考察等，可回来后补写。

（6）禁止作假，决不允许为了应付“检查”等而“编”写日志或修改日志。

（7）监理人员日志按月装订，周期为上月26日至本月25日，日志应有封面，由资料员编写归档。

2. 工作日志内容

（1）监理人员的（内业）工作情况，如学习技术文件、政策、法规；起草文件；审施工方案、进度计划、审批报验；审图等。

（2）记录监理人员的（外业）在施工现场的监理工作情况。

3. 填写说明

（1）监理人员在做监理日志记录时，应对施工中存在的问题做好记录。就算问题较小，也要写在日志当中，以便让业主方理解监理工作在工程项目中的作用。

（2）在记录监理日志时，要真实、准确、全面地反映与工程相关的一切问题（包括“三控制”、“二管理”、“一协调”）。

（3）监理人员在做监理日志记录时，要记录好发现的问题、解决的方法以及整改的过程和程度。对于重大问题除在日志上记录外，也应在总监理工程师日志中有所反映。

（4）监理人员记事要书写工整、规范用语、内容严谨，工程监理日志充分展现了记录人对各项活动、问题及其相关影响的表达。

（5）对发现的重大问题应进行跟踪监控，在某天整改完成后，应在发现问题的当天日志中的重大问题跟踪栏内加以说明。

8.2.6 监理工作总结

1. 监理工作总结的概念

施工阶段监理工作结束时，项目监理机构向建设单位提交监理工作总结。监理工作总结应由总监理工程师负责组织项目监理机构全体人员编写，最后由总监理工程师审订签字。监理工作总结可分为专题总结、阶段总结和竣工总结。

监理工作总结应在工程竣工移交证书签发之日起1个月内编写完毕，一式3份，一份交建设单位，两份随监理资料一并交于公司档案管理部门。

项目监理机构按监理单位内部的规定要求，交监理单位档案资料管理部门归档。

2. 监理工作总结的内容

（1）工程概况。

（2）项目监理机构。

（3）建设工程监理合同履行情况。

（4）监理工作成效。

（5）监理工作中发现的问题及其处理情况。

（6）说明和建议。

8.2.7 监理管理资料常用表格

1. 工作联系单

（1）表格形式，工人在施工过程中，监理工作联系单（表8－5）用于工程有关各方之间传递意见、决定、通知、要求与信息，即与监理有关的某一方需向另一方或几方告知某一事项或督促某项工作或提出某项建议等，对方执行情况不需要书面回复时均用此表。

表8－5 工作联系单

工程名称：________ 编号：________

致：________ 内容：   发文单位 负责人（签字）________ 年 月 日

当不需回复时应有签收记录，并应注明收件人的姓名、单位和收件日期，并由有关单位各保存一份。

（2）填表说明。

1）内容：指需联系事项的详细说明。要求内容完整、齐全，技术用语规范，文字简练明了。

2）发文单位：指提出监理工作联系事项的单位。填写本工程现场管理机构名称全称并加盖公章。

3）负责人：指提出监理工作联系事项单位在本工程的负责人。

4）重要的监理工作联系单应加盖单位公章。

2. 监理通知单

（1）表格形式。监理通知单（表8－6）是监理工程师对施工单位在施工过程中存在的安全质量进度问题，要求施工单位按设计文件、相关标准规范的要求进行整改的指令性文件，是一个非常严肃且有指令性和强制性的工程文件。

表8－6 监理通知单

工程名称：________ 编号：________

致：________（施工项目经理部） 事由：________ 内容：   项目监理机构（盖章） 总/专业监理工程师（签字）________ 年 月 日

注：本表一式三份，项目监理机构、建设单位、施工单位各一份。

监理工程师在签发监理通知单时，对存在的问题描述一定要详细、准确，要求整改的范围及内容一定要清晰、完整。

在监理工作中，项目监理机构按《建设工程监理合同》授予的权限，针对施工单位出现的各种问题，对施工单位发出的指令、提出的要求，除另有规定外，均应采用此表。监理工程师现场发出的口头指令及要求，也应采用此表予以确认。

（2）填表说明。

1）本表可由总监理工程师或专业监理工程师签发，对于一般问题可由专业监理工程师签发，对于重大问题应由总监理工程师或经其同意后签发。

2）“事由”应填写通知内容的主题词，相当于标题。

3）“内容”应写明发生问题的具体部位、具体内容，并写明监理工程师的要求、依据。必要时，应补充相应的文字、图纸、图像等作为附件进行具体说明。

3. 监理通知回复

（1）表格形式。施工单位在接到监理通知单，根据通知中提到的问题，认真分析，制定措施，及时整改，并把整改的结果填写监理通知回复（表8－7），经项目经理签字，项目经理部盖章后，报项目监理部复查。

表8－7 监理通知回复

工程名称：________ 编号：________

致：________（项目监理机构） 我方接到编号为______的监理通知单后，已按要求完成相关工作，请予以复查。 附：需要说明的情况。 施工项目经理部（盖章） 项目经理（签字）______ 年 月 日
复查意见： 项目监理机构（盖章） 总监理工程师或专业监理工程师（签字）______ 年 月 日

注：本表一式三份，项目监理机构、建设单位、施工单位各一份。

（2）填表说明。

1）施工项目经理部落实监理通知单后，报项目监理机构检查复核。

2）施工项目经理部完成监理通知回复中要求继续整改的工作后，仍用此表回复。

3）涉及应由总监理工程师审批工作内容的回复单，由总监理工程师审批。

4）“我方收到编号为______”：填写所回复的《监理通知单》的编号。

5）“完成了______工作”：按《监理通知单》要求完成的工作填写。

6）详细内容：针对监理通知单的要求，简要说明落实过程、结果及自检情况，必要时附有关证明资料。

7）复查意见：专业监理工程师应详细核查承包单位所报的有关资料，符合要求后针对工程质量实体的缺陷整改进行现场检查，符合要求后填写“已按《监理通知单》整改完毕，经检查符合要求”的意见；如不符合要求，应具体指明不符合要求的项目或部位，签署“不符合要求，要求承包单位继续整改”的意见。

4．工程暂停令

（1）表格形式。工程暂停令（表8－8）应符合现行国家标准《建设工程监理规范》GB 50319—2013的规定。监理单位签发的工程暂停令应一式三份，并应由项目监理机构、建设单位、施工单位各保存一份。

表8－8 工程暂停令

工程名称：________ 编号：________

致：________（施工项目经理部） 由于________原因，现通知你方于____年____月____日____时起，暂停____部位（工序）施工，并按下述要求做好后续工作。 要求： 项目监理机构（盖章） 总监理工程师（签字、加盖执业印章）________ 年 月 日

注：本表一式三份，项目监理机构、建设单位、施工单位各一份。

施工过程中发生了需要停工处理事件，总监理工程师签发工程暂停令。

总监理工程师应根据暂停工程的影响范围和程度，按合同约定签发暂停令。签发暂停令时，应注明停工部位及范围。

（2）填表说明。

1）工程暂停是由施工项目经理部的原因造成的，施工项目经理部申请复工时，除了填报《工程复工报审表》外，还应报送针对导致停工原因所进行的整改工作报告等有关材料。

2）工程暂停是由于非承包单位的原因造成时，也就是建设单位的原因或应由建设单位承担责任的风险或其他事件时，总监理工程师在签发《工程暂停令》之后，应尽快按施工合同的规定处理因工程暂停引起的与工期、费用等有关的问题。

3）"由于……原因"：应简明扼要地准确填写工程暂停原因。

4）"部位（工序）"：指根据停工原因的影响范围和影响程度，填写本暂停指令所停工工程的范围。

5）要求做好各项工作：指工程暂停后要求承包单位所做的有关工作，如对停工工程的保护措施，针对工程质量问题的整改、预防措施等。

6）当引起工程暂停的原因不是非常紧急（如由于建设单位的资金问题、拆迁等），同时工程暂停会影响一方（尤其是承包单位）的利益时，总监理工程师应在签发暂停令之前就工程暂停引起的工期和费用补偿等与承包单位、建设单位进行协商，如果总监理工程师认为暂停施工是妥善解决的较好办法，也应当签发工程暂停令。

7）签发工程暂停令时，必须注明是全部停工还是局部停工，不得含混。

8）建设单位要求停工的，但是监理工程师经过独立判断，也认为有必要暂停施工时可签发工程暂停指令；反之，经过总监理工程师的独立判断，认为没有必要停工，则不应签发工程暂停令。

9）当发生下列情况时，不论建设单位是否要求停工，总监理工程师均应按程序签发工程暂停令。

①为保证工程质量而需要进行停工处理的。

②施工出现了安全隐患，总监理工程师认为有必要停工消除隐患的。

③发生了必须暂时停止施工的紧急事件等。

8.3 监理质量控制资料

8.3.1 质量事故报告及处理资料

1. 建设工程质量事故报告书

（1）表格形式。凡工程发生重大质量事故，均应按要求记载于建设工程质量事故报告书（表8－9）中。其中发生事故时间应记载年、月、日、时、分；经济损失指因质量事故导致的返工、加固等费用，包括人工费、材料费和一定数额的管理费；事故经过，包括倒塌情况（整体倒塌或局部倒塌的部位）、损失情况（伤亡人数、损失程度、倒塌面积等）；事故原因，包括设计原因（计算错误、构造不合理等）、施工原因（施工粗制滥造、材料、构配件或设备质量低劣等）、设计与施工的共同问题、不可抗力等；处理意见，包括现场处理情况、设计和施工主要责任者及处理结果。

表 8-9 建设工程质量事故报告书

编号：____________

<table>
<tr><td>工程名称</td><td colspan="2"></td><td colspan="2">建设地点</td><td></td></tr>
<tr><td>建设单位</td><td colspan="2"></td><td colspan="2">设计单位</td><td></td></tr>
<tr><td>施工单位</td><td colspan="2"></td><td colspan="2">建筑面积（m^2）
工作量（元）</td><td></td></tr>
<tr><td>结构类型</td><td colspan="2"></td><td colspan="2">事故发生时间</td><td>年 月 日</td></tr>
<tr><td>上报时间</td><td colspan="2"></td><td colspan="2">经济损失（元）</td><td></td></tr>
<tr><td colspan="6">事故经过、后果与原因分析：</td></tr>
<tr><td colspan="6">事故发生后采取的措施：</td></tr>
<tr><td colspan="6">事故责任单位、责任人及处理意见：</td></tr>
<tr><td>负责人</td><td></td><td>报告人</td><td></td><td>日期</td><td>年 月 日</td></tr>
</table>

（2）填写说明。

1）事故内容及处理方法应填写具体、清楚，并有当事人及有关领导的签字。

2）注明日期（质量事故日期、处理日期）；按规定日期及内容及时上报者为符合要求，否则为不符合要求。

3）责任制签章齐全为符合要求，否则为不符合要求。

2. 建设工程质量事故调查、勘查记录

(1) 表格形式。建设工程质量事故调查、勘查记录是当工程发生质量事故后，调查人员对工程质量事故进行初步调查了解和现场勘查所形成的记录（表8-10)。

表8-10 建设工程质量事故调查、勘察记录

<table>
<tr><td rowspan="2">工程名称</td><td rowspan="2"></td><td>编号</td><td colspan="2"></td></tr>
<tr><td>日期</td><td colspan="2"></td></tr>
<tr><td>调（勘）查时间</td><td colspan="4">年 月 日 时 分至 时 分</td></tr>
<tr><td>调（勘）查地点</td><td colspan="4"></td></tr>
<tr><td>参加人员</td><td>单位</td><td>姓名</td><td>职务</td><td>电话</td></tr>
<tr><td>被调查人</td><td></td><td></td><td></td><td></td></tr>
<tr><td rowspan="2">陪同调（勘）查人员</td><td></td><td></td><td></td><td></td></tr>
<tr><td></td><td></td><td></td><td></td></tr>
<tr><td>调（勘）查笔录</td><td colspan="4"></td></tr>
<tr><td>现场证物照片</td><td colspan="4">□有 □无 共 张 共 页</td></tr>
<tr><td>事故证据资料</td><td colspan="4">□有 □无 共 张 共 页</td></tr>
<tr><td>被调查人签字</td><td></td><td>调（勘）查人签字</td><td colspan="2"></td></tr>
</table>

(2) 填写说明。

1) 建设工程质量事故调查、勘查记录，应本着实事求是的态度填写，严禁弄虚作假。

2) 填写时应注明工程名称、调查时间、地点、参加人员及所属单位、联系方式等。

3) 调查、勘查笔录栏应填写工程质量事故发生时间、具体部位、原因等，并初步估计造成的损失，而且应采用影像的形式真实记录现场情况，作为分析事故的依据。

3. 工程质量事故处理

在工程施工过程中，项目监理机构的监理人员发现工程质量不符合规范、标准要求时，必须指令承包单位及时处理（表8-11、表8-12)。

表 8－11 工程质量事故处理方案报审表

编号：____________

<table>
<tr><td>工程名称</td><td></td><td>合同编号</td><td></td></tr>
<tr><td colspan="4">____________________：
________年________月________日________时在________________________________（工程部位）发生________________________________工程质量事故，已于________月________日________号质量事故报告单报告你处，经组织对该事故详细调查和研究，现将详情及处理方案报上，请详查。

附：事故调查报告及处理方案。

承包商（章）
项目负责人： 年 月 日</td></tr>
<tr><td colspan="4">设计单位核查意见：

代表： 年 月 日</td></tr>
<tr><td colspan="4">监理部审查意见：

监理部（章）
工程师： 年 月 日
监理工程师： 年 月 日</td></tr>
<tr><td colspan="4">业主审查意见：

业主单位（章）
代表： 年 月 日</td></tr>
</table>

注：本表一式四份，由承包商填报，业主、监理部、设计单位、承包商各存一份。

表 8-12 工程质量事故处理结果报验单

编号：＿＿＿＿＿＿

<table>
<tr><td>工程名称</td><td></td><td>合同编号</td><td></td></tr>
<tr><td colspan="4">＿＿＿＿＿＿＿＿＿＿：
＿＿＿＿年＿＿＿＿月＿＿＿＿日＿＿＿＿时在＿＿＿＿＿＿＿＿＿＿＿＿＿＿＿＿（工程部位）发生＿＿＿＿＿＿＿＿＿＿＿＿＿＿＿＿工程质量事故，我单位已按批准的＿＿＿＿号质量事故处理方案处理完毕，请予查验。

附：自查记录和试验记录。

承包商（章）
项目负责人：　　　　年　　月　　日</td></tr>
<tr><td colspan="4">监理部查验意见：

监理部（章）
工程师：　　　　年　　月　　日
监理工程师：　　　　年　　月　　日</td></tr>
<tr><td colspan="4">业主查验意见：

业主单位（章）
代表：　　　　年　　月　　日</td></tr>
</table>

注：本表一式三份，由承包商填报，业主、监理部、承包商各存一份。

8.3.2 旁站监理记录

1. 表格形式

旁站监理记录是指监理人员在房屋建筑工程施工阶段监理中，对关键部位、关键工序的施工质量，实施全过程现场跟班的监督活动所见证的有关情况的记录。旁站监理记录（表 8-13）在工程竣工验收后，由监理单位归档备查。

表 8－13 旁站监理记录

<table>
<tr><td>工程名称</td><td colspan="3"></td><td>编号</td><td></td></tr>
<tr><td>开始时间</td><td></td><td>结束时间</td><td></td><td>日期及天气</td><td></td></tr>
<tr><td colspan="6">监理的部位或工序：</td></tr>
<tr><td colspan="6">施工情况：</td></tr>
<tr><td colspan="6">监理情况：</td></tr>
<tr><td colspan="6">发现问题：</td></tr>
<tr><td colspan="6">处理结果：</td></tr>
<tr><td colspan="6">备注：</td></tr>
<tr><td colspan="3">监理单位名称：__________
旁站监理人员（签字）：__________</td><td colspan="3">施工单位名称：__________
质检员（签字）：__________</td></tr>
</table>

2．填写说明

（1）房屋建筑工程的关键部位、关键工序包括以下内容：

1）在基础工程方面包括：土方回填、混凝土灌注桩浇筑，地下室连续墙、土钉墙、后浇带及其他混凝土、防水混凝土浇筑，卷材防水层细部构造处理，钢结构安装。

2）主体结构工程方面：梁柱节点钢筋隐蔽过程，混凝土浇筑，预应力张拉，装配式结构安装，钢结构安装，网架结构安装，索膜安装。

凡上述规定的关键部位、关键工序未实施旁站监理或没有旁站监理记录的，专业监理工程师或总监理工程师不得在相应文件上签字。

（2）承包单位根据项目监理机构制定的旁站监理方案，在需要实施的关键部位、关键工序进行。施工前 24 小时，书面通知项目监理机构。

(3) 凡旁站监理人员和承包单位现场质检人员未在旁站监理记录上签字的，不得进行下一道工序的施工。

(4) 施工情况：指旁站部位（工序）的施工作业内容、主要施工机械、材料、人员和完成的工程数量等。

(5) 监理情况：指旁站人员对施工作业情况的监督检查，其主要内容包括：

1) 承包单位现场质检人员到岗情况、特殊工种人员持证上岗以及施工机械、建筑材料准备情况。

2) 在现场跟班监督关键部位、关键工序的施工执行施工方案以及工程建设强制性标准情况。

3) 核查进场建筑材料、建筑构配件、设备和商品混凝土的质量检验报告等。

8.3.3 见证取样和送检管理资料

1. 见证取样和送检见证人员备案表

见证取样和送检管理是工程资料管理的一项重要内容，国务院颁布的《建设工程质量管理条例》已将见证取样和送检管理列为行政法规。单位工程见证人确定后，建设单位应向承监该工程的质量监督机构递交见证取样和送检见证人备案表（表8－14）进行备案，如见证人更换须办理变更备案手续。

表8－14 见证取样和送检见证人员备案表

<table>
<tr><td>工程名称</td><td></td><td>编号</td><td></td></tr>
<tr><td>质量监督站</td><td></td><td>日期</td><td></td></tr>
<tr><td>检测单位</td><td colspan="3"></td></tr>
<tr><td>施工总承包单位</td><td colspan="3"></td></tr>
<tr><td>专业承包单位</td><td colspan="3"></td></tr>
<tr><td rowspan="8">见证人员签字</td><td></td><td rowspan="8">见证取样和
送检印章</td><td rowspan="8"></td></tr>
<tr><td></td></tr>
<tr><td></td></tr>
<tr><td></td></tr>
<tr><td></td></tr>
<tr><td></td></tr>
<tr><td></td></tr>
<tr><td></td></tr>
<tr><td colspan="2">建设单位（章）</td><td colspan="2">监理单位（章）</td></tr>
</table>

2. 见证记录

（1）表格形式。施工过程中，见证人应按照事先编写的见证取样和送检计划进行取样及送检并进行见证记录。填写的见证记录表（表 8－15）应一式三份，并应由建设单位、监理单位、施工单位各保存一份。

表 8－15　见证记录表

<table>
<tr><td>工程名称</td><td colspan="2"></td><td>编号</td><td colspan="2"></td></tr>
<tr><td>样品名称</td><td></td><td>试件编号</td><td></td><td>取样数量</td><td></td></tr>
<tr><td>取样部位/地点</td><td colspan="2"></td><td>取样日期</td><td colspan="2"></td></tr>
<tr><td>见证取样说明</td><td colspan="5"></td></tr>
<tr><td>见证取样和送检印章</td><td colspan="5"></td></tr>
<tr><td rowspan="2">签字栏</td><td colspan="3">取样人员</td><td colspan="2">见证人员</td></tr>
<tr><td colspan="3"></td><td colspan="2"></td></tr>
</table>

（2）填写说明。

1）试样上应做好样品名称、取样部位、取样日期等标识。

2）单位工程有见证取样和送检次数不得少于试验总数的 30%，试验总次数在 10 次以下的不得少于 2 次。

3）送检试样应在施工现场随机抽取，不得另外制作。

4）每个单位工程须设定 1 或 2 名取样和送检见证人，见证人员及检测人员必须对所取试样实事求是，否则应承担相应的法律责任。

8.3.4　工程技术文件报审表

施工单位应编写工程技术文件，经施工单位技术部门审查通过，填写工程技术文件报审表（表 8－16）报项目监理部。总监理工程师组织专业工程监理工程师审查，填写审核意见，由总监理工程师签署审定结论。

表 8－16 工程技术文件报审表

<table>
<tr><td rowspan="3">工程名称</td><td rowspan="3"></td><td>施工编号</td><td></td></tr>
<tr><td>监理编号</td><td></td></tr>
<tr><td>日期</td><td></td></tr>
<tr><td colspan="4">致：__________________（监理单位）
我方已编制完成了___________技术文件，并经相关技术负责人审查批准，请予以审定。

附：技术文件_______页_______册。

施工总承包单位__________________ 项目经理/责任人__________________
专业承包单位____________________ 项目经理/责任人__________________</td></tr>
<tr><td colspan="4">专业监理工程师审查意见：

专业监理工程师______________
日期______________</td></tr>
<tr><td colspan="4">总监理工程师审批意见：

审定结论：□同意 □修改后再报 □重新编制

监理单位______________
总监理工程师______________
日期______________</td></tr>
</table>

8.4 监理进度控制资料

8.4.1 工程开工报审表

1. 表格形式

当现场具备开工条件且已做好各项施工准备后，施工单位应及时填写工程开工报审表报项目监理部审批，总监理工程师审批后报建设单位。总监理工程师签发工程开工报审表后报建设单位备案，如委托监理合同中需建设单位批准，项目总监审核后报建设单位，由建设单位批准。工期自批准开工之日起计算。工程开工报审表（表8－17）除委托监理合同中注明需建设单位批准外，均由总监理工程师最终签发。

表8－17 工程开工报审表

工程名称：__________ 编号：__________

<table>
<tr><td>致：____________________（建设单位）
____________________（项目监理机构）
我方承担的__________工程，已完成相关准备工作，具备开工条件，特申请于_____年_____月_____日开工，请予以审批。

附件：证明文件资料。

施工单位（盖章）
项目经理（签字）__________
年 月 日</td></tr>
<tr><td>审核意见：

项目监理机构（盖章）
总监理工程师（签字、加盖执业印章）__________
年 月 日</td></tr>
<tr><td>审批意见：

建设单位（盖章）
建设单位代表（签字）__________
年 月 日</td></tr>
</table>

注：本表一式三份，项目监理机构、建设单位、施工单位各一份。

2. 工程开工报审表填写说明

（1）工程满足开工条件后，施工单位报项目监理机构复核和批复开工时间。整个项目一次开工，只填报一次。如工程项目中含有多个单位工程且开工时间不同，则每个单位工程都应填报一次。

（2）工程名称：指相应的建设项目或单位工程名称，应与施工图的工程名称一致。

（3）开工的各种证明材料：施工单位应将建设工程施工许可证（复印件）、施工组织设计、施工测量放线资料、现场主要管理人员和特殊工种人员资格证和上岗证、现场管理人员、机具、施工人员进场情况、工程主要材料落实情况以及施工现场道路、水、电、通信等是否已达到开工条件等证明文件作为附件同时报送。

（4）审查意见：总监理工程师应指定专业监理工程师对承包单位的准备情况进行检查，除检查所报内容外，还应注意确认以下事项：

对施工现场临时设施是否满足开工要求；地下障碍物是否清除或查明；测量控制桩、试验室是否经项目监理机构审查确认等进行检查并逐项记录检查结果，报项目总监理工程师审核；总监理工程师确认具备开工条件时签署同意开工时间，并报告建设单位。否则，应简要指出不符合开工条件要求之处。

8.4.2 施工进度计划报审表

1. 表格形式

施工进度计划报验申请是承包单位根据已批准的施工总进度计划，按施工合同约定或监理工程师要求，编制施工进度计划报审表（表 8－18）报项目监理机构审查、确认和批准。监理机构对施工进度的审查或批准，并不解除承包单位对施工进度计划的责任和义务。

2. 施工进度计划审核的主要内容

（1）进度安排是否符合工程项目建设总进度，计划中总目标和分目标的要求，是否符合施工合同中开、竣工日期的规定。

（2）施工总进度计划中的项目是否有遗漏，分期施工是否满足分批动用的需要和配套动用的要求。

（3）施工顺序的安排是否符合施工工艺的要求。

（4）劳动力、材料、构配件、施工机具及设备、施工水、电等生产要素的供应计划是否能保证进度计划的实现，供应是否均衡，需求高峰期是否有足够能力实现计划供应。

（5）由建设单位提供的施工条件（资金、施工图纸、施工场地、采供的物资设备等），承包单位在施工进度计划中所提出的供应时间和数量是否明确、合理，是否有造成建设单位违约而导致工程延期和费用索赔的可能。

（6）工期是否进行了优化，进度安排是否合理。

（7）总、分包单位分别编制的各单项工程施工进度计划之间是否相协调，专业分工与计划衔接是否明确合理。

3. 专业监理工程师审查的主要内容

（1）当地政府建设主管部门已签发“建设工程施工许可证”，其他有关行政许可的手续均已办理。

表 8－18 施工进度计划报审表

工程名称：____________ 编号：__________

致：____________________（项目监理机构） 我方根据施工合同的有关规定，已完成__________工程施工进度计划的编制和批准，请予以审查。 附件：□施工总进度计划 □阶段性进度计划 施工项目经理部（盖章） 项目经理（签字）________ 年 月 日
审查意见： 专业监理工程师（签字）________ 年 月 日
审核意见： 项目监理机构（盖章） 总监理工程师（签字）________ 年 月 日

注：本表一式三份，项目监理机构、建设单位、施工单位各一份。

（2）征地拆迁工作能够满足工程施工进度的需要。

（3）施工图纸及有关设计文件已齐备。

（4）施工现场道路、水、电、通信和临时设施已满足开工要求，地下障碍物已清除或已查明。

（5）施工组织设计已经项目监理机构总监理工程师审核签认。

（6）测量控制桩已经项目监理机构复验合格。

（7）承包单位项目经理部管理人员已按计划到位，施工人员、施工机械、设备、料具已按需要进场，主要建筑材料供应已落实，并满足开工的需要。

（8）承包单位各项管理制度已建立。

8.5 监理造价控制资料

8.5.1 工程款支付报审表

1. 表格形式

申请支付工程款金额包括合同内工程款、工程变更增减费用、批准的索赔费用，扣除应扣预付款、保留金及施工合同中约定的其他费用。施工项目经理部根据施工合同中工程款支付约定，向项目监理机构申请开具工程款支付证书。

(1) 工程计量结果被总监理工程师审核确认后，施工项目经理部应按施工合同的约定填报工程款支付报审表（表8－19），报项目监理机构。

表8－19 工程款支付报审表

工程名称：________ 编号：________

致：________________（项目监理机构） 我方已完成________工作，按施工合同约定，建设单位应在____年____月____日前支付该项工程款共（大写）__________，现将有关资料报上，请予以审核。 附件：□已完成工程量报表 □工程竣工结算证明材料 □相应的支持性证明文件 施工项目经理部（盖章） 项目经理（签字）________ 年 月 日
审查意见： 专业监理工程师（签字）________ 年 月 日
审核意见： 项目监理机构（盖章） 总监理工程师（签字、加盖执业印章）________ 年 月 日
审批意见： 建设单位（盖章） 建设单位代表（签字）________ 年 月 日

注：本表一式三份，项目监理机构、建设单位、施工单位各一份；工程竣工结算报审时本表一式四份，项目监理机构、建设单位各一份，施工单位二份。

(2) 施工项目经理部在申请工程款支付的同时应出具一系列报表，包括财务支付月报、月计量汇总表、清单支付月报和变更支付月报，详细载明本月应支付的工程项目的数量和金额。

2. 填写说明

(1) 施工项目经理部根据施工合同中工程款支付约定，向项目监理机构申请开具工程款支付证书。

（2）申请支付工程款金额包括合同内工程款、工程变更增减费用、批准的索赔费用，扣除应扣预付款、保留金及施工合同中约定的其他费用。

（3）“我方已完成了____工作”填写经专业监理工程师验收合格的工程；定期支付进度款填写本支付期内经专业监理工程师验收合格工程的工作量。

（4）附件是指与付款申请有关的资料，如已完成合格工程的工程量清单、价款计算及其他与付款有关的证明文件和资料。

（5）根据施工合同约定，需建设单位支付工程预付款的，也采用此表向监理机构申请支付。

（6）工程款申请中如有其他与付款有关的证明文件和资料时，应附有相关证明资料。

8.5.2 工程款支付证书

1. 表格形式

工程款支付证书是项目监理机构在收到施工单位的工程款支付申请表，根据施工合同和有关规定审查复核后签署的应向施工单位支付工程款的证明文件。

（1）专业监理工程师应对施工单位报送的工程款支付申请表及附件中所列项目进行认真审查，提出审查意见，并在合同规定的时间内编制工程款支付证书及有关附件资料报总监理工程师审核签认。

（2）经总监理工程师审核签认的工程款支付证书（表 8－20）报建设单位审批并在合同约定的时间内支付工程款。

表 8－20 工程款支付证书

工程名称：______________　　　　　　编号：__________

致：________________（施工单位） 根据施工合同约定，经审核编号为__________工程款支付报审表，扣除有关款项后，同意支付该款项共计（大写：______________小写：__________）。 其中： 1. 施工单位申报款为： 2. 经审核施工单位应得款为： 3. 本期应扣款为： 4. 本期应付款为： 附件： 项目监理机构（盖章） 总监理工程师（签字、加盖执业印章）__________ 年　月　日

注：本表一式三份，项目监理机构、建设单位、施工单位各一份。

2. 填写说明

(1) 建设单位：指建筑施工合同中的发包人。

(2) 经审核施工单位应得款：指经专业监理工程师对施工单位向监理机构填报《工程款支付申请表》审核后，核定的工程款额。其中包括合同内工程款、工程变更增减费用、经批准的索赔费用等。

(3) 本期应扣款：指施工合同约定本期应扣除的预付款、保留金及其他应扣除的工程款的总和。

(4) 本期应付款：指经审核施工单位应得款额减本期应扣款额的余额。

(5) 工程付款申请表及附件：指施工单位向监理机构申报的《工程款支付申请表》及其附件。

8.5.3 工程变更费用报审表

工程变更一般是指施工条件和设计的变更，根据国际咨询工程师联合会（FIDIC）制定的“土木工程施工合同条件”，施工单位根据工程变更单完成的工程量，填写工程变更费用报审表并报项目监理部审查。

凡工程变更由业主单位提出要求的，相应费用由业主承担；由于客观条件的影响（如施工条件、天气等）而产生的，在合同规定范围的，按合同规定处理，否则应由双方协商解决。在明确费用承担者的情况下，要尽可能准确地统计已造成的损失和变更后可能带来的损失。经双方协商同意的工程变更，应有书面材料作为正式文件；涉及设计变更的，还必须有设计单位的意见（如丙类设计变更），以此作为工程价款结算的依据。

工程变更费用报审表的格式见表 8－21。

8.5.4 费用索赔申请表

1. 表格形式

索赔是指作为合法的所有者及权利方申请或要求他认为应该得到的资格、权益或付款。索赔是很正常和合理合法的情况，并非是对任何一方的不友好的惩罚行为，只是对实际损失和额外费用的一种补偿，因此，对于索赔必须要正确对待。

费用索赔是根据承包合同的约定，合同一方因另一方原因造成本方经济损失，通过监理工程师向对方索取费用的活动。费用索赔是一种补偿性要求，其发生必须以实际经济损失为前提。当事人提出索赔要求，其经济损失的责任并非由于自己的过错，而是合同中规定应由合同对方承担责任的情况造成的。

费用索赔申请表的格式见表 8－22。

2. 填写说明

(1)“根据施工合同______条______款的约定”：填写提出费用索赔所依据的施工合同条目。

(2)“由于______的原因”：填写导致费用索赔的事件。

(3) 索赔的详细理由及经过：指索赔事件造成承包单位直接经济损失（索赔事件是由于非承包单位的责任而发生的）情况的详细理由及事件经过。

表 8-21　工程变更费用报审表

<table>
<tr><td rowspan="3">工程名称</td><td rowspan="3"></td><td>施工编号</td><td></td></tr>
<tr><td>监理编号</td><td></td></tr>
<tr><td>日期</td><td></td></tr>
<tr><td colspan="4">致：____________________（监理单位）
兹申报第________号工程变更单，申请费用见附表，请予以审核。

附件：工程变更费用计算书。

专业承包单位__________________　　项目经理/责任人____________
施工总承包单位________________　　项目经理/责任人____________</td></tr>
<tr><td colspan="4">监理工程师审核意见：

监理工程师____________
日期____________</td></tr>
<tr><td colspan="4">总监理工程师审查意见：

监理单位____________
总监理工程师____________
日期____________</td></tr>
</table>

（4）“索赔金额的计算”：指索赔金额计算书，索赔的费用内容一般包括人工费、设备费、材料费、管理费等。

（5）证明材料：指上述两项所需的各种证明材料，包括合同文件，监理工程师批准的施工进度计划，合同履行过程中的来往函件，施工现场记录，工地会议纪要，工程照片，监理工程师发布的各种书面指令，工程进度款支付凭证，检查和试验记录，汇率变化表，各类财务凭证，其他有关资料。

表 8－22　费用索赔申请表

工程名称		编号	
		日期	
致：__________（监理单位） 根据施工合同______条______款的约定，由于______________的原因，我方要求索赔金额（大写）__________元，请予以批准。 附件： 1. 索赔的详细理由及经过 2. 索赔金额的计算 3. 证明材料 专业承包单位__________　　项目经理/责任人________ 施工总承包单位__________　　项目经理/责任人________			

8.5.5　费用索赔报审表

1. 表格形式

总监理工程师应在施工合同约定的期限内签发费用索赔报审表（表 8－23），或发出要求承包单位提交有关费用索赔的进一步详细资料的通知。

2. 填写说明

（1）“根据施工合同______条______款的约定”：填写提出费用索赔所依据的施工合同条目。

（2）“由于__________的原因”：填写导致费用索赔的事件。

（3）审核意见：首先，专业监理工程师应审核索赔事件发生后，项目监理机构是否在施工合同规定的期限内（28d）向专业监理工程师递交过索赔意向通知，如超过此期限，专业监理工程师和建设单位有权拒绝索赔要求。其次，审核项目监理机构的索赔条件是否成立。最后，应审核承包单位报送的《费用索赔申请表》，包括索赔的详细理由及经过，索赔金额的计算及证明材料；如不满足索赔条件，专业监理工程师应在“不同意此项索赔”前“□”内打“×”；如符合条件，专业监理工程师就初定的索赔金额向总监理工程师报告，由总监理工程师分别与承包单位及建设单位进行协商，达成一致或监理工程师公正地自主决定后，在“同意此项索赔”前“□”内打“√”，并把确定金额写明，如承包人对监理工程师的决定不同意，则可按合同中的仲裁条款提交仲裁机构仲裁。

（4）索赔金额的计算：指专业监理工程师对批准的费用索赔金额的计算过程及方法。

表 8－23 费用索赔报审表

工程名称：________ 编号：________

致：________（项目监理机构） 根据施工合同______条______款的约定，由于__________的原因，我方申请索赔金额（大写）________，请予批准。 索赔理由：____________________ 附件：□索赔金额的计算 □证明材料 施工项目经理部（盖章） 项目经理（签字）______ 年 月 日
审核意见： □不同意此项索赔。 □同意此项索赔，索赔金额为（大写）________ 同意/不同意索赔的理由：____________________ 附件：□索赔审查报告 项目监理机构（盖章） 总监理工程师（签字、加盖执业印章）______ 年 月 日
审批意见： 建设单位（盖章） 建设单位代表（签字）______ 年 月 日

注：本表一式三份，项目监理机构、建设单位、施工单位各一份。

9 工程施工安全资料管理

9.1 安全检查资料

9.1.1 安全检查主要内容

（1）安全检查可分为：社会安全检查、公司级安全检查、分公司级安全检查、项目安全检查。

（2）安全检查的形式：定期安全检查、季节性安全检查、临时性安全检查、专业性安全检查、群众性安全检查。

（3）安全检查的内容：查思想、查制度、查管理、查领导、查违章、查隐患。

（4）各级安全检查必须按文件规定进行，安全检查的结果必须形成文字记录；安全检查的整改必须做到“四定”，即定人、定时间、定措施、定复查人。

9.1.2 安全检查资料编制

1. 定期安全检查制度

（1）企业单位对生产中的安全工作，除进行经常检查外，每年还应该定期地进行2～4次群众性的检查，这种检查包括普遍性检查、专业性检查和季节性检查，这几种检查可以结合进行。

1）企业单位安全生产检查由生产管理部门总负责，企业安全管理部门具体实施。

2）定期检查时间：公司每季一次，分公司每月一次，项目每周六均应进行安全检查；班组长、班组兼职安全员班前对施工现场、作业场所、工具设备进行检查，班中验证考核，发现问题立即整改。

3）专业性检查：可突出专业的特点，如施工用电、机械设备等组织的专业性专项检查。

4）季节性检查：可突出季节性的特点，如雨季安全检查，应以防漏电、防触电、防雷击、防坍塌、防倾倒为重点的检查；冬季安全检查应以防火灾、防触电、防煤气中毒为重点的检查。

（2）开展安全生产检查，必须有明确的目的、要求和具体计划，并且必须建立由企业领导负责、有关人员参加的安全生产检查组织，以加强领导，做好这项工作。

（3）安全生产检查应该始终贯彻领导与群众相结合的原则，边检查、边改进，并且及时总结和推广先进经验，抓好典型。

（4）对查出的隐患不能立即整改的，要建立登记、整改、检查、销项制度。要制定整改计划，定人、定措施、定经费、定完成日期。在隐患没有消除前，必须采取可靠的防护措施，如有危及人身安全的紧急险情，应立即停止作业。

2. 安全检查记录

安全检查记录填写范例见表9－1。

表9－1 安全检查记录

检查情况记录： 经检查： （1）总配电箱到搅拌站电缆线路埋地深0.7m。 （2）总配电箱到钢筋加工厂线路埋地深0.7m。 （3）钢筋加工厂各配电箱符合要求，安全有效使用。 （4）在现场发现2名工人未戴安全帽 授权单位负责人：张×× 检查人：王××

3. 事故隐患整改通知单

事故隐患整改通知单填写范例见表9－2。

表9－2 事故隐患整改通知单

<table>
<tr><td colspan="2">检查日期</td><td colspan="3">2014年5月8日（星期×）</td><td colspan="2">检查部位、项目内容</td></tr>
<tr><td colspan="2">检查人员签名</td><td colspan="3">刘××</td><td colspan="2">现场临电、工人佩戴安全帽情况</td></tr>
<tr><td colspan="2">检查发现的违章、事故隐患实况记录</td><td colspan="5">施工现场发现3名工人未戴安全帽</td></tr>
<tr><td rowspan="6">整改通知</td><td rowspan="2">对重大事故隐患列项实行“三定”的整改方案</td><td colspan="2">整改措施</td><td>完成整改的最后日期</td><td>整改责任人</td><td>复查日期</td></tr>
<tr><td colspan="2">（1）加强职工安全教育，制定相应的奖罚措施
（2）要求并检查全体人员进入施工现场必须正确佩戴安全帽</td><td>2014年5月8日（当日）</td><td>刘××</td><td>2014年5月8日</td></tr>
<tr><td rowspan="4">整改复查记录</td><td colspan="5">项目负责人签名： 安全员签名：
整改负责人签名：</td></tr>
<tr><td>整改记录</td><td>遗留问题的处理</td><td colspan="3" rowspan="2">整改负责人：孙××
复查责任人：李××
安全生产责任人：吴××
××年×月×日</td></tr>
<tr><td>已按整改措施落实</td><td>无</td></tr>
</table>

4. 事故隐患整改复查单

事故隐患整改复查单填写范例见表9－3。

表9－3　事故隐患整改复查单

建设单位	××公司	工程名称	实验楼
施工单位	××建筑公司	日期	2014年6月10日
检查情况记录： 经检查： (1) 施工现场的冬季安全防护及防火措施按冬季方案要求已落实。 (2) 脚手架拆除的准备工作按安全技术要求进行。 (3) 经抽检施工人员佩戴的安全帽、安全带均符合规范要求，未发现违章使用 接受单位负责人：姜×× 检查人：何××			

9.2　安全教育记录资料编写范例

9.2.1　建筑业企业职工安全培训教育暂行规定（建教〔1997〕83号）

第一章　总　　则

第一条　为贯彻安全第一、预防为主的方针，加强建筑企业职工安全培训教育工作，增强职工的安全意识和安全防护能力，减少伤亡事故的发生，制定本暂行规定。

第二条　建筑企业职工必须定期接受安全培训教育，坚持先培训、后上岗的制度。

第三条　本暂行规定适用于所有在中华人民共和国境内从事工程建设的建筑业企业。

第四条　建设部主管全国建筑业企业职工安全培训教育工作。

国务院有关专业部门负责所属建筑业企业职工的安全培训教育工作。其所属企业的安全培训教育工作，还应当接受企业所在建设行政主管部门及其所属建筑安全监督管理机构的指导和监督。

县级以上地方人民政府建设行政主管部门负责本行政区域内建筑业企业职工安全培训教育管理工作。

第二章　培训对象、时间和内容

第五条　建筑业企业职工每年必须接受一次专门的安全培训。

1）企业法定代表人、项目经理每年接受安全培训的时间，不得少于30学时。

2）企业专职安全管理人员除按照建教〔1991〕522号文《建设企事业单位关键岗位持证上岗管理规定》的要求，取得岗位合格证书并持证上岗外，每年还必须接受安全专业技术业务培训，时间不得少于40学时。

3）企业其他管理人员和技术人员每年接受安全培训的时间，不得少于20学时。

4）企业特殊工种（包括电工、焊工、架子工、司炉工、爆破工、机械操作工、起重工、塔式起重机司机及指挥人员、人货两用电梯司机等）在通过专业技术培训并取得岗位操作证后，每年仍须接受有针对性安全培训，时间不得少于20学时。

5）企业其他职工每年接受安全培训的时间，不得少于15学时。

6）企业待岗、转岗、换岗的职工，在重新上岗前，必须接受一次安全培训，时间不得少于20学时。

第六条 建筑业企业新进场的工人，必须接受公司、项目（或区、工程处、施工队，下同）、班组的三级安全培训教育，经考核合格后，方能上岗。

1）公司安全培训的主要内容是：国家和地方有关的安全生产的方针、政策、法规、标准、规程和企业的安全规章制度等。培训教育的时间不得少于15学时。

2）项目安全培训教育的主要内容：工地安全制度、施工现场环境、工程施工特点及可能存在的不安全因素等。培训教育的时间不得少于15学时。

3）班组安全培训教育的主要内容：本工种的安全操作规程、事故案例剖析、劳动纪律和岗位讲评等。培训教育的时间不得少于20学时。

第三章 安全培训教育的实施与管理

第七条 实行安全培训教育登记制度，建筑业企业必须建立职工的安全培训教育档案，没有接受安全培训教育的职工，不得在施工现场从事作业或者管理活动。

第八条 县级以上地方人民政府建设行政主管部门制定本行政区域内建筑业企业职工安全教育规划和年度计划，并组织实施。省、自治区、直辖市的建筑业企业职工安全培训教育规划和年度计划，应当报建设部建设教育主管部门和建筑安全主管部门备案。

国务院有关专业部门负责组织制定所属建筑业企业职工安全培训教育规划和年度计划，并组织实施。

第九条 有条件的大中型建筑业企业，经企业所在地的建设行政主管部门或者授权所属的建筑安全监督管理机构审核确认后，可以对本企业的职工进行安全培训工作，并接受企业所在地的建筑行政主管部门或者建筑安全监督管理机构的指导和监督。其他建筑业企业职工的安全培训工作，由企业所在地建设行政主管部门或者建筑安全监督管理机构负责组织。

建筑业企业法定代表人、项目经理的安全培训工作，由企业所在地的建设行政主管部门或者建筑安全监督管理机构负责组织。

第十条 实行总分包的工程项目，总承包单位要负责统一管理分包单位的职工安全培训教育工作。分包单位要服从总承包单位的统一管理。

第十一条 从事建筑业企业职工安全培训工作的人员，应当具备下列条件：

（1）具有中级以上专业技术职称。

（2）有五年以上施工现场经验或者从事建筑安全教学、法规等方面工作五年以上的人员。

（3）经建筑安全师资格培训合格，并获得培训资格证书。

第十二条 建筑业企业职工的安全培训，应当使用经建设部教育主管部门和建筑安全主管部门统一审定的培训大纲和教材。

第十三条 建筑业企业职工的安全培训教育经费，从企业职工教育经费中列支。

第四章 附 则

第十四条 本暂行规定自发布之日起施行。

1. 安全教育记录台账
2. 职工三级安全教育记录卡
3. 安全教育记录
4. 变换工种安全教育记录
5. 周一安全教育记录

9.2.2 安全教育记录台账填写范例

安全教育记录台账见表9－4。

表9－4 安全教育记录台账

姓名	性别	出生年月	工种	文化程度	家庭住址	入厂时间	受教育时间	教育内容	考核结果

9.2.3 职工三级安全教育记录卡填写范例

职工三级安全教育记录卡填写范例见表9－5。

表9－5 职工三级安全教育记录卡

<table>
<tr><td colspan="2">姓名</td><td>李××</td><td>部门</td><td>××部</td></tr>
<tr><td colspan="2">出生年月</td><td>1982年5月1日</td><td>工种</td><td>××工</td></tr>
<tr><td colspan="2">家庭住址</td><td>××市××县</td><td>编号</td><td>×××</td></tr>
<tr><td colspan="2">文化程度</td><td>中专</td><td>入场日期</td><td>2008－03－15</td></tr>
<tr><td colspan="3">三级安全教育内容</td><td>教育人</td><td>受教育人</td></tr>
<tr><td rowspan="2">公司教育</td><td colspan="2" rowspan="2">进行安全基本知识、法规和法制教育，主要内容是：
（1）国家的安全生产方针、政策；
（2）相关的安全生产法规、标准和法制观念；
（3）本单位施工过程及安全生产制度、安全纪律；
（4）本单位安全生产形势及历史上发生的重大事故及应吸取的教育；
（5）发生事故后如何抢救伤员、排险、保护现场和及时进行报告</td><td>签名：
×××</td><td>签名：
×××</td></tr>
<tr><td colspan="2">××年×月×日</td></tr>
<tr><td rowspan="2">工程处（队、项目）教育</td><td colspan="2" rowspan="2">进行现场规章制度和遵章守纪教育，主要内容是：
（1）本单位施工特点及施工安全基本知识；
（2）本单位（包括施工、生产现场）安全生产制度、规定及安全注意事项；
（3）本工种安全技术操作规程；
（4）高处作业、机械设备、电气安全基础知识；
（5）防火、防毒、防尘、防爆知识及紧急情况安全处置和安全疏散知识；
（6）防护用品发放标准及使用基本知识</td><td>签名：
×××</td><td>签名：
×××</td></tr>
<tr><td colspan="2">××年×月×日</td></tr>
<tr><td rowspan="2">班组教育</td><td colspan="2" rowspan="2">进行本工种安全操作规程及班组安全制度、纪律教育，主要内容是：
（1）本班组作业特点及安全操作规程；
（2）班组安全活动制度及纪律；
（3）爱护和正确使用安全防护装置（设施）及个人劳动防护用品；
（4）本岗位易发生事故的不安全因素及防范对策；
（5）本岗位作业环境及使用的机械设备、工具的安全要求</td><td>签名：
×××</td><td>签名：
×××</td></tr>
<tr><td colspan="2">××年×月×日</td></tr>
</table>

9.2.4 安全教育记录填写范例

安全教育记录填写范例见表9－6。

表9－6 安全教育记录

<table>
<tr><td>主讲单位（部门）</td><td>××部</td><td>主讲人</td><td>齐××</td></tr>
<tr><td>受教育工种（部门）</td><td>××工</td><td>人数</td><td>15</td></tr>
<tr><td colspan="4">教育内容：

记录教育过程中的全部具体内容。
通常有以下内容：国家、省市及有关部门制订的安全生产方针、政策、法规和企业的安全规章制度等。
比如：《建筑法》有关“安全生产管理”部分；
《建筑施工安全检查标准》JGJ 59—2011

记录人：陈××</td></tr>
<tr><td colspan="4">受教育者签名：

×××、×××</td></tr>
</table>

9.2.5 变换工种安全教育记录填写范例

变换工种安全教育记录填写范例见表9－7。

表9－7 变换工种安全教育记录

<table>
<tr><td>原工种</td><td>瓦工</td><td>变换工种</td><td>钢筋工</td><td>人数</td><td>10人</td></tr>
<tr><td colspan="6">安全教育内容：

变换工种到钢筋班组后首先应学习钢筋班组的各种操作技能，熟悉钢筋加工厂的各种机械的使用性能和安全操作规程。遵守各项制度，掌握安全知识。
在使用各种机械前首先检查机械各部件是否完好、灵活、可靠，试运转无问题后才能操作使用，在操作中应注意以下事项：
（1）使用切断机时，手不能距刀口太近，机械运转中严禁用手直接清理刀口附近的短料和杂物。短料不得用手直接送料。
（2）弯曲机在操作时有专人负责。由两人配合，一人扶料，并站在钢筋弯曲方向的外面，互相配合不得拖拉；调头弯曲防止碰撞人和物，更换插头和加油清理时，必须停机后进行。
（3）调直机机身上不准放物件，以防止机械振动落入机体内。钢筋装入压滚，手与滚筒应保持一定距离；机械运转中不得调整滚筒，严禁戴手套操作。认真做到定期检查维护、保养、按时加换润滑油脂。经常清理周围环境，成品、半成品堆放整齐；设备不得带病运转；严禁违章作业；电气设备不得随便拆除和安装。
（4）学习标准规范、劳动法有关条文、标准、安全操作规程及上级单位有关文件的规定等</td></tr>
<tr><td>教育人签名</td><td colspan="2">张××</td><td rowspan="2">受教育者签名</td><td colspan="2" rowspan="2">×××、×××</td></tr>
<tr><td>教育时间</td><td colspan="2">××年×月×日</td></tr>
</table>

9.2.6 周一安全教育记录填写范例

周一安全教育记录填写范例见表9－8。

表9－8 周一安全教育记录

工程名称	××建筑工程	施工单位	××公司
××年×月×日	星期×	天气：晴	
本周注意事项： （1）新工人进入工地前必须认真学习本工种安全技术操作规程。未经安全知识教育和培训，不得进入施工现场。 （2）进入施工现场，必须戴好安全帽，扣好帽带。 （3）在没有防护设施的2m高处，悬崖和陡坡施工作业必须系好安全带。 （4）对有爆炸和火灾危险的场所，必须安装与危险场所等级相适应的照明器。 （5）特殊工种（电工、焊工、司炉工、爆破工、起重及打桩司机和指挥、架子工、各种机动车辆司机等）必须经过有关部门专业培训考试合格发给操作证，方准独立操作。 （6）施工现场禁止穿拖鞋、高跟鞋、赤脚和易滑、带钉的鞋和赤膊操作。 （7）料筒装土不能过满，孔口边不能堆放杂物，严禁向孔内投料、投物 主讲人：董×× 记录人：关××			

9.3 班前安全活动资料

9.3.1 班前安全活动资料的编制

1. 班组班前安全活动制度

(1) 班组长应根据班组承担的生产和工作任务，科学地安排好班组班前生产日常管理工作。

(2) 班前班组全体成员要提前15min到达岗位，在班组长的组织下，进行交接班，召开班前安全会议，清点人数，由班组长安排工作任务，针对工程施工情况、作业环境、作业项目，交代安全施工要点。

(3) 班组长和班组兼职安全员负责督促检查安全防护装置。

(4) 全体组员要在穿戴好劳动保护用品后，上岗交接班，熟悉上一班生产管理情况，检查设备和工况完好情况，按作业计划做好生产的一切准备工作。

(5) 班组必须经常性地在班前开展安全活动，形成制度化，并做好班前安全活动记录。

(6) 班组长不得寻找借口，取消班前安全活动；班组组员决不能无原因不参加班前安全活动。

(7) 项目经理及其他项目管理人员应分头定期、不定期地检查或参加班组班前安全活动，以监督其执行或提高安全活动的质量。

(8) 项目安全员应不定期地抽查班组班前安全活动记录，看是否有漏记，对记录质量状态进行检查。

2. 班组安全活动内容

(1) 讲解现场一般安全知识。

(2) 当前作业环境应掌握的安全技术操作规程。

(3) 落实岗位安全生产责任制。

(4) 设立、明确安全监督岗位，并强调其重要作用。

(5) 季节性施工作业环境、作业位置安全。

(6) 检查设备安全装置。

(7) 检查工机具状况。

(8) 个人防护用品的穿戴。

(9) 危险作业的安全技术的检查与落实。

(10) 作业人员身体状况、情绪的检查。

(11) 禁止乱动、损坏安全标志，乱拆安全设施。

(12) 不违章作业，拒绝违章指挥。

(13) 材料、物资整顿。

(14) 工具、设备整顿。

(15) 活完场清工作的落实。

3. 班组班前安全活动记录

9.3.2 班前安全活动主要内容

（1）班组是施工企业的最基层组织，只有搞好班组安全生产，整个企业的安全生产才有保障。

（2）班组每变换一次工作内容或同类工作变换到不同的地点时要进行一次交底，交底填写不能简单化、形式化，要力求精练，主题明确，内容齐全。

（3）由班组长组织所有人员，结合工程施工的具体操作部位，讲解关键部位的安全生产要点、安全操作要点及安全注意事项，并形成文字记录。

（4）班组安全活动每天都要进行，每天都要记录。不能以布置生产工作替代安全活动内容。

9.3.3 班前安全活动编写要点

（1）班前安全活动制度见“班组班前安全活动制度”的具体内容。

（2）班组班前安全活动记录根据工程中各工种安排的需要，按工种不同分别填写班组班前安全活动记录。工种主要有：木工、架子工、钢筋工、混凝土工、瓦工、机械工、电工、水暖工、抹灰工、油工、其他。

9.3.4 班组班前安全活动记录填写范例

班组班前安全活动记录填写范例见表9－9。

表9－9 班组班前安全活动记录

<table>
<tr><td>工程名称</td><td colspan="2">实验楼</td><td>班组（工种）</td><td colspan="2">电工</td></tr>
<tr><td>出勤人数</td><td>20</td><td>作业部位</td><td>地下室</td><td>活动日期</td><td>×月×日星期×</td></tr>
<tr><td>工作内容及
安全交底内容</td><td colspan="5">工作内容：配置地下室墙体钢管；
交底内容：（1）操作电焊必须持证上岗，戴绝缘手套，穿绝缘鞋，办理动火证，做好防火措施。
（2）脚手架必须牢固，必须按规定铺设脚手架。
（3）拆接电气设备，先拉闸断电，后操作</td></tr>
<tr><td>作业检查发现问题
及处理意见</td><td colspan="5">无违章作业现象</td></tr>
<tr><td>班组负责人</td><td colspan="2">季××</td><td>天气</td><td colspan="2">晴</td></tr>
</table>

9.4 安全生产责任制资料

9.4.1 项目安全生产责任制考核办法的编制

安全生产责任制是企业安全生产各项规章制度的核心，严格考核是执行安全生产责任制的关键。考核办法如下：

（1）采用评定表打分办法，应得分为100分，依据考核项目的完成情况和评分标准打分。实得80分及其以上者为优良，70～80分为合格，70分以下为不合格。

（2）考核时间：每月月底进行一次考核。

（3）实行逐级考核，分公司接受总公司考核，项目部项目经理接受分公司考核，项目部由项目经理对项目所属管理人员进行考核。

9.4.2 奖惩办法

（1）对实得分80分及其以上达优良者，给予100～200元奖励，并作为年终经济兑现、评选先进的重要依据之一。

（2）对实得分为70分以下的管理人员视其情节轻重，给予罚款100～200元，警告批评，以观后效或调离工作岗位等处理。

（3）安全生产责任制的考核奖惩均在月份工资中兑现。

9.4.3 安全生产责任制考核记录汇总表填写范例

项目管理人员安全生产责任制考核记录汇总表填写范例见表9－10。

表9－10 项目管理人员安全生产责任制考核记录汇总表

单位名称	××工程		考核日期	2014年7月8日	
序号	姓名	职务	考核结果	奖惩	备注
1	隋××	项目经理	优良	奖500元	
2	尹××	项目工长	优良	奖300元	
3	白××	技术负责人	优良	奖200元	
4	吕××	安全员	优良	奖200元	
5	罗××	质检员	合格		
6	殷××	保卫消防员	优良	奖300元	
7	孙××	材料员	不合格	警告批评，以观后效	
填表人	牛××		审核人	杨××	

9.5 施工安全交底记录

9.5.1 施工安全交底记录主要内容

应依据施工组织设计中的安全措施，结合具体施工操作方法及施工现场的作业条件，全面地进行安全交底材料的编制，其内容包括：

（1）工程项目分项工程的概况。

（2）工程的危险部位及针对危险部位的防范措施。

（3）施工过程中应注意的安全事项。

（4）施工人员应遵守的安全操作规范及发现事故隐患后应采用的解决措施。

（5）事故发生后应采取的避险和急救措施。

9.5.2 自拌混凝土浇捣作业安全技术交底

自拌混凝土浇捣作业安全技术交底范例见表9－11。

表9－11 自拌混凝土浇捣作业安全技术交底

工程名称	××大厦工程	交底部位	混凝土浇捣
工程编号	×××	日期	××年×月×日
（1）进入现场，必须戴好安全帽，扣好帽带，正确使用个人劳动防护用具。操作人员必须身体健康。 （2）脚手架、工作平台及斜道应绑扎牢固。若有探头板应及时绑扎搭好，脚手架上的钉子等障碍物应清除干净。在高处作业或较深的地下作业，必须设有供操作人员上下的走道。 （3）浇筑地下工程的混凝土之前，应检查土边坡有无裂缝、坍塌等现象。 （4）夜间施工应有足够的照明，临时电线必须架空在2.5m高以上。在深坑或潮湿地点施工时必须使用低压安全照明。 （5）所有电气设备的修理拆换工作应由电工负责，严禁混凝土操作工自行拆动。 （6）材料及混凝土的运输机具要坚实牢固，轴承应经常加油。 （7）混凝土搅拌站后台的装置及龙门吊等，需安设牢固，搅拌前应经试运转证明机械各部位工作正常后，方可正式搅拌。 （8）临时跳板和走道应搭设牢固。运输道的宽度，单行道要比手推车及机动翻斗车的宽度大400mm以上，双行道应比两辆车的宽度宽700mm以上。 （9）用手推车运料时应依次行走，不得拥挤、抢先。向搅拌机或料斗内倒料时，不得用力过猛将车辆脱把。 （10）用手推车运输混凝土时，在下坡道、天桥上或跨越坑槽的走道上必须缓慢行走，防止碰撞伤人和翻车。空车返回时，不得将车拖在身后奔跑，防止滑倒和翻车。用翻斗车运输时，应由专业驾驶人员驾驶。 （11）自卸车卸混凝土或砂、石时，应在现场有关人员指定的地点卸料，开、倒车时应有专人指挥。起落自卸车斗时，也应有专人指挥。			

续表 9-11

（12）在上料平台上的卸料人员不得将头、手、脚伸入井架内；严禁在拔杆下站人。运行途中若发生故障，必须停车修理。 （13）浇筑离地 2m 以上的框架、雨篷、过梁和小平台时，应设操作平台，不得直接站在模板或支撑件上操作。 （14）浇筑拱形结构时，应自两边拱脚对称地相向进行；浇筑储仓时，下口应先行封闭，并搭设脚手架，以防止人员坠落
技术负责人：高×× 交底人：韩×× 接交人：邹××

9.5.3 混凝土泵送安全操作技术交底

混凝土泵送安全操作技术交底范例见表 9-12。

表 9-12 混凝土泵送安全操作技术交底

工程名称	××大厦工程	交底项目（部位）	泵送混凝土
工程编号	×××	日期	××年×月××日
（1）混凝土泵应安放在平整、坚实的地面上，周围不允许有障碍物，在放下支腿并调整后应使机身保持水平和稳定，轮胎应揳紧。 （2）泵送管道的敷设应符合下列要求： 1）水平泵送管道宜直线敷设。 2）垂直泵送管道不得直接装接在泵的输出口上，宜在垂直管前端加装长度不小于 20m 的水平管，并在水平管近泵处加装逆止阀。 3）敷设向下倾斜的管道时，应在输出口上加装一段水平管，其长度应大于倾斜管高低差的 5 倍。若倾斜度较大，应在坡度上端装设排气活阀。 4）泵送管道应有支承固定，在管道与固定物之间应设置木垫作缓冲，不可直接与钢筋或是模板相连，管道与管道间应连接牢靠；管道接头和卡箍应扣牢密封，不得漏浆；禁止将已磨损管道装在后端高压区。 5）泵送管道敷设之后，应进行耐压试验。 （3）砂石粒径、水泥强度等级及配合比均应按出厂规定，满足泵机可泵性的要求。 （4）作业前应检查并确认泵机各部的螺栓紧固，防护装置齐全可靠，各部位操纵开关、调整手柄、手轮、控制杆、旋塞等都在正确位置，液压油符合规定，液压系统正常无泄漏，搅拌斗内无杂物，上方的保护格网完好无损并盖严。 （5）输送管道的管壁厚度应与泵送压力匹配，近泵处宜选用优质管子。确保管道接头、密封圈及弯头等完好无损。若在高温烈日下工作，应采用湿麻袋或湿草袋遮盖管路，并应及时浇水降温，寒冷季节则应采取保温措施。 （6）应配备清洗用品、清洗管、接球器及有关装置。开泵前，无关人员应离开管道周围。 （7）启动后，需空载运转，观察各仪表的指示值，检查泵和搅拌装置的运转情况，确认一切正常之后，才可作业。泵送前应向料斗加入 10L 清水和 0.3m^3 的水泥砂浆润滑泵及管道。			

续表 9－12

(8) 泵送作业中，料斗中的混凝土平面需保持在搅拌轴轴线以上。料斗格网上不允许堆满混凝土，应控制供料流量，及时清除超料径的骨料及异物，不得随意移动格网。 (9) 进入料斗的混凝土有离析现象时应停泵，待搅拌均匀后再泵送。若骨料分离严重，料斗内灰浆明显不足，应剔除部分骨料，另加砂浆重新搅拌。 (10) 泵送混凝土应连续作业；因供料中断而被迫暂停时，停机时间不得超过30min。暂停时间内应每隔5～10min（冬季3～5min）作2～3个冲程反泵－正泵运动，再次投料泵送之前应先将料搅拌。当停泵时间超限时，需排空管道。 (11) 在垂直向上泵送中断后再次泵送时，应先进行反向推送，使分配阀内的混凝土吸回料斗，经搅拌后再正向泵送。 (12) 泵机转动时，严禁将手或铁锹伸入料斗或用手抓握分配阀。若需在料斗或分配阀上工作，应先关闭电动机和消除蓄能器压力。 (13) 不得随意调整液压系统压力。当油温超过70℃时，应停止泵送，但仍需使搅拌叶片和风机运转，待降温后再继续运行。 (14) 水箱内应贮满清水，当水质混浊并有较多砂粒时，应及时检查并处理。 (15) 泵送时，不允许开启任何输送管道和液压管道；不得调整、修理正在运转的部件。 (16) 作业中，应对泵送设备及管路进行观察，发现隐患应及时处理。对磨损超过规定的管子、卡箍、密封圈等应及时更换。 (17) 防止管道堵塞。泵送混凝土应搅拌均匀，控制好坍落度；在泵送过程中，不得中途停泵。 (18) 若出现输送管堵塞，应进行反泵运转，使混凝土返回料斗；若反泵几次仍不能消除堵塞，应在泵机卸载情况下，拆管排除堵塞。 (19) 作业后，应将料斗内及管道内的混凝土全部输出，然后再对泵机、料斗、管道等进行冲洗。若采用压缩空气冲洗管道，进气阀不应立即开大，只有当混凝土顺利排出时，才可将进气阀开至最大。在管道出口端前方10m之内严禁站人，并应用金属网篮等收集冲出的清洗球和砂石粒。对凝固的混凝土，应采用刮刀清除。 (20) 作业后，应将两侧活塞转到清洗室位置，并涂上润滑油。复位各部位操纵开关、调整手柄、手轮、控制杆、旋塞等，并卸载液压系统
技术负责人：赵×× 交底人：马×× 接交人：卓××

参 考 文 献

[1] 上海市建设和管理委员会. GB 50202—2002 建筑地基基础工程施工质量验收规范 [S]. 北京：中国计划出版社，2002.

[2] 陕西省住房和城乡建设厅. GB 50203—2011 砌体结构工程施工质量验收规范 [S]. 北京：中国建筑工业出版社，2012.

[3] 中国建筑科学研究院. GB 50204—2015 混凝土结构工程施工质量验收规范 [S]. 北京：中国建筑工业出版社，2015.

[4] 中华人民共和国建设部. GB 50205—2001 钢结构工程施工质量验收规范 [S]. 北京：中国计划出版社，2003.

[5] 山西省住房和城乡建设厅. GB 50207—2012 屋面工程质量验收规范 [S]. 北京：中国建筑工业出版社，2012.

[6] 山西省住房和城乡建设厅. GB 50208—2011 地下防水工程质量验收规范 [S]. 北京：中国建筑工业出版社，2012.

[7] 中华人民共和国建设部. GB 50210—2001 建筑装饰装修工程质量验收规范 [S]. 北京：中国建筑工业出版社，2001.

[8] 辽宁省建设厅. GB 50242—2002 建筑给水排水及采暖工程施工质量验收规范 [S]. 北京：中国建筑工业出版社，2002.

[9] 中华人民共和国住房和城乡建设部. GB 50243—2002 通风与空调工程施工质量验收规范 [S]. 北京：中国计划出版社，2003.

[10] 中华人民共和国住房和城乡建设部. GB 50300—2013 建筑工程施工质量验收统一标准 [S]. 北京：中国建筑工业出版社，2014.

[11] 浙江省建设厅. GB 50303—2002 建筑电气工程施工质量验收规范 [S]. 北京：中国计划出版社，2002.

[12] 中华人民共和国建设部. GB 50310—2002 电梯工程施工质量验收规范 [S]. 北京：中国建筑工业出版社，2002.

[13] 中华人民共和国住房和城乡建设部. GB 50328—2014 建设工程文件归档规范 [S]. 北京：中国建筑工业出版社，2014.

[14] 中华人民共和国住房和城乡建设部. JGJ/T 185—2009 建筑工程资料管理规程 [S]. 北京：中国建筑工业出版社，2010.

[15] 中华人民共和国住房和城乡建设部. JGJ/T 250—2011 建筑与市政工程施工现

场专业人员职业标准［S］．北京：中国建筑工业出版社，2012．

［16］北京市建设工程安全质量监督总站，福建省九龙建设集团有限公司．CECS 266—2009 建设工程施工现场安全资料管理规程［S］．北京：中国计划出版社，2010．

［17］张静晓．资料员［M］．北京：中国建筑工业出版社，2014．